KB053359

세계사를 움직인
위대한 여인들

세계사를 움직인
위대한 여인들

초판 1쇄 인쇄 2018년 1월 25일
초판 1쇄 발행 2018년 1월 30일

지은이 ┃ 조민기
펴낸이 ┃ 박수길
펴낸곳 ┃ 미래지식
디자인 ┃ 플러스
기 획 ┃ (주)엔터스코리아

주 소 ┃ 경기도 고양시 덕양구 통일로 140 삼송테크노밸리 A동 3층 333호
전 화 ┃ 02-389-0152
팩 스 ┃ 02-389-0156
홈페이지 ┃ www.miraejisig.co.kr
전자우편 ┃ miraejisig@naver.com
등록번호 ┃ 제313-2004-00067호

ISBN ┃ 978-89-6584-383-2 03900

이 도서의 국립중앙도서관 출판예정도서목록(CIP)은 서지정보유통지원시스템 홈페이지(http://seoji.nl.go.kr)와
국가자료공동목록시스템(http://www.nl.go.kr/kolisnet)에서 이용하실 수 있습니다.
(CIP제어번호 : CIP2018001290)

미래지식은 좋은 원고와 책에 관한 빛나는 아이디어를 기다립니다.
이메일(miraejisig@naver.com)로 간단한 개요와 연락처 등을 보내주시면
정성으로 고견을 참고하겠습니다. 많은 응모 바랍니다.

* 이 책에 수록된 이미지의 출처를 찾기 위해 최선을 다했습니다. 누락된 것이 있다면 미래지식으로 연락주세요.
   출처가 확인되는 대로 게재 허락을 받고 통상의 기준에 따라 사용료를 지불하겠습니다.

THE GREAT WOMEN

세계사를 움직인

위대한
여인들

— 조민기 지음 —

미래지식

차례
contents

머 리 말

역사의 숲을 거닐며 만난 여인들

역사 속 인물들의 이야기를 글로 쓴다는 것은 거대한 숲을 걸어가는 것과 비슷한 것 같다. 역사의 숲은 정말 크고 깊어서 1년을 걸어도, 10년을 걸어도 빠져나갈 수가 없다. 그래서 선뜻 들어가기가 망설여지기도 하고 입구만 맴돌며 시간을 보내기도 한다. 숲으로 가는 길이 너무 험하지는 않을까, 내가 너무 평범한 차림으로 저 큰 숲을 탐험하는 것은 아닐까 걱정스럽기 때문이다. 우리가 망설이고 있는 동안 숲은 늘 그 자리에 있다. 늘 그 자리에 있으면서 날마다 변화하는 모습을 보여준다. 그 한결같으면서도 변화무쌍한 모습에 이끌려 어느 순간, 아주 작은 계기만 있어도 나도 모르는 사이 숲에 발을 들여놓게 된다.

6

역사 속 여인들에 대한 이야기를 쓰려고 했을 때, 역사가 어렵고 딱딱한 공부라고 생각하는 독자들이 있다면 이 책을 통해 역사의 무궁무진한 매력의 숲에 조금이라도 즐겁게 풍덩 빠질 수 있게 되길 바랐다. 역사 속 여인들의 이야기는 늘 매력적이다. 왜냐하면 지독하게 아름답거나 지나치게 사악한 여인일수록 생생한 기록을 가지고 있기 때문이다. 잘 알려진 여인들의 이야기를 쓸 때는 특히 조심했다. 공개되어 있는 정보가 많을수록 편견을 갖기가 쉽기 때문이었다. 그래서 '역사'라는 커다란 숲을 느긋하게 산책하는 기분으로 출발했다. 숲의 분위기를 충분히 느끼고 난 후 그곳에 있는 여인들을 한 명 두 명 만나기 시작했다.

내가 만난 역사 속 여인들 중에는 숲을 지키고 있는 아름드리나무처럼 늘 그 자리에 있는 여인도 있었고, 봄에 꽃망울을 터트리는 것처럼 화려한 매력을 뽐내는 여인도 있었고, 계절이 지나고 나서야 몰랐던 아름다움을 보여주는 여인도 있었다. 무심코 지나다니던 길에서 낙엽에 가려져 있어 미처 보지 못했던 샘처럼 수수하지만 반짝이는 여인도 있었다. 깊고 험할수록 더 많은 절경을 숨기고 있는 숲처럼 역사 속 여인들의 이야기도 가까이서 볼 때와 멀리서 볼 때가 달랐다. 그렇게 봄 여름 가을 겨울, 일 년을 꼬박 역사 속 여인들과 함께 숲을 걸었다.

고귀한 혈통을 지니고 태어난 여인들 편을 쓰면서 클레오파트라, 메리 스튜어트, 마리 앙투아네트를 만났다. 혈통만으로 왕위에 오를 수 있었던 그녀들은 많은 사람들로부터 시샘과 부러움을 받았으나 결국 비극적 최후를 맞았다. 탁월한 정치 감각을 지닌 클레오파트라의 지성도, 여왕으로서의 자존감이 넘쳤던 메리 스튜어트의 기품도, 권력보다는 평온한 삶을 추구했던 마리 앙투아네트의 바람도 파멸을 막을 수 없었다. 반면 군주의 길을 걸은 여성들 편을 쓰면서는 부러운 마음을 감출 수 없었다. 예지 소황후와 빅토리아 여왕은 어린 나이에 피 말리는 암투와 권모술수를 겪어야 했다. 하지만 그녀들은 자신의 운명에 좌절하지 않았다. 용기 있는 선택을 했던 예지 소황후와 빅토리아 여왕은 최고의 파트너, 최고의 배우자를 만났고 각각 요나라와 영국의 번영을 이룩했다.

매혹의 길을 걸은 여성들과 만날 때는 그녀들의 매력에 빠져서 헤어 나오기가 힘들었다. 적국의 왕을 사로잡은 미인계의 원조 서시, 프랑스의 정치와 경제, 사회, 문화에 큰 영향을 미친 루이 15세의 애첩 마담 드 퐁파두르, 가진 것이라곤 재능뿐이었던 빈털터리에서 세계적인 패션 제국을 건설한 샤넬까지 세상을 매혹시킨 여인들에게는 분명 남들이 갖지 못한 특별함이 있었다. 예술의 길을 걸은 여성들 편을 쓰면서는 견디기 힘든 슬픔과 고통, 외로움을 끌어안고 살았던 그녀들의 삶에 절로 고개가 숙여졌다. 전쟁 중 두 아이를 잃었던 영화배우 줄리에타 마시나, 세상의 모든 편견에 맞서 끝까지 자신의 욕망과 사랑을 실현하며 살았던 작가 마르그리트 뒤라스, 기생 출신이라는 꼬리표를 달고 세계적인 화가로 우뚝 선 판위량까지 그녀들이 가진 슬픔과 고통, 외로움의 깊이는 감히 헤아리기 어려웠다.

마지막, 워킹맘의 길을 걸은 여성들 편을 쓸 때는 가장 조심스러웠다. 나 역시 워킹맘이었기 때문이다. 하지만 그녀들의 인생을 알게 되면서 오히려 많은 치유를 받았다. 살림과 육아를 '병행'하며 저서를 남긴 〈음식디미방〉의 저자 장계향과 〈규합총서〉의 저자 빙허각 이씨는 전업주부였다. 여인에게 많은 것이 금지되어 있던 조선 시대에 태어난 그녀들에게 살림은 곧 자신이 배운 학문을 실현하는 길이었다. 그래서 그녀들은 전업주부로 살면서도 흐트러짐이 없었고 신세를 한탄하지도 않았다. 무엇보다 장계향과 빙허각 이씨는 자식들을 다 키워놓은 후 책을 쓰기 시작했다. 평생을 사대부가의 전업주부로 살았지만 머리가 하얗게 센 후에도 자신의 꿈을 잃지 않고 책을 썼다는 것에 감동할 수밖에 없었다. 노벨상을 수상한 최초의 여성 과학자, 남들은 한 번 받기도 힘들다는 노벨상을 두 번 수상한 과학자, 프랑스 최초로 소르본 대학의 교수가 된 여성 등 화려한 경력을 자랑하는 퀴리 부인과 만날 때는 그녀의 업적보다 민낯을 바라보고자 했다. 여성과학자이면서 동시에 주부이자 엄마였던 퀴리 부인은 천재적인 영웅이 아니라 끊임없이 노력하는 여성이었다.

처음에는 홀로 걸었던 숲길에 한 명, 두 명 역사 속 여성들이 같이 걷기 시작했다. 나중에는 나를 포함하여 열다섯 명의 여성이 함께 걸었다. 함께 걸으니 혼자서는 보지 못했던 부분이 보였고, 함께 걸으니 혼자 걸을 때보다 훨씬 멀리 걸을 수 있었다. 그녀들이 있었기에 역사라는 숲을 새롭게 볼 수 있었다. 그녀들과 함께 걸어온, 그녀들과 함께 만들어온 숲길을 많은 사람들이 걸었으면 좋겠다.

2017년 겨울,
조민기

1부
파멸의 길을 걷다

:
:
:

Great women

클레오파트라,
사랑과 함께 스러지다

클레오파트라는 절세의 미모를 지닌 여인
으로 로마의 두 영웅, 카이사르와 안토니우스를 유혹하여 사랑에 빠
지게 만든 팜므파탈로 알려져 있다. 클레오파트라는 왕가의 혈통을
지닌 아름다운 여인으로 그녀가 팜므파탈의 이미지를 갖게 된 것은
동시대를 살았던 로마 세국의 가장 위대한 정치가들과 어깨를 나란
히 했던 뛰어난 정치 감각 때문이었다. 불가사의한 매력으로 로마 제
국의 영웅들을 사로잡은 이 신비로운 여인은 불과 39살의 나이에 비
극적으로 생을 마쳤다. 그녀와 닮은 듯 다른 삶을 살았던 여인은 마리
앙투아네트이다. 클레오파트라가 세상을 떠난 지 약 1800년 후에 태

어난 마리 앙투아네트는 오스트리아의 여제 마리아 테레지아의 막내 딸로 태어나 프랑스의 왕비가 되었으나 단두대에서 죽음을 맞았다. 클레오파트라는 영리했고, 뛰어난 지성을 갖추었으며 능동적이고 적극적으로 자신의 인생을 주도했다. 하지만 그녀는 자신과 이집트의 운명을 건 전쟁에서 패배하였고, 사랑하는 안토니우스와 함께 자살로 생을 마쳤다. 그런데 이 비극적인 최후로 인해 클레오파트라는 자신의 이름을 역사에 또렷하게 남기게 되었으니 이 또한 흥미로운 일이다. 만약 클레오파트라가 최후의 전쟁인 악티온 해전에서 승리했다면 그녀는 결코 지금과 같은 명성(혹은 오명)을 남기지 못했을 것이기 때문이다.

프톨레마이오스 왕조의 탄생

그리스의 작은 나라 마케도니아 출신의 알렉산더 대왕은 불과 33살의 나이로 거대한 제국을 건설했다. 기원전 334년, 그는 오랫동안 그리스인들을 괴롭혀온 강대국 페르시아에 맞서기로 결심했다. 이수스 전투에서 알렉산더는 페르시아의 황제 다리우스 3세가 이끄는 대군을 격파했다. 믿을 수 없는, 기적 같은 승리였다. 페르시아를 정복한 알렉산더는 대왕이 되었고 기원전 331년, 이집트에 입성한다. 당시 이집트는 페르시아의 속국이었다. 그는 이집트를 식민지로 삼는 대신 이집트의 진정한 지배자가 되기로 마음을 먹었다. 알렉산더는 이집트 백성들에게 자신을 '해방자'라고 선언했으며 이집트 신들을 모신 신전을 방문하여 예배를 올렸다. 또한 사막 한가운데 있는 오아시스에서 장엄하고 신성한 제사를 지냈다. 그리고 자신은 태양의 신 아몬-라의 아들이며 이집트 통치에 대한 신탁을 받았다고 선언했다. 이러한 노력과 전략 덕분에 알렉산더 대왕은 이집트의 합법적인 왕, 파라오로 인정을 받을 수 있었다.

하지만 파라오가 된 알렉산더 대왕은 이집트에 머물지 않고 동방 원정을 떠났다. 수많은 전쟁을 치르며 인도까지 갔던 알렉산더 대왕은 갠지스 강을 앞에 두고 병사들과 부하들의 반발에 부딪혀 약 10년 만에 귀향길에 올랐다. 기원전 324년 봄, 알렉산더 대왕은 페르시아의 도시 '수사'에서 합동결혼식을 추진했다. 그 자신은 다리우스 3세의 딸과 혼인하였고, 휘하의 장수들도 페르시아 귀족여인들과 결혼하도록 명령했다. 말하자면 융합정책이었다. 하지만 이듬해인 기원전 323년, 알렉산더 대왕은 자신이 이룩한 거대한 제국을 미처 다스려보지도 못한 채 갑작스럽게 세상을 떠났다. 예상치 못한 죽음이었을 뿐 아니라 후계자를 정해놓지 않은 상태였기 때문에 이내 계승권을 놓고 치열한 전쟁이 벌어졌다. 약 40년에 걸친 긴 전쟁 끝에 제국은 셋으로 분열되었고 알렉산더 대왕이 신뢰하던 장군, 프톨레마이오스는 이집트를 차지했다.

프톨레마이오스는 알렉산더 대왕의 후계자를 자처하는 이들 중 한 명이었는데, 다른 경쟁자들이 이집트를 공격할 때마다 이를 잘 방어하였고 덕분에 '구원자'라는 뜻이 담긴 '소테르'로 불렸다. 기원전 305년, 프톨레마이오스는 이집트에서 스스로를 왕으로 칭하고 프톨레마이오스 왕조를 열었다. 이집트의 왕이 된 그는 무엇보다 이집트 백성들의 정서를 잘 헤아렸다. 이집트의 중심도시 멤피스에서 이집트의 전통적인 종교와 그리스의 종교를 융합시키는 의식을 거행하였고, 파라오들의 신전을 복구하여 백성들의 환심을 샀다. 또한 어수선했던 내정을 정비하고 여러 선정을 베풀었다. 학문과 예술에도 관심이 지대했던 그는 수도 알렉산드리아에 웅장한 도서관을 세웠다. 고대를 통틀어 가장 크고 영향력 있는 알렉산드리아 도서관의 탄생이었다. 알렉산드리아 도서관에는 동양과 서양을 드나드는 국제무역의 중심지였던 알렉산드리아를 오가는 모든 선박에 실린 책들의 복사본이 보관되었다. 온 세상의 모든 교양서적들이 차곡차곡 쌓인 알렉산드리아 도서관은 학자들에게 큰 영감을 주어 수학, 천문학, 물리학, 자연과학 등 수많은 분야에 대한 연구가 활발하게 이루어졌다. 넓고 깊고 방대한 분야에 걸친 학문연구는 궁극적으로 이집트의 발전에 밑거름이 되었다. 프톨레마이오스 1세가 다스리는 동안 이집트는 풍요를 누렸다.

기원전 290년, 프톨레마이오스 왕조를 창시한 그는 아내 베레니케 1세를 이집트의 여왕으로 세우고 기원전 285년에는 둘째 아들 프톨레마이오스 2세를 공동 통치자이자 왕위계승자로 임명했다. 그로부터 2년 후인 기원전 283년, 프톨레마이오스 1세는 83세의 나이로 세상을 떠났고 어떠한 혼란이나 동요 없이 왕위계승이 이루어졌다. 프톨레마이오스 1세는 죽은 후 이집트인들로부터 신과 같은 존재로 추앙을 받았다.

몰락해가는 왕조의 총명한 공주

파피루스에 그려진 클레오파트라

이집트에 처음으로 화폐제도를 도입한 프톨레마이오스 1세는 조세정책을 빈틈없이 펼치고 원유, 염전, 사금, 향료, 도자기 등 주요 사업을 왕실이 독점하여 경제를 통제하였다. 덕분에 왕실은 엄청난 부를 축적할 수 있었다. 뛰어난 군주를 만나면 이러한 상황이 국가적으로나 백성들에게 매우 유익하지만, 어리석고 무능한 군주를 만나면 보물이 가득한 창고는 권력에 기생하는 자들에게나 좋은 먹잇감으로 전락하기 마련이다. 이 엄청난 부유함 때문에 프톨레마이오스 왕조의 군주들은 늘 궁중 암투와 살해 위협에 시달렸다. 프톨레마이오스 왕조의 황금기는 프톨레마이오스 3세까지였다. 그 후에는 방탕한 군주들과 간신들, 궁중 암투가 끊이지 않았고 사치와 부정부패가 계속되었다.

클레오파트라가 태어날 무렵, 대세는 이미 로마 제국에 있었다. 그녀의 아버지인 프톨레마이오스 12세는 로마에 막대한 금은보화를 바치고 자신의 왕위를 보장받았다. 로마로서는 프톨레마이오스 12세가 황금알을 낳는 거위와도 같은 존재였기 때문에 굳이 이집트를 공격하지 않았다. 이미 이집트의 통치자는 그들의 손발이나 다름없었기 때문이다. 하지만 프톨레마이오스 12세의 남동생이 다스리는 키프로스는 달랐다. 이에 로마는 키프로스 섬을 빼앗고 왕을 폐위시켰다. 로마의 하수인으로 전락하게 된 키프로스의 왕은 굴욕 대신 명예를 선택하였고 독약을 마시고 자살했다. 이 모든 과정을 지켜본 프톨레마이오스 12세는 그저 방관하는 것으로 자신의 왕위를 지켰다. 하지만 이집트의 백성들은 이 사건을 결코 방관할 수가 없었다.

이전부터 쌓여온 여러 불만과 키프로스 사건에 대한 분노로 인해 결국 기원전 58년, 이집트에서는 반란이 일어났다. 그러자 프톨레마이오스 12세는 로마로 망명했다. 그가 이집트를 비운 사이 반란이 진정되자 사람들은 프톨레마이오스 12세의 장녀 베레니케 4세를 새로운 파라오로 옹립했다. 새로 즉위한 파라오 베레니케 4세는 로마에 협력을 청하며 동맹의 뜻을 전했다. 하지만 로마인들은 똑똑한 파라오보다 프톨레마이오스 12세라는 말 잘 듣는 돈줄이 훨씬 요긴했다. 기원전 58년, 로마의 명장 폼페이우스의 지원을 받은 프톨레마이오스 12세는 강력한 로마 군대를 앞세워 이집트로 돌아왔다. 그를 반긴 백성은 아무도 없었으나 전투는 로마군의 승리로 끝났고, 베레니케 4세는 처형되었다.

프톨레마이오스가 로마로 망명했을 때, 그의 둘째 딸인 클레오파트라의 나이는 겨우 10살에 불과했다. 그녀는 아버지가 로마에 뇌물을 바쳐 군대를 얻어낸 후, 언니를 죽이고 왕위를 되찾는 과정을 생생하게 목격하였다. 프톨레마이오스 12세가 다시 복위했을 때 클레오파트라는 14살이었다. 하지만 그녀는 이미 골육상쟁과 궁중암투의 무서움과 권력과 정치의 중요성을 이미 충분히 간파한 후였다. 이복언니인 베레니케 4세가 처형된 후, 클레오파트라는 권력에 관심을 보이는 대신 자신의 주변을 책으로 가득 채웠다. 골육상쟁으로 얼룩진 왕국에서 그것만이 스스로를 보호하는 길이기도 했다.

어려서부터 독서에 관심이 많았던 클레오파트라는 알렉산드리아 도서관에서 시간을 보내며 문학, 철학, 수학, 천문학 등의 학문에 군사지식까지 모든 분야의 지식과 교양을 쌓았다. 또한 그녀는 9개의 언어를 자유자재로 구사하는 천부적인 능력까지 갖추고 있었다. 춤과 노래, 악기연주와 승마도 수준급이었다. 그렇게 클레오파트라는 아무도 모르게, 홀로 군주가 될 준비를 차근차근 하고 있었다.

권력암투에 패배하여 쫓겨나다

기원전 51년, 프톨레마이오스 12세가 세상을 떠났다. 그는 죽기 전 자신의 둘째 딸인 클레오파트라 7세와 장남 프톨레마이오스 13세가 혼인한 후 공동으로 파라오에 오르라는 유언을 남겼다. 남매가 혼인하여 공동 통치자로 즉위하는 것은 혈통을 보존하기 위한 수단이자, 이집트의 신화에서 차용된 전통이었다. 18살의 클레오파트라는 10살 남동생 프톨레마이오스 13세와 부부가 되었다. 하지만 새로운 파라오 부부가 즉위한 지 얼마 되지 않아, 왕궁은 곧 내분에 휩싸였다. 이제 갓 여왕이 된 클레오파트라가 다른 파라오들과 달리 너무 총명하고 똑똑한 것이 문제였다. 오랜 기간 권력을 장악했던 이들은 그들의 속내를 훤히 간파하고 있을 뿐 아니라 혼란한 정치, 외교, 경제 상황을 수습할 능력까지 갖춘 뛰어난 군주를 원하지 않았다. 지금까지처럼 꼭두각시 노릇을 잘해줄 인물이면 충분했다.

클레오파트라가 즉위했을 무렵, 이집트의 경제는 엉망이었다. 전임 파라오들은 과도한 세금을 거둬들여 국민들의 고혈을 쥐어짰다. 이렇게 얻은 돈은 로마에 뇌물을 바치거나 흥청망청 쓰는 데 사용했다. 국민들이 빈민으로 전락해가는 사이 지배계층인 그리스인들과 돈에 대하여 탁월한 감각을 지닌 소수의 유대인들이 부동산과 부를 독점하였다. 이는 고질적인 문제였다. 이러한 문제를 해결하기 위해 클레오파트라는 파라오로 즉위하자마자 기습적으로 화폐의 가치를 3분의 1로 하락시켰다. 부자들은 재산이 3분의 1로 줄었고, 서민들의 생활은 크게 안정되었다. 클레오파트라에게 허를 찔린 기득권 세력은 눈 뜬 채 재산을 잃어버린 셈이었다. 서민들은 여왕을 칭송했으나 부자들의 불만은 하늘을 찔렀다. 이들은 호시탐탐 클레오파트라를 없앨 기회를 노렸다.

당시 로마는 제1차 삼두정치[1] 시기였는데 클레오파트라는 외교적으로 폼페이우스를 지지하고 있었다. 이집트의 지배층들은 로마의 상황에 항상 촉각을 곤두세우고 있었다. 폼페이우스가 카이사르와 권력을 놓고 경쟁관계에 있다는 것은 공공연히 알려진 사실이었다. 삼두정치라고는 하지만 폼페이우스의 지분이 가장 커 보였다. 클레오파트라는 폼페이우스가 장차 로마의 최고 지도자가 될 것이라고 생각하였고, 자신이 다스리고 있는 이집트의 미래를 위해 그에게 적극적으로

---

1 로마공화정 말기에 3명의 실력자가 동맹하여 국가권력을 독점한 정치형태. 기원전 60년에 폼페이우스, 카이사르, 크라수스 세 사람이 파벌을 중심으로 하는 원로원에 대항하여 정치상 서로 이해에 반하는 일을 하지 않을 것을 밀약하고 제1차 삼두정치가 시작되었다.

호의를 나타냈다. 이것이 그녀의 반대파에게는 좋은 구실이 되었다. 프톨레마이오스 13세를 휘두르고 있는 환관 포티누스를 중심으로 클레오파트라를 축출하기 위해 내분이 시작된 것이다.

기원전 49년, 아직 지지 기반이 취약했던 클레오파트라는 폐위당한 채 축출되었다. 왕위에서 쫓겨난 그녀는 암살자들을 피해 알렉산드리아를 탈출하여 아라비아인들의 유목부락으로 몸을 숨겼다. 12살의 프톨레마이오스 13세는 단독으로 왕위에 올랐고 모든 권력은 환관 포티누스의 손에 들어갔다. 클레오파트라가 암울한 시간을 보내고 있는 동안, 로마에서는 카이사르가 폼페이우스를 제압하며 승기를 잡았다. 1개 대대만을 동반한 채 루비콘 강을 건넌 카이사르가 폼페이우스를 상대로 승리를 거둘 것이라고는 누구도 예상하지 못했다. 한때 이집트 파라오의 운명을 결정할 정도의 힘을 지녔던 폼페이우스는 도망자 신세가 되고 말았다. 그는 이집트에 몸을 의탁하기로 하고 알렉산드리아로 향했다.

카이사르와의 만남

클레오파트라가 권력암투에서 패배하여 쫓겨나 있는 동안, 폼페이우스가 알렉산드리아 항구에 도착했다. 프톨레마이오스 12세의 복위를 도와주었던 그는 이집트의 도움을 받아 카이사르와의 일전을 다시 치를 예정이었다. 하지만 환관 포티누스는 카이사르의 편에 서기로 결정하고, 폼페이우스를 제거한다. 폼페이우스의 머리를 뇌물로 바쳐 카이사르의 환심을 살 작정이었던 것이다. 하지만 정적 폼페이우스를 추격하여 이집트에 도착한 카이사르는 그의 잘려진 머리를 보자 울음을 터트렸다. 삼두정치의 굳건한 동맹을 위해 폼페이우스는 카이사르의 딸을 아내로 맞기도 했다. 오랜 경쟁자였고 한때는 사위였던 폼페이우스의 죽음 앞에서 카이사르는 한편으로는 안도하고 한편으로는 분노했다. 카이사르는 폼페이우스의 시신을 수습하여 장례식을 치렀고, 그를 죽인 범인들을 잡아 처형했다.

카이사르는 로마로 돌아가는 대신 프톨레마이오스 13세와 폐위된 클레오파트라의 사이를 중재하겠다는 명분으로 이집트에 남았다. 예상치 못한 상황에 환관 포티누스는 당황했다. 그가 원한 것은 카이사르가 뇌물을 받고 이집트 내정을 방관하는 것이었다. 필요하다면 금은보화쯤은 얼마든지 안겨줄 요량이었다. 그런데 로마 최고의 권력자가 된 카이사르는 이제까지의 로마 지도자들과 달리 이집트 왕실의 내분을 직접 중재하고 수습하겠다고 나선 것이다. 이미 폐위되어 알렉산드라를 탈출한 클레오파트라는 비록 몸은 황궁에 없었으나 수도에서 일어나는 소식을 전해 듣고 있었다. 그녀는 카이사르와 만나기로 결심했다. 비록 지금은 쫓겨나 있는 몸이었지만 그녀는 이집트의 여왕이었다. 만약 카이사르와의 만남이 이루어진다면 이집트 군주로서 로마 최고의 권력자와의 독대가 가능했다. 클레오파트라는 카이사르와의 만남을 신중하게 준비했다. 자신의 왕위는 물론 이집트의 운명이 걸린 매우 중요한 만남이었기 때문이다.

후대의 역사가들과 작가들은 더 이상 드라마틱할 수 없을 정도로

클레오파트라와 카이사르의 첫 만남

대단한 상상력을 발휘하여 클레오파트와 카이사르의 첫 만남을 기록했다. 여기서 미모는 물론 지략까지 겸비한 클레오파트라의 전설적인 미인계가 탄생했다. 클레오파트라는 카이사르를 만나기 위해 일단 알렉산드리아로 돌아가야 했다. 하지만 정적들로 가득한 황궁에 모습을 드러냈다간 카이사르의 얼굴도 보기 전에 쥐도 새도 모르게 암살당할 수도 있었다. 그래서 그녀는 고심 끝에 기상천외한 전략을 짰다. 어느 늦은 밤, 황궁에 머물고 있던 카이사르 앞에 오리엔탈풍의 아름다운 양탄자 하나가 선물로 도착했다. 둘둘 말려 있는 양탄자를 펼치자 그 안에서 실오라기 하나 걸치지 않은 클레오파트라가 등장했고 카이사르는 그녀의 매혹적인 자태에 넋을 잃고 말았다, 는 것이다.

이 작전이 실제로 행해졌는지, 클레오파트라가 정말 실오라기 하나도 걸치지 않은 알몸으로 카이사르 앞에 섰는지는 알 수 없다. 역사적 기록이 남아 있지 않기 때문이다. 다만 당시 21살의 클레오파트라는 자신보다 2배 이상 나이가 많은, 아버지뻘의 카이사르와 동등한 자격으로 외교 밀담을 나누었고, 이집트의 독립과 왕좌를 보장받게 된다. 한심하고 굴욕스러운 일이지만 이미 오래전부터 이집트의 운명은 로마 권력자의 손에 달려 있었다. 클레오파트라는 뇌물 한 닢 주지 않고 로마 최고 권력자의 환심과 호의를 샀다. 후대의 역사가들은 클레오파트라의 정치적 능력은 애써 무시한 채 그녀가 단지 성적 매력으로 카이사르를 매혹시켰다며 호들갑을 떨었다. 하지만 카이사르는 냉정하고 노련한 정치가였다. 클레오파트라가 그저 요부에 불과했다면 로마의 권력자들을 차례차례 이용하여 이집트의 번영을 이끌지 못했을 것이다.

어쨌거나 하룻밤 사이에 이집트의 권력은 클레오파트라의 손에 넘어갔다. 다음 날 아침, 카이사르의 호출을 받고 그의 방에 간 프톨레마이오스 13세는 자신의 아내이자 누나인 클레오파트라가 그 자리에 앉아 있는 것을 보고 울면서 뛰쳐나갔다고 한다. 13살의 소년 파라오는 자신의 패배를 인정할 수가 없었던 것이다. 어쩌면 부끄러웠는지도 모른다. 자신을 폐위시켰던 환관 포티누스와 프톨레마이오스 13세를 상대로 클레오파트라가 멋지게 승리를 거둔 것이다.

첫 아들, 카이사리온의 탄생

클레오파트라와 카이사르의 만남으로 환관 포티누스와 프톨레마이오스 13세의 계획은 완전히 빗나가고 말았다. 이들은 카이사르의 환심을 사기 위해 '폼페이우스의 머리'라는 뇌물을 준비했다. 하지만 이는 오히려 카이사르의 분노를 샀다. 게다가 카이사르는 이미 클레오파트라를 이집트의 군주로 인정하며 그녀를 지지하고 나섰다. 똑똑하다는 이유로, 왕궁에서 가장 지지 기반이 약했던 클레오파트라는 로마 최고 통치자인 카이사르라는, 강력한 후원 세력을 갖게 되었다.

당황한 환관 포티누스와 프톨레마이오스 13세는 어리석은 선택을 했다. 카이사르를 적으로 돌리고 그와 함께 알렉산드리아에 온 로마군을 공격한 것이다. 카이사르는 소수의 병력만을 데리고 이집트에 왔기 때문에 처음에는 불리한 상황이었다. 하지만 로마에서 원군이 도착하고 때마침 홍수로 나일 강이 범람하면서 사태는 역전되었다. 프톨레마이오스 13세는 익사하였고, 군주를 잃은 이집트 병사들은 싸울 목표가 사라졌다.

전쟁에서 승리한 클레오파트라는 자신의 막내 남동생 프톨레마이오스 14세와 결혼을 하고 다시 파라오의 자리를 되찾았다. 그리고 그녀의 폐위에 동참했던 여동생을 가두었다. 이제 클레오파트라는 명실공히 이집트의 가장 강력한 군주였다. 카이사르는 프톨레마이오스 13세와의 전쟁에서 승리를 거두었음에도 이집트를 속국으로 두지 않았다. 오히려 그는 이집트의 안전과 독립을 보장해주었다. 클레오파트라의 현명함과 매력이 로마의 권력자를 사로잡음으로써 이집트의 운명이 달라진 것이다. 이제 골육상쟁과 권력암투는 모두 끝났다. 이집트는 빠른 속도로 안정되었고, 백성들은 생업에 종사할 수 있게 되었다. 유능하고 아름다운 클레오파트라는 군주로서 사랑받았고 이집트인들의 존경받는 여신 이시스의 현신으로 추앙받았다.

이집트의 내분은 수습되었고, 계승 진쟁은 끝났다. 카이사르는 이제 로마로 돌아갈 일만 남았다. 하지만 그는 할 일이 태산같이 쌓여 있는 로마로 돌아가는 대신 클레오파트라와 함께 나일 강을 따라 여행을 했다. 무려 10주 동안이나 말이다. 로마인들은 그들의 영웅이 이집트 요부의 손아귀에서 놀아나고 있다며 불평을 터트렸다. 로마인들이 염려한 것처럼 카이사르는 클레오파트라와 여행을 하는 동안 그녀에게 푹 빠져버렸다. 여행을 마치고 알렉산드리아로 돌아온 클레오파트라는 기원전 47년, 첫 아들을 낳았다. 아이의 이름은 프톨레마이오스 카이사르 테오스 필로파토르 필로메토르, 애칭은 카이사리온(작은 카이사르 혹은 카이사르의 아들)이었다.

카이사리온은 카이사르의 유일한 아들이었다. 다만 클레오파트라와 정식으로 혼인한 것이 아니기 때문에 역시나 후대의 역사가들은 아이의 혈통에 대해 의문을 제기하기도 한다. 하지만 클레오파트라는 일생 동안 두 번 결혼했고(남동생 두 명과), 두 명의 연인을 두었다. 그리고 카이사르와 만났던 시기에 카이사리온을 낳았다. 훗날 옥타비아누스가 클레오파트라와 안토니우스와의 대결에서 승리를 거둔 후 카이사리온을 제거한 것을 보아도 그가 카이사르의 아들인 것은 분명하다. 옥타비아누스는 카이사르의 외조카손자였다. 카이사르를 계승한다는 명분이 중요했던 그는 카이사르의 직계혈통인 카이사리온의 존재를 의식했던 것이 분명하다. 하지만 이때까지만 해도 옥타비아누스는 역사의 전면에 드러나기 전이었다.

카이사르의 죽음과 클레오파트라의 좌절

카이사리온을 낳은 후 클레오파트라는 카이사르를 따라 로마에 갔다. 클레오파트라는 아들을 품에 안은 채 로마의 영웅인 카이사르의 개선 행진에 참관했다. 이때 로마에서는 전대미문의 성대한 환영

연회가 열렸다. 장장 나흘에 걸친 축제기간 동안 클레오파트라는 이 집트의 부유함을 마음껏 과시했다. 셀 수 없이 많은 노예들이 로마의 귀족들보다 훨씬 화려하게 차려입고 여왕의 시중을 들었다. 이집트에서 가져온 금과 은은 130만 킬로그램에 달했고, 거의 3천 점에 달하는 황금 왕관이 선을 보였다. 로마인들은 감탄하는 동시에 불안에 휩싸였다.

클레오파트라는 엄청난 부와 막강한 해군을 지닌 이집트의 여왕이자 카이사르의 유일한 아들을 낳은 여자였다. 출신에 대한 자부심이 강한 로마인들은 클레오파트라와 그녀의 아들 카이사리온이 오래지 않아 로마의 지배자가 될 것이라는 생각만으로도 견디기 힘들었다. 클레오파트라의 생각 또한 로마인들과 크게 다르지 않았다. 카이사르와의 사랑이 카이사리온의 탄생이라는 결실로 이어지자 클레오파트라는 이집트의 안전과 독립을 넘어 더 큰 꿈을 꾸기 시작했다. 클레오파트라의 아들인 카이사리온은 장차 이집트의 왕위를 계승할 것이었다. 또한 카이사르의 아들인 카이사리온은 로마 제국에도 지분이 있었다. 클레오파트라는 카이사리온을 이집트와 로마를 아우르는 대제국의 통치자로 만들고자 했다. 불가능한 일도 아니었다. 하지만 이때까지만 해도 그녀는 너무나 순수했다. 자신에 대한 카이사르의 애정을 믿어 의심치 않았던 것이다. 로마의 귀족들과 정치가들의 경계를 한 몸에 받으며 클레오파트라는 로마에서 2년 동안 머물렀다. 그러던 중 비극이 일어났다. 카이사르가 암살당한 것이다.

카이사르는 훌륭한 통치자였고, 로마 시민들을 위해 귀족들의 특권을 줄이는 등 수많은 개혁을 완성했다. 그는 시민들의 사랑과 존경

암살당하는 카이사르

을 받았다. 자신감이 넘친 그는 종신 독재관이라는 지위에 만족하지 못하고 황제의 자리를 꿈꾸기 시작했다. 명목에 불과하더라도 공화정 체제를 유지해야 한다는 원로원과 카이사르가 황제가 되어야 한다는 쪽이 나뉘어 분열했다. 명문 귀족 집단이었던 원로원은 거사를 준비했다. 기원전 44년 3월 15일, 평소처럼 의회에 나간 카이사르는 총 23곳에 칼을 맞고 숨을 거두었다. 그를 배신한 인물 중에는 카이사르의 양아들이었던 브루투스도 있었다.

카이사르가 암살된 후 귀족들은 그의 유언장을 공개했다. 클레오파트라의 생각과 달리 유언장에는 그녀와 카이사리온에 대한 언급조차 없었다. 카이사르는 자신의 후계자로 외조카손자인 옥타비아누스를 지목했고, 그가 일찍 세상을 떠날 경우 양아들 브루투스에게 자신의 자리를 넘겨준다고 기록해놓았다. 클레오파트라는 모욕감을 느꼈다. 하지만 안전이 더 중요했다. 카이사르가 암살된 로마에서 그녀도 안전하지 않았다. 클레오파트라는 아들 카이사리온과 명목상의 남편인 남동생을 데리고 로마를 탈출하여 알렉산드리아로 돌아갔다. 그리고 카이사르의 유언장을 곱씹으며 문서와 법률의 중요성을 간과한 자신의 행동을 반성했다.

얼마 후 프톨레마이오스 14세가 병으로 세상을 떠나자 클레오파트라는 자신의 아들 카이사리온을 공동 통치자로 임명했다. 이때 카이사리온의 나이는 고작 3살이었다. 클레오파트라는 이제 홀로 어린 아들과 이집트의 운명을 지켜야 하는 책임을 두 어깨에 지게 되었다.

두 번째 사랑, 안토니우스와의 운명적 만남

카이사르가 암살된 후 로마는 혼란에 휩싸였다. 반란자들은 그의 죽음을 확인한 후 승리에 도취했으나 로마 시민들은 분노를 감추지 못했다. 특히 공개된 카이사르의 유언장에는 로마 시민 한 명당 300세르테르티우스[2]를 지급하라는 내용도 있었다. 재산까지도 시민에게 나눠주고 간 영웅의 죽음 앞에서 민중들의 분노는 귀족들에게 집중되었다. 현직 집정관 안토니우스는 카이사르의 장례식에서 귀족들을 처단하겠다는 연설을 함으로써 민중들의 슬픔과 분노를 달래는 동시에 커다란 정치적 지지를 얻었다. 독재자를 처단하고 공화정의 가치를 다시 세우겠다는 명분으로 시민들을 설득하려 했던 반란자들은 당황했다.

---

2   당시 로마 노동자들의 평균 석 달치 급료에 해당하는 금액.

일단 안토니우스가 기선을 잡기는 했으나, 카이사르의 유언장에 적힌 그의 후계자는 옥타비아누스였다. 안토니우스는 19살에 불과한 옥타비아누스를 과소평가했다. 하지만 카이사르의 후계자답게 그는 탁월한 정치 감각을 가지고 있었고 이내 안토니우스의 막강한 경쟁자로 떠올랐다. 무엇보다 옥타비아누스에게는 '카이사르의 후계자'라는 후광이 있었다. 옥타비아누스가 만만치 않은 상대임을 알아차린 안토니우스는 일단 그와 손을 잡기로 했다. 그리하여 기원전 43년, 로마에서는 제2차 삼두정치[3]가 시작되었다.

클레오파트라는 로마의 정치 상황을 빠르게 파악했다. 이집트의 안전과 독립을 보장받으려면 로마와의 동맹이 반드시 필요했다. 그녀는 옥타비아누스와 안토니우스 중 누가 최후의 승자가 될 것인지 고심했다. 지난번 폼페이우스 때처럼 실패한다면 이집트는 로마의 속국으로 전락할 수도 있었고, 운 좋게 카이사르와 같은 인물을 만난다면 오히려 도약의 기회가 될 수도 있었다. 클레오파트라는 카이사르의 '법적 후계자'인 옥타비아누스가 아닌 안토니우스를 선택했다. 카이사리온의 자리를 대신한 옥타비아누스에 대한 반감 때문이었는지도 모른다. 또한 정치 경험이 전혀 없는 19살의 옥타비아누스보다는 오랫동안 카이사르를 따라다니며 그와 동고동락한 안토니우스가 더 승산이 있어 보였다. 하지만 옥타비아누스는 클레오파트라와 같은 유형

---

3 로마 공화정 말기인 기원전 43년 로마의 유력자인 옥타비아누스, 안토니우스, 레피두스가 결성한 정치, 군사적 협약을 말한다. 5년을 단위로 갱신되어 약 10년간 유지되다가 기원전 33년 파기되었다. 로마 공화정이 붕괴되고 제정으로 넘어가는 결정적인 사건 중 하나가 되었다. 안토니우스와 클레오파트라를 상대로 전쟁에서 승리한 옥타비아누스는 로마 최초의 황제, 아우구스투스로 즉위한다.

의 인물이었다. 비록 나이는 어렸지만 권모술수와 암투, 대중선동은 물론 전투와 군사전략에도 탁월한 그야말로 천부적인 정치가였던 것이다.

기원전 41년, 클레오파트라는 안토니우스와 첫 만남을 가졌다. 동방원정에 나선 안토니우스는 동맹국 이집트의 경제적, 군사적 지원이 필요했고 이를 위해 클레오파트라에게 만남을 요청했다. 두 사람의 만남은 현재 터키의 남쪽 해안에 위치한 타르수스에서 이루어졌다. 이때 클레오파트라는 단번에 안토니우스를 사로잡는다. 그녀는 철저하게 계획하여 그를 유혹했다. 미의 여신 아프로디테처럼 차려입은 클레오파트라는 화려하게 장식된 배의 별실에 비스듬히 누운 채 안토니우스를 맞았다. 28살의 클레오파트라는 절정의 아름다움을 뽐내고 있었다. 여왕의 주변에는 큐피드로 분장한 어린 노예들이 부채를 들고 있었고, 님프처럼 꾸민 아름다운 시녀들이 악기를 연주했는데, 그녀들의 연주에 따라 배가 천천히 움직이며 신비로움을 더해주었다. 안토니우스에게는 이미 로마에 풀비아라는 아내가 있었지만 속절없이 클레오파트라에게 빠져들 수밖에 없었다. 위풍당당한 로마의 장군 안토니우스는 사랑의 포로가 되었다.

클레오파트라는 이집트의 통치권과 독립권을 보장받았고 안토니우스는 사랑을 얻었다. 하지만 꿈같은 시절도 잠시였다. 안토니우스는 로마로 돌아갈 수밖에 없었다. 옥타비아누스에게 불만을 품은 안토니우스의 아내 풀비아가 시동생(안토니우스의 동생) 루키우스와 함께 반란을 일으켰다가 실패하고 페르시아로 도주한 것이다. 그 과정에서 풀비아는 세상을 떠났고 안토니우스가 담당한 동방영역에서 적국인 파르티아가 로마의 영토인 시리아를 침공하는 일이 벌어졌다. 일련의 사건들을 수습하기 위해 안토니우스는 로마로 달려갔다. 그는 일단 옥타비아누스와 화해를 하였고, 삼두정치를 연장했다. 이를 공고히 하기 위해 옥타비아누스의 여동생인 옥타비아와 결혼했다. 정략 결혼이었다. 하지만 이는 잠시의 눈가림일 뿐이었다. 안토니우스가 이집트를 떠나 새 아내를 맞는 동안 클레오파트라는 알렉산드리아에서 쌍둥이를 출산했다. 안토니우스의 아들과 딸이었다.

프톨레마이오스 왕위 계승도

프톨레마이오스12세

장녀 베레니케
왕위를 놓고 아버지와 대립하다 사망

3녀 아르시노에 4세
환관 포티누스와 손을 잡고 클레오파트라 축출

차녀 클레오파트라7세

프톨레마이오스 13세
클레오파트라의 첫 번째 남편

프톨레마이오스 14세
클레오파트라의 두 번째 남편

프톨레마이오스 15세(카이사리온)
카이사르의 유일한 아들
옥타비아누스에 의해 처형

셀레네 2세
안토니우스의 딸
알렉산드로스 헬리오스와 쌍둥이
클레오파트라의 자식들 중
유일하게 살아남음

알렉산드로스 헬리오스
안토니우스의 아들
셀레네2세와 쌍둥이

프톨레마이오스 필라델푸스
안토니우스의 아들

※ 클레오파트라는 아버지의 유언에 따라 남동생(프톨레마이오스 13세)과 혼인하며 이집트의 공동 통치자가 되었다. 하지만 곧 내분에 휩싸였고 여동생을 비롯한 반대파에 의해 폐위되었다. 그 후 클레오파트라는 카이사르의 도움으로 왕위를 되찾았고 그 과정에서 프톨레마이오스 13세는 사망한다. 그 후 클레오파트라는 막내 남동생(프톨레마이오스 14세)과 혼인하여 왕위를 유지하는 한편 카이사르의 아들 '카이사리온'을 낳았다. 아들과 함께 로마로 갔던 클레오파트라는 카이사르가 원로원에서 살해당하자 이집트로 돌아온다. 프톨레마이오스 14세가 요절하자 클레오파트라는 아들 카이사리온(프톨레마이오스 15세)을 공동통치자로 선언한다. 3년 후, 클레오파트라는 로마의 권력자 안토니우스와 동맹을 맺었고 그와 사랑에 빠졌다. 클레오파트라는 안토니우스와의 사이에 쌍둥이 남매와 아들 한 명을 낳았다. 안토니우스는 카이사리온을 카이사르의 적법한 후계자로 선언하고 그를 '왕 중의 왕'으로 공표했다. 하지만 옥타비아누스와의 전쟁에서 패배한 후 안토니우스와 클레오파트라는 자결하였고, 카이사리온은 옥타비아누스에게 살해되었다.

기원전 37년, 안토니우스는 파르티아 원정을 시작했고 4년 만에 클레오파트라와 재회했다. 이때 두 사람은 정식으로 결혼식을 올리고 부부가 되었다. 안토니우스에게는 우아한 기품을 지닌 로마 제일의 절세 미녀 옥타비아라는 아내가 있었지만 클레오파트라 앞에서 그는 속수무책으로 무너졌다. 안토니우스는 클레오파트라에게 군사적 지원과 협조를 구했다. 클레오파트라는 그가 다스리고 있는 로마 제국 영토의 일부분을 이집트에 넘겨준다면 그를 돕겠다고 말했다. 안토니우스는 그녀의 제의를 수락했다. 이로써 클레오파트라는 영토를 얻었고, 안토니우스는 파르티아에 맞설 함대를 건조할 노동력과 여왕의 사랑을 얻었다.

화려한 영광의 날들

기원전 36년, 클레오파트라의 지원을 받은 안토니우스는 예루살렘과 유대를 회복했다. 이어서 이듬해 그는 시리아와 파르티아로 진군했으나 안타깝게도 대패하고 말았다. 소식을 들은 옥타비아가 보급품을 실은 선단을 타고 그를 찾아왔으나 안토니우스는 보급품만 수령한 채 임신한 아내를 로마로 돌려보냈다. 안토니우스는 정치적 동맹을 위한 정략결혼으로 맺어진 옥타비아가 아닌 클레오파트라를 자신의 진정한 아내로 여긴 것이다. 클레오파트라는 감격했고, 그와 함께 동방제국의 꿈을 이루기로 결심했다.

행운의 여신은 안토니우스와 클레오파트라의 편에 선 것 같았다.

기원전 35년, 이집트의 지원으로 아르메니아 공략에 성공한 안토니우스는 이듬해 알렉산드리아에서 성대한 개선식을 거행했다. 로마의 시민들과 귀족들은 당황하고 분노했다. 카이사르에 이어 로마의 위대한 영웅 안토니우스를 클레오파트라에게 또다시 빼앗긴 기분이었다. 개선식 직후, 안토니우스는 클레오파트라를 이집트의 '왕 중의 여왕'으로, 카이사르의 아들이자 이집트의 공통 통치자인 프톨레마이오스 15세, 즉 카이사리온을 이집트의 '왕 중 왕'으로 선포했으며 카이사리온을 카이사르의 적법한 후계자로 공표했다. 또한 자신과 클레오파트라 사이에서 태어난 세 명의 아이들(아들과 딸 쌍둥이와 막내아들)에게도 '아르메니아 왕', '시리아와 리비아의 왕'이라는 제왕의 칭호를 내렸다. 클레오파트라의 기쁨은 극에 달했다. 찬란했던 이집트의 영광을 그녀가 재현한 것이었다.

클레오파트라가 안토니우스와 함께한 9년 동안 이집트는 화려한 번영을 누렸다. 백성들 또한 여왕을 향한 사랑과 존경을 아끼지 않았다. '여왕의 남편'이자 이방인인 안토니우스는 알렉산드리아에서 가장 사랑받는, 가장 인기 있는 남자였다. 클레오파트라가 로마에서 이방인 취급을 당하며 귀족들과 시민들로부터 차가운 경계의 눈길을 받았던 것과는 정반대였다. 안토니우스는 이집트와 그리고 클레오파트라와 완전히 사랑에 빠졌다. 카이사르의 진정한 후계자인 카이사리온과 클레오파트라와의 사이에서 태어난 사랑스런 아이들을 보면서 그는 이들을 위해, 가족을 위해 진정한 동방제국을 건설하고 싶어졌다. 그의 머릿속에서 로마는 점점 잊혀져가고 있었다.

한편 안토니우스가 클레오파트라에게 푹 빠졌다는 소식을 들은 옥타비아누스는 쾌재를 부르며 날마다 로마 시민들 앞에서 경쟁자를 모함하는 선동연설을 했다. 옥타비아누스가 말하는 안토니우스는 희대의 요부이자 악녀인 클레오파트라에게 사로잡혀 로마의 영토와 그의 영혼까지 내어준 인물이었다. 로마 시민들은 점차 동요하였고, 옥타비아누스는 여론을 교묘하게 이용하여 안토니우스는 애욕에 눈이 멀어 타락해버린 영웅으로, 클레오파트라는 음탕하고 사악한 요녀로 대중의 심리를 자극했다. 옥타비아누스의 작전은 적중했다. 안토니우스가 이집트에 머무는 동안 로마에서 그의 지지도는 바닥으로 추락했다. 여론의 힘을 얻은 옥타비아누스는 로마에 남아있던 안토니우스의 지지자들을 축출했다.

기원전 32년, 로마의 원로원은 안토니우스를 해임하고 클레오파트라에게 선전포고를 했다. 안토니우스를 지지하던 세력들은 옥타비아누스가 장악한 로마를 떠나 알렉산드리아로 넘어왔다. 이제 남은 것은 전쟁뿐이었다.

악티움 해전의 패배와 비극적 죽음

이집트의 풍요로움은 모든 로마의 지배자들이 탐내는 보물이었다. 클레오파트라는 왕위를 되찾은 후 이 보물을 한 번도 빼앗기지 않았다. 오히려 로마의 권력자들을 차례차례 자신의 편으로 만들어 이집트의 번영을 이끌었다. 이집트의 미래를 위해, 클레오파트라의 연인 안토니우스가 로마의 주인이 되어야 했다. 그래야 클레오파트라의 핏줄인 카이사르의 아들이, 안토니우스의 아들이 이집트와 로마를 아우르는 대제국의 주인이 될 것이었다. 기원전 31년, 드디어 전쟁이 시작되었다. 클레오파트라는 함대를 건조하여 옥타비아누스와의 일전을 준비했다.

하지만 옥타비아누스가 이끄는 로마의 해군은 안토니우스의 주요 방어지점을 차례로 점령했다. 안토니우스 진영은 점차 분열되었고 최후의 일전이 그리스 악티움에서 치러졌다. 이 해전에서 안토니우스의 해군은 거의 괴멸되고 만다. 전세가 불리해지자 안토니우스는 알렉산드리아로 도주했고 지휘관을 잃은 병사들은 사기를 잃고 패배했다. 알렉산드리아로 돌아온 클레오파트라는 해군을 재건하고자 했으나 이듬해 8월, 옥타비아누스가 이끄는 부대가 이집트에 상륙한다. 소식을 들은 클레오파트라는 차후의 계획을 세우기 위해 요새처럼 튼튼하게 지어놓은 무덤 안으로 은신했다. 이 소식을 들은 안토니우스는 클레오파트라가 죽었다고 생각하고 절망한 나머지 스스로를 칼로 찔렀다.

숨이 끊어지기 직전, 클레오파트라가 살아 있다는 것을 알게 된 안토니우스는 그녀의 품 안에서 죽음을 맞았다. 동방제국의 꿈도, 이집트의 독립도, 사랑하는 사람과의 해로도 모두 수포로 돌아간 지금, 클레오파트라가 할 수 있는 선택은 하나뿐이었다. 옥타비아누스는 로마로 개선할 때 클레오파트라를 전리품처럼 끌고 다닐 생각이었다. 이집트의 여왕으로서 그런 모욕을 당할 수는 없었다. 그녀는 옥타비아누스에게 항복을 구걸하는 대신 여왕으로서 마지막 품위를 지킬 수 있는 길을 선택했다.

독사에 물려 죽음을 맞는 클레오파트라

마지막 순간, 클레오파트라는 가장 아름다운 옷과 보석 그리고 왕관으로 여왕의 차림을 갖추었다. 그녀의 주변은 꽃으로 가득했다. 충성스러운 시녀가 무화과가 가득 든 바구니에 맹독을 지닌 코브라를 숨겨서 가져왔다. 침대 위에 단정하게 누운 클레오파트라의 몸에 날카로운 코브라의 이가 박혔다. 독이 퍼지기 시작하자 서서히 호흡이 약해지다가 이내 숨이 사라졌다. 이때 그녀의 나이는 39살이었다. 스스로의 재능과 매력으로 역사를 움직였던, 한 시대를 풍미한 아름다운 여왕의 비극적인 죽음이었다.

안토니우스와 클레오파트라의 죽음을 전해 들은 옥타비아누스가 가장 먼저 한 일은 카이사르의 유일한 아들이자 적통 후계자로 공표된 카이사리온을 살해한 것이었다. 아직 어린아이에 불과했지만 카이사리온의 존재는 그만큼 위협적이었다. 악티움 해전에서의 승리로 로마의 최고 권력자가 된 옥타비아누스는 카이사르조차 실패했던, 영원한 독재자로서의 길을 걷기 시작했다. 그는 아우구스투스라는 이름을 달고 로마 제국 최초의 첫 황제가 되었다. 클레오파트라의 죽음으로 이집트는 로마의 속국으로 전락했고, 프톨레마이오스 왕가는 300년의 치세에 종지부를 찍게 되었다.

클레오파트라는 단순한 요부가 아니라 이집트를 부강하게 만들고

자 한평생을 고심했던 위대한 군주였다. 그녀는 자신의 지혜와 매력을 이용해 혼란에 빠진 왕실을 수습하고, 이집트의 번영을 이끌었다. 로마의 영웅들이 사랑했던 여왕, 클레오파트라는 그 화려한 삶과 비극적인 최후로 인해 역사 속에서 가장 신비로운 인물로 기록되었다.

메리 스튜어트,
욕망의 불꽃을 잃어버리다

Great women

고귀한 혈통을 타고난 여왕의 비극적인 최후는 언제나 우리의 흥미를 끈다. 스코틀랜드의 여왕 메리 스튜어트의 삶이 바로 그렇다. 걸음마를 하기 전에 이미 스코틀랜드의 여왕으로 즉위하고 스코틀랜드의 왕관을 머리에 쓴 채 17살에 프랑스의 왕비가 된 메리 스튜어트는 25살이라는 젊은 나이에 폐위되었다. 폐위 당시 메리 스튜어트는 백성들과 귀족들의 지지를 완전히 잃은 상태였다. 그녀는 숙적인 잉글랜드의 엘리자베스 1세에게 도움을 청했고 그녀의 배려 속에서 장장 18년 동안 유폐 아닌 유폐 생활을 하게 된다. 스코틀랜드의 여왕에서 망명자 신분이 된 지 20년째 되던 해, 메리 스튜어트는 역모에 연루되어 사형 판결을 받고 참수된다. 이때 그녀의 나이는 마흔다섯에 불과했다.

메리 스튜어트와 정반대의 삶을 살았던 인물은 잉글랜드의 엘리자베스 1세이다. 그녀는 태어나자마자 아버지로부터 외면당하고, 3살 때 어머니가 간통죄로 사형당한 후 '사생아'로 공표된다. 줄곧 숨죽이며 지내던 엘리자베스 1세는 헨리 8세의 왕위를 계승한 배다른 남동생 에드워드 6세와 언니 메리 1세가 자식 없이 세상을 떠나는 바람에 간신히 왕위에 오를 수 있었다. 탄생부터 죽음에 이르기까지 두 여왕은 전혀 다른 삶을 살았다. 영국의 부흥을 이끈 유럽 최고의 지도자로 자리매김한 엘리자베스 1세, 그녀가 군주로서의 화려한 영광을 뽐낼 수 있었던 배경에는 메리 스튜어트라는 목에 가시 같은 경쟁자가 있었기 때문인지도 모른다. 그렇다면 '비극의 여왕'으로 불리는 메리 스튜어트는 과연 어떤 여인이었을까?

영원한 앙숙, 잉글랜드와 스코틀랜드

스코틀랜드는 수십 년간 거듭된 내전으로 인해 혼란스러웠다. 귀족들의 권력은 강했고 왕권은 미약했으며 재정이나 국력은 형편없는 수준이었다. 하지만 메리 스튜어트의 할아버지 제임스 4세가 왕위에 오르면서 상황은 달라지기 시작했다. 반란군과의 전투 중 사망한 부친 제임스 3세의 뒤를 이어 15살의 나이로 왕위에 오른 제임스 4세는 명민한 판단력과 과감한 행동력을 보이며 반란을 진압하였다. 이어서 내전에서 거듭 승리한 그는 영토를 확장하고 왕실의 재정을 굳건히 하여 스코틀랜드의 위상을 높였다. 하지만 그가 닦은 기반은 숙적 잉글랜드와의 전쟁으로 인해 깨지고 말았다.

계속된 전쟁으로 스코틀랜드가 황폐해지는 것을 막고, 악화된 잉글랜드와의 관계를 회복하기 위해 제임스 4세는 동맹을 선택했다. 당시 잉글랜드의 왕은 헨리 7세였다. 그는 왕위 계승권을 둘러싼 랭커스터 가문과 요크 가문 사이에서 벌어진 30년간의 전쟁, 일명 장미전쟁[4]을 수습하고 왕위에 오른 인물이었다. 랭커스터 가문 출신이었던 헨리 7세는 요크 가문의 엘리자베스와 혼인함으로써 두 가문의 왕권을 통합하였고, 튜더 왕조의 시조가 되었다.

강력한 왕권을 유지하기 위해 유럽의 강대국과 혼인 동맹을 추진하고 있던 헨리 7세는 잉글랜드의 안정을 위해 오랜 세월 적대적 관계를 유지해오던 스코틀랜드와 화해할 필요를 느끼고 있었다. 노련한 군주였던 헨리 7세는 전통적인 가톨릭 국가이자 당시 유럽 최고의 강대국이었던 스페인의 왕녀를 자신의 장남 아서와 약혼시키고, 자신의 장녀 마거릿을 제임스 4세에게 시집보냈다. 이 두 결혼은 전형적인 정략결혼이었다. 이 결혼으로 스코틀랜드와 잉글랜드는 전쟁의 불안에서 벗어나 안정을 찾았고, 스페인 왕실과 사돈이 된 잉글랜드의 위상은 한층 높아졌다. 하지만 1509년, 헨리 7세가 승하하고 제임스 4세의 차남인 헨리 8세가 즉위하면서 두 나라의 관계는 다시 삐거덕거

4　랭커스터가(家) 문장은 붉은 장미, 요크가(家) 문장은 흰 장미였기 때문에 왕위를 놓고 두 가문이 벌인 전쟁을 장미 전쟁이라 한다.

리기 시작했다.

헨리 8세는 헨리 7세의 차남으로 세자였던 형 아서가 일찍 죽는 바람에 왕위에 오르게 된 인물로 호전적이고 야심만만한 성격이었다. 그는 스페인과의 동맹을 유지하기 위해 죽은 형의 약혼녀이자 자신보다 7살 연상이었던 캐서린과 혼인을 하였다. 헨리 8세의 야심이 본격적으로 드러나기 시작하자 제임스 4세는 잉글랜드에 대항하기 위해 유럽의 또 다른 강대국인 프랑스와 동맹을 맺었다. 유럽의 상국 스페인과 동맹을 맺은 잉글랜드를 견제하고 싶어 했던 프랑스에서는 스코틀랜드와의 동맹을 적극적으로 환영했다. 하지만 강대국과 동맹을 맺은 책임은 혹독했다.

1513년, 헨리 8세가 프랑스를 침공하자 제임스 4세는 공격 중단을 요구하며 군사를 일으켰다. 하지만 제임스 4세의 결정은 스코틀랜드 귀족들의 지지를 얻지 못했고, 결국 그는 잉글랜드와의 전투 중 세상을 떠나고 말았다. 제임스 4세가 전투 중 사망했을 때, 그의 후계자이자 헨리 7세의 적통 외손자인 제임스 5세는 겨우 1살에 불과했다. 스코틀랜드의 실권을 장악한 앵거스 백작은 제임스 4세의 왕비이자 제임스 5세의 어머니이며 헨리 8세의 누나인 마거릿 튜더와 결혼함으로써 자신의 정치적 입지를 굳혔다. 갓난아기의 몸으로 왕위에 오른 제임스 5세는 어린 시절 내내, 목숨을 위협받는 나날을 보내야 했다.

13살이 되던 해, 제임스 5세는 앵거스 백작에 의해 프랑스에 2년 동안 연금당하는 수모를 겪었다. 2년 후인 1528년, 탈출에 성공한 제임스 5세는 스코틀랜드로 돌아와 왕권을 되찾았다. 그는 앵거스 백작을 용서하지 않았고 그의 일족들을 잔인하게 숙청했다. 또한 제임스

5세는 자신의 아버지를 죽게 만든 외숙부 헨리 8세에 대한 반감 역시 강했다. 하지만 헨리 8세는 오히려 제임스 5세에게 파격적인 제안을 하며 적극적인 구애의 손길을 내밀었다. 당시 유럽은 종교개혁의 물살이 한창 퍼져나가고 있을 때였고 잉글랜드와 스코틀랜드에도 개신교가 한창 성장하고 있었다. 헨리 8세는 본디 독실한 가톨릭 신도였으나 당시 사랑하는 앤 불린과의 결혼문제로 교황과 대립하고 있었다. 스페인의 눈치를 보고 있던 교황이 헨리 8세와 왕비 캐서린과의 이혼을 허락하지 않았던 것이다.

교황으로터 끝내 이혼 허락을 받지 못한 헨리 8세는 영국 국교를 건립하고, 개신교로 개종한 뒤 왕비 캐서린과 이혼하고 앤 불린과 재혼한 후 그녀를 왕비로 삼았다. 헨리 8세의 독단적인 행동은 백성들과 귀족들의 반발을 샀다. 지지 세력이 절실했던 헨리 8세는 제임스 5세에게 화해의 손을 내밀고 여러 파격적인 조건을 제안했다. 그중에는 제임스 5세에게 요크 공작의 작위를 수여하겠다는 것과 더불어 헨리 8세의 장녀인 메리와의 결혼도 포함되어 있었다. 하지만 제임스 5세는 이를 모두 거절하고 오히려 잉글랜드의 적대국인 프랑스의 공주 '마들렌'을 아내로 맞았다. 하지만 몸이 약했던 마들렌은 결혼한 지한 달이 조금 지났을 무렵 세상을 떠나고 만다.

사실 제임스 5세에게는 사랑하는 여인이 따로 있었다. 스코틀랜드 명문 귀족 집안 출신의 마거릿 어스카인은 제임스 5세의 오랜 연인으로 그와의 사이에서 아들까지 낳았다. 하지만 제임스 5세는 그녀와 결혼하는 대신 프랑스의 명문 귀족이자 방계 왕족인 '마리 드 기즈'를 두 번째 아내로 맞았다. 제임스 5세와 마리 드 기즈의 결혼은 스코틀랜드와 프랑스의 굳건한 동맹을 상징하였고 동시에 두 나라의 가톨릭 세력을 단단하게 만드는 역할을 했다. 반면 스코틀랜드의 귀족들은 제임스 5세에게 실망하였고 그보다 더 격분한 헨리 8세는 결국 군사를 일으켰다. 헨리 8세를 원수로 생각하던 제임스 5세는 이에 맞서 군대를 소집하였으나 스코틀랜드의 귀족들은 진군을 거부했다. 낙담한 제임스 5세는 1542년, 소규모 군사를 이끌고 잉글랜드를 공격했으나 무참히 패배하였다. 이 패배 이후 제임스 5세의 건강은 급속도로 나빠졌고 결국 그 해를 넘기지 못하고 31살의 젊은 나이로 세상을 떠났다.

탄생과 즉위 그리고 난폭한 구혼

1542년 12월 8일, 제임스 5세와 마리 드 기즈의 외동딸 메리가 태어났다. 바로 전 해, 제임스 5세의 장남과 차남이 연달아 요절하면서 이제 막 태어난 공주 메리는 그의 유일한 후계자가 되었다. 이미 회복이 불가능할 정도로 병색이 짙었던 제임스 5세는 갓 태어난 아이가 아들이 아니라 딸이라는 것에 실망했으나 그것도 잠시였다. 메리가 태어난 지 일주일도 채 지나기 전인 12월 14일, 제임스 5세가 세상을 떠난 것이다. 이로써 메리는 제임스 5세의 유일한 적통 후계자로서 태어나자마자 스코틀랜드의 왕관을 물려받게 되었다.

한편 제임스 5세와 동맹에 실패했던 헨리 8세는 스코틀랜드의 유일한 왕위 계승자인 메리에게 큰 관심을 보였다. 그는 곧바로 스코틀랜드의 섭정을 맡고 있는 제임스 해밀 턴과 그리니치 조약을 맺고 갓난아기 인 메리와 자신의 유일한 적자嫡子에 드워드의 결혼을 추진했다. 조약에는 메리가 일찍 사망할 경우 스코틀랜드 를 헨리 8세에게 양도한다는 조항이 있었다. 헨리 8세는 이 결혼을 통해 스코틀랜드 병합이라는 오랜 숙원을 이루고자 했던 것이다. 하지만 헨리 8

메리 스튜어트와 프랑수아 2세

세의 속셈을 눈치 챈 메리의 어머니 마리 드 기즈가 이를 반대하고 나섰다. 마리 드 기즈로서는 잉글랜드의 이해관계에 따라 아내를 밥 먹듯이 바꾸는 헨리 8세[5]의 손에 어린 딸을 맡길 수가 없었던 것이다. 마리 드 기즈가 그리니치 조약을 거부하자 헨리 8세는 메리의 신병 인도를 요구하며 군사를 일으켰고, 스코틀랜드를 무차별 약탈하며 쑥 대밭으로 만들었다. 마리 드 기즈는 어린 딸과 함께 잉글랜드 군사들을 피해 스털링 성으로 피신했으나 오래 버틸 수는 없었다. 결국 그녀는 1543년 7월 1일, 메리가 10살이 되면 그녀를 잉글랜드로 보내겠다는 조건으로 그리니치 조약에 서명함으로써 간신히 위협에서 벗어날 수 있게 되었다. 두 달 후인 1543년 9월 9월, 메리는 정식으로 대

---

5 헨리 8세는 총 여섯 명의 왕비를 두었다. 첫 번째 왕비 캐서린(메리 1세의 어머니)과는 이혼하였고, 두 번째 왕비 앤(엘리자베스 1세의 어머니)과 다섯 번째 왕비 캐서린 하워드는 간통죄로 처형했다. 헨리 8세에게 유일한 아들(에드워드 6세)을 낳아준 세 번째 왕비 제인 시모어는 출산 2주 만에 사망했고 개신교 국가와의 동맹을 위해 결혼한 네 번째 왕비 앤(클레베의 앤)은 외모가 마음에 들지 않는다는 이유로 결혼 6개월 만에 이혼했다. 헨리 8세의 마지막 왕비는 왕실 가정교사로 그의 자식들을 보살펴주던 캐서린 파였다.

관식을 치르고 왕위에 올랐다.

1547년 1월, 헨리 8세가 세상을 떠나자 마리 드 기즈는 그리니치 조약을 이행하지 않겠다는 의사를 밝혔다. 이로 인해 잉글랜드와 스코틀랜드 사이에서는 전쟁이 벌어졌다. 하지만 이 전쟁에서 스코틀랜드는 대패하고 만다. 메리의 신변을 염려한 마리 드 기즈는 극비리에 고국 프랑스로 그녀를 보냈다. 스코틀랜드의 통치권을 노리며 메리를 눈여겨보고 있던 프랑스 왕실에서는 두 팔 벌려 그녀를 환영했다. 프랑스 국왕 앙리 2세는 스코틀랜드와 메리의 안전을 책임지는 조건으

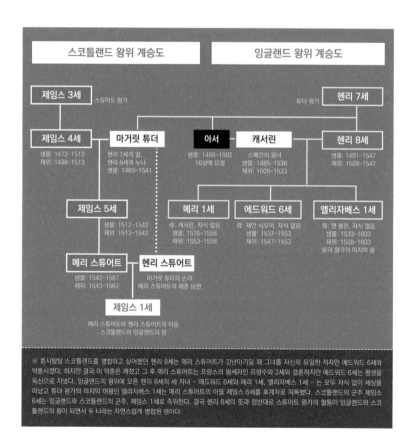

로 메리가 일찍 죽을 경우 스코틀랜드뿐 아니라 잉글랜드의 왕위 계승권까지 프랑스 왕실에 양도한다는 비밀 조약을 체결했다. 스코틀랜드뿐 아니라 잉글랜드의 왕위 계승권이라는 멋진 지참금을 지니고 있던 5살의 메리는 프랑스에 도착한 이듬해, 자신보다 2살이 어린 세자 프랑수와 2세와 약혼하였다.

프랑스에서 보낸 찬란한 영광의 나날들

프랑스에 도착한 메리는 자신의 결혼을 둘러싼 복잡한 정치적 거래와 상관없이 태어나서 처음으로 편안하고 즐거운 나날을 보냈다. 프랑스의 왕궁에는 메리 또래의 왕자와 공주들이 많았다. 세자 프랑수아 2세의 약혼녀로 지낸 10년 동안, 메리는 다양한 학문과 교양을 익히며 매력적인 여인으로 성장했다. 그녀는 프랑스어와 라틴어를 비롯해 스페인어와 이탈리아어에 능통했고 사냥과 승마, 춤과 노래는 물론 악기에도 소질을 보였다. 또한 당대 어느 왕족 여인들보다 아름답고 늘씬했다. 성인이 되었을 때 메리의 키가 180센티 정도였다고 하니 당시로서도 대단히 큰 편이었다.

1558년, 16살이 된 메리는 약혼자인 프랑수와 2세와 정식으로 결혼식을 올렸다. 이제 그녀는 스코틀랜드의 여왕이자 프랑스의 왕세자비였다. 이 무렵 잉글랜드에서는 가톨릭이 아닌 국교(개신교)를 신봉하는 엘리자베스 1세가 25살의 나이로 왕위에 올랐다. 엘리자베스 1세는 헨리 8세가 결혼무효를 선언한 두 번째 왕비 앤 불린의 딸이었

메리 스튜어트 초상화

다. 헨리 8세는 앤 불린을 왕비로 맞기 위해 가톨릭 세력을 적으로 돌리며 첫 번째 왕비 캐서린과 이혼하고 국교를 건립하는 등 종교개혁을 추진했다. 하지만 헨리 8세의 기대와 달리 앤 불린은 아들을 낳지 못했고, 부부싸움이 잦아지면서 왕비가 된 지 불과 3년 만에 '간통죄'로 사형당했다. 앤 불린을 처형한 헨리 8세는 그녀와의 사이에서 태어난 엘리자베스 1세를 사생아로 공표했다.

태어나자마자 아버지로부터 외면당한 엘리자베스 1세는 헨리 8세가 승하한 후에도 '서녀庶女'의 신분으로 지내야 했고, 헨리 8세의 뒤를 이어 그녀의 이복남매인 에드워드 6세와 메리 1세가 차례차례 왕위에 오르는 동안 숨죽이며 지내야 했다. 게다가 에드워드 6세와 메리 1세는 독실한 가톨릭 신도였으나 앤 불린의 딸인 엘리자베스 1세는 당연히 개신교도였다. 그러던 중 에드워드 6세와 메리 1세가 후계자를 남기지 않고 세상을 떠나자 마침내 잉글랜드의 여왕으로 즉위하게 된 것이다. 메리는 엘리자베스의 즉위를 축하하는 대신 그녀의 지위를 무시하며 잉글랜드의 왕위 계승권이 자신에게 있다고 주장했다. 이는 메리 자신의 정치적 판단이라기보다는 그녀의 시댁이었던 프랑스 왕실의 주장에 따른 것이었다.

메리의 시아버지인 앙리 2세는 "서녀庶女인 엘리자베스에게는 계

승권이 없으며 오히려 튜더 왕가의 혈
통인 메리 스튜어트가 잉글랜드의 여
왕으로 더 적합하다."고 주장했다. 물
론 혈통으로 보면 메리는 헨리 7세의
적장녀인 마거릿 튜더의 친손녀였기
때문에 잉글랜드의 왕위 계승권도 가
지고 있었다. 하지만 정작 메리는 잉
글랜드의 왕위에 별다른 관심이 없었
다. 그럼에도 메리는 엘리자베스 1세

엘리자베스 1세 초상화

의 즉위를 무시하며 메리 1세가 세상을 떠난 후 '프랑스의 왕세자비
이자 스코틀랜드와 잉글랜드의 여왕'이라는 서명을 사용했다. 엘리자
베스 1세는 이러한 메리의 행동에 큰 모욕감을 느꼈다. 게다가 잉글
랜드 내에서 가톨릭을 신봉하는 세력들은 엘리자베스 1세의 즉위를
반대하고 메리를 지지했다. 이러한 이유로 인해 엘리자베스 1세는 재
위 기간 내내 메리를 정치적 경쟁자로서 극도로 경계하였다. 이는 태
어나자마자 스코틀랜드의 여왕이 된 메리와 간신히 잉글랜드의 왕위
에 오른 엘리자베스 1세의 길고 긴 불화의 시작이었다.

　메리가 프랑스의 왕세자비가 된 이듬해, 앙리 2세가 갑작스럽게
세상을 떠났다. 왕세자였던 프랑수아 2세가 왕위를 계승하였고 메리
는 프랑스의 왕비가 되었다. 하지만 영광과 불행은 한꺼번에 찾아왔
다. 얼마 지나지 않아 메리를 대신하여 스코틀랜드에서 섭정을 하던
어머니 마리 드 기즈가 신교도의 반란을 진압하던 중 세상을 떠났고
남편 프랑수와 2세는 불과 즉위 1년 만에 16살의 젊은 나이로 요절

한 것이다. 18살의 메리는 그녀를 대신하여 스코틀랜드를 통치하고 있던 어머니의 죽음으로 고아가 되었고, 프랑스의 국왕이었던 남편을 잃고 과부가 되었다.

귀향, 종교적 갈등과 정치적 대립에 휩싸이다

프랑수와 2세의 이른 죽음으로 결혼 당시 앙리 2세가 마리 드 기즈와 비밀리에 맺은, 메리가 일찍 사망할 경우 스코틀랜드와 잉글

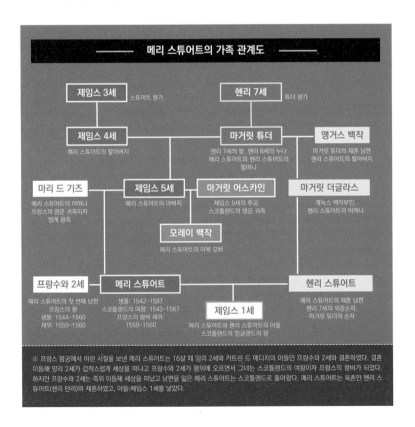

——— 메리 스튜어트의 가족 관계도 ———

제임스 3세 스튜어트 왕가

헨리 7세 튜더 왕가

제임스 4세
메리 스튜어트의 할아버지

마거릿 튜더
헨리 7세의 딸, 헨리 8세의 누나
메리 스튜어트와 헨리 스튜어트의
할머니

앵거스 백작
마거릿 튜더의 재혼 남편
헨리 스튜어트의 할아버지

마리 드 기즈
메리 스튜어트의 어머니
프랑스의 명문 귀족이자
방계 왕족

제임스 5세
메리 스튜어트의 아버지

마거릿 어스카인
제임스 5세의 후궁,
스코틀랜드의 명문 귀족

마거릿 더글라스
래녹스 백작부인,
헨리 스튜어트의 어머니

모레이 백작
메리 스튜어트의 이복 오빠

프랑수와 2세
메리 스튜어트의 첫 번째 남편
프랑스의 왕
생몰: 1544~1560
재위: 1559~1560

메리 스튜어트
생몰: 1542~1587
스코틀랜드의 여왕: 1543~1567
프랑스의 왕비 재위:
1559~1560

제임스 1세
메리 스튜어트와 헨리 스튜어트의 아들
스코틀랜드와 잉글랜드의 왕

헨리 스튜어트
메리 스튜어트의 재혼 남편
헨리 7세의 외증손자,
마거릿 튜더의 손자

※ 프랑스 왕궁에서 어린 시절을 보낸 메리 스튜어트는 16살 때 앙리 2세와 카트린 드 메디치의 아들인 프랑수와 2세와 결혼하였다. 결혼
이듬해 앙리 2세가 갑작스럽게 세상을 떠나고 프랑수와 2세가 왕위에 오르면서 그녀는 스코틀랜드의 여왕이자 프랑스의 왕비가 되었다.
하지만 프랑수와 2세는 즉위 이듬해 세상을 떠났고 남편을 잃은 메리 스튜어트는 스코틀랜드로 돌아왔다. 메리 스튜어트는 육촌인 헨리 스
튜어트(헨리 단리)와 재혼하였고, 아들 제임스 1세를 낳았다.

랜드의 왕위 계승권을 프랑스에 양도한다는 서약은 무효가 되었다. 1560년, 홀가분한 몸으로 스코틀랜드에 돌아온 메리는 대관식을 올린 지 19년 만에 마침내 왕위에 앉았다. 하지만 잉글랜드의 위협을 피해 5살 어린 나이로 도망치듯 프랑스로 떠난 메리에게 13년 만에 돌아온 고국 스코틀랜드는 낯선 나라였다.

당시 스코틀랜드는 잉글랜드와의 영토 분쟁뿐만 아니라 개신교와 가톨릭 사이의 충돌로 종교적 분쟁이 끊이지 않고 있었다. 스코틀랜드의 종교 분쟁 배경에는 잉글랜드가 있었다. 스코틀랜드의 실권을 장악하고 있는 귀족들 대다수가 개신교였고 잉글랜드의 엘리자베스 1세가 암암리에 군사를 동원하여 스코틀랜드의 개신교를 지원하고 있었다. 프랑스 왕실에서 성장한 메리는 독실한 가톨릭 신도였다. 게다가 메리의 어머니 마리 드 기즈가 스코틀랜드 개신교 반란을 진압하던 중 세상을 떠났기 때문에 개신교에 대한 반감도 적지 않았다. 메리의 등장은 스코틀랜드 가톨릭 신도들에게 한 줄기 빛과도 같았다. 가톨릭과 개신교 사이의 대대적인 갈등은 불가피해보였다. 그럼에도 불구하고 메리가 선택한 것은 탄압이 아닌 '관용'이었다.

메리는 귀족은 물론 백성들에게도 '신앙의 자유'를 인정하였고 가톨릭 신도인 자신이 왕궁 안에서 미사를 볼 수 있게 해달라고 요청했다. 피비린내 나는 숙청이나 박해 대신 세련되고 우아한 방식의 공존을 선택한 것이다. 메리의 판단은 실로 지혜로웠다. 하지만 그녀의 노력과 상관없이 그녀의 적들은 사방에 가득했다. 그중에서도 가장 큰 적은 가족이었다. 메리의 강력한 정적은 그녀의 5촌 당고모이기도 한 잉글랜드의 엘리자베스 1세였다. 힘겹게 왕위에 오른 엘리자베스 1세는 튜더 왕가의 혈통을 지녔다는 이유만으로 잉글랜드의 가톨릭 세력으로부터 '진정한 여왕'으로 지지를 받고 있는 메리가 경계의 대상일 수밖에 없었다. 엘리자베스 1세는 끊임없이 스코틀랜드의 개신교들을 지원하면서 메리에 대한 반발과 분란을 조장했다.

메리의 또 다른 적은, 이복오빠인 모레이 백작이었다. 메리가 귀국하기 전까지 그는 스코틀랜드에서 강력한 권력을 구축하고 있었고 귀족들로부터도 지지를 받고 있었다. 모레이 백작은 제임스 5세의 아들로 제임스 5세가 프랑스와의 동맹을 위해 마리 드 기즈를 왕비로 맞는 바람에 서자로 강등된 인물이었다. 하지만 그의 어머니 마거릿 어스카인은 스코틀랜드 명문 귀족 출신이었고 덕분에 귀족들의 지지를 손쉽게 얻었다. 게다가 그는 메리와 달리 개신교도였다. 모레이 백작이 원한 것은 왕위가 아닌 실권이었다. 그는 자신의 이복여동생이자 정통성을 갖춘 스코틀랜드의 여왕 메리와 왕위를 놓고 경쟁하는 대신 그녀의 최측근 겸 조력자의 자리를 지키며 실속을 챙겼다. 모레이 백작의 조력 속에서 처음 몇 년간 메리는 별다른 실책 없이 군주로서의 소임을 다하였고, 백성들로부터 지지를 받았다. 하지만 종교문제에서 두 사람은 타협할 수가 없었고 모레이 백작이 메리가 헨리 스튜어트와 재혼하는 것을 반대하면서 갈등의 골이 깊어진다.

비록 메리와 피로 이어진 가족은 아니지만 내부의 적은 또 있었다. 열렬한 개신교도로서 민중들에게 큰 지지를 받고 있던 존 녹스가 바로 그 주인공이었다. 메리의 어머니인 마리 드 기즈를 증오했던 그는 메리에게도 큰 반감을 가지고 있었다. 그는 메리가 가톨릭 미사를 보았다는 이유로 반기를 들고 공공연하게 그녀와 대립했다. 메리는 치밀어 오르는 분노를 꾹 참으며 존 녹스에게 협조를 요청했으나 번번이 거절당했다. 처음에는 메리의 이복오빠인 모레이 백작이 두 사람 사이를 중재하여 큰 갈등은 발생하지 않았다. 하지만 메리가 모레이 백작과 척을 지면서 결국 존 녹스와도 영원히 갈라서게 된다.

재혼, 사랑에 눈먼 메리의 치명적인 실수

스코틀랜드로 돌아온 후 몇 년간, 메리는 여왕으로서의 역할에 집중했다. 하지만 주변에서 그녀를 가만히 두지 않았다. 이제 갓 스물이 넘은, 유럽에서 가장 아름다운 외모와 우아한 기품, 세련된 매너를 두루 갖춘 메리에게 구혼자들이 줄을 서기 시작한 것이다. 전통적으로 가톨릭을 지지하는 스페인의 펠리페 2세와 오스트리아 대공을 비롯하여 스웨덴과 덴마크 국왕 등 유럽 전역의 권력자들이 앞 다투어 청혼했다. 메리의 재혼은 유럽 전체의 관심사였다. 그녀가 누구와 결혼하느냐에 따라 스코틀랜드는 물론 유럽의 권력구도가 재편될 수 있었기 때문이다.

메리의 결혼에 가장 큰 관심을 가진 인물은 역시나 모레이 백작과 잉글랜드의 엘리자베스 1세였다. 메리는 자신의 결혼 문제를 모레이 백작에게 일임했다. 그는 메리의 두 번째 남편도 타국의 왕이길 바랐다. 그래야 그녀가 스코틀랜드를 떠날 것이고, 자신이 스코틀랜드의 실질적인 권력자가 될 수 있기 때문이었다. 반면 엘리자베스 1세는 메리가 프랑스와 같은 강대국의 왕비가 되는 것을 꺼렸다. 잉글랜드는 물론 자신의 왕위까지 위협할 수 있기 때문이었다. 그래서 그녀는 친척으로서의 애정 어린 조언을 가장하여 메리에게 스코틀랜드나 잉글랜드의 귀족과 결혼할 것을 권했다. 모레이 백작과 엘리자베스 1세는 각기 최선을 다해 메리의 남편감을 고르고 또 골랐다. 하지만 메리가 고른 남자는 전혀 의외의 인물이었다.

메리는 자신보다 3살 연하의 헨리 스튜어트(단리 경)를 보자마자 한눈에 반한 것이다. 헨리는 가톨릭 신도였고, 메리보다 키가 컸으며 훤칠한 외모를 지닌 미남이었다. 게다가 그는 메리와 친척으로, 두 사람은 할머니가 같았다. 즉 헨리 역시 튜더 왕가의 혈통으로 잉글랜드의 왕위 계승권을 가지고 있었다. 이러한 정치적 상황과 상관없이 메리는 헨리에게 사랑을 느꼈다. 그녀는 곧바로 헨리와의 결혼을 추진했으나 이는 다른 두 사람의 불만을 사게 되었다. 한 명은 모레이 백작으로 그는 노골적으로 이 결혼을 반대했다. 또 다른 한 명은 엘리자베스 1세였다. 그녀는 튜더 왕가의 혈통을 지닌 메리와 헨리의 결합을 자신의 왕위에 대한 위협으로 보았다.

하지만 사랑에 빠진 메리는 아무것도 보이지 않았고, 아무것도 들리지 않았다. 대신들과 측근들의 강력한 반대와 반발에도 불구하고 그녀는 불같은 추진력으로 결혼식을 진행했다. 1565년, 메리는 가톨릭교회에서 헨리와 결혼식을 올리고 정식부부가 되었다. 배신감을 느낀 모레이 경은 그녀의 결혼식에 나타나지 않았고, 엘리자베스 1세는 메리의 결혼에 반대한 모레이 경과 개신교도들의 반란을 은밀하게 지

원했다. 다행히 메리는 반란을 진압하
였고 모레이 백작은 잉글랜드로 도주했
다. 하지만 자신이 사랑하는 남자를 남
편으로 맞은 메리는 행복하기만 했다.

메리 스튜어트의 두 번째 남편, 헨리 스튜어트
초상화

파국, 남편의 배신과 죽음

메리는 남편 헨리에게 높은 관직
을 주었다. 하지만 헨리는 만족할 줄을 몰랐다. 정치를 해본 적도 없
는, 19살의 풋내기에 불과한 그는 처음 맛본 권력의 달콤함에 빠져
날로 오만해졌고 자신이 왕의 칭호를 받아야 한다고 주장했다. 메리
가 이를 받아들이지 않자 헨리는 앙심을 품고 그녀를 비난하며 끊임
없이 분란을 일으켰다. 여왕의 남편이자 인생의 동반자로서 헨리는
최악의 남자였다. 메리는 만족을 모르고 불평만 늘어놓으며 온갖 문
제만 일으켜대는 헨리에게 점차 진절머리가 났다.

메리는 자신의 선택에 혹독한 책임을 져야 했다. 애물단지가 된
남편 헨리를 향한 애정은 이미 식어버렸으나 다행인지 불행인지 그녀
는 임신 중이었다. 메리에게 처음이자 마지막 자식이 될 뱃속의 아이
는 장차 스코틀랜드와 잉글랜드의 왕위 계승자였다. 하지만 헨리는
임신한 아내를 방치하며 계속하여 권력에 대한 욕망만 드러냈다. 헨
리와의 사랑을 택한 이유로 측근과 신하를 모두 잃은 메리는 이탈리
아 출신의 비서관 데이비드 리치오에게 의지하였다. 그러자 메리에

반발하던 개신교파 귀족들은 두 사람을 불륜으로 몰았다. 메리에 대한 불만으로 가득 찬 헨리는 여기에 적극적으로 동조하며 메리가 자신이 아닌 리치오의 아이를 임신했다고 떠벌리고 다녔다. 호시탐탐 그녀의 권력을 노리는 귀족들과 철없는 남편 헨리 사이에서 메리의 심신은 점점 피폐해졌고 그녀는 점점 고립되어갔다.

한편 개신교파의 귀족들은 헨리를 부추겨 리치오를 살해하고 메리를 유폐하는 것에 협조한다면 그를 왕으로 만들어주겠다고 유혹했다. 여기에 넘어간 헨리는 메리가 임신 7개월에 접어든 어느 날, 귀족들과 함께 그녀가 보는 앞에서 리치오를 살해한다. 만삭의 몸으로 메리가 느낀 극도의 공포감과 정신적 충격은 엄청났다. 이 사건으로 메리는 헨리에게 완전히 정이 떨어졌다. 게다가 이들은 메리를 유폐하기까지 했다. 이어서 잉글랜드로 도주했던 모레이 백작이 등장했다. 이때 모레이 백작은 반역자가 아니라 리치오 살해 및 메리 유폐 음모의 배후인 동시에 메리와 뱃속의 아이의 목숨을 거머쥔 구원자였다.

귀족들의 반란과 이복오빠의 배신, 남편의 배신 속에서도 메리는 뱃속의 아이를 생각하며 가까스로 버텨나갔다. 1566년 6월 19일, 메리는 유폐된 상황에서 무사히 아들을 출산했다. 그녀는 태어난 아이가 아들인 것을 알자 귀족들과 모레이 백작을 비롯해 모든 사람들이 보는 앞에서 헨리를 향해 이렇게 말했다고 한다.

"하느님이 당신과 내게 아들을 선물해주셨어요. 다른 사람이 아닌 당신의 아들을요."

이 아이가 바로 제임스 6세(잉글랜드의 왕위를 계승한 후 '제임스 1
세'로 즉위)로 그는 훗날 메리의 뒤를 이어 스코틀랜드의 왕으로, 엘리
자베스 1세의 뒤를 이어 잉글랜드의 왕으로 즉위함으로써 두 나라의
병합을 이루게 된다. 참으로 한심한 헨리는 메리의 말 한 마디에 마음
이 흔들렸다. 권력과 왕이라는 자리만 원했을 뿐 정치 경험이 전혀 없
고 어리숙했던 그는 리치오가 진짜로 살해되고, 메리가 유폐된 것을
보면서 공포를 느끼고 있었던 것이다. 헨리가 동요하고 있다는 것을
눈치 챈 메리는 그를 잘 설득해 자신의 편으로 만들었고 마침내 유폐
된 궁에서 탈출하는 데 성공한다.

헨리가 메리와 함께 탈출하자 개신교파의 귀족들은 분노했다. 헨
리의 배신으로 눈앞에서 메리와 그녀를 폐위시킨 뒤 왕으로 옹립할,
갓 태어난 제임스 6세까지도 놓쳐버렸기 때문이었다. 헨리는 개신교
파 귀족들에게 공공의 적이 되었고 목숨을 위협받는 지경이 되었다.
아니나 다를까, 이듬해 헨리의 집에서는 의문의 폭발사고가 발생했
고, 그는 시종과 함께 목이 졸린 시체로 발견되었다.

끝없는 추락과 적과의 동침

헨리의 죽음은 사고가 아니라 명백한 살인사건이었다. 가장 유력
한 범인으로 지목된 인물은 보스웰 백작이었다. 하지만 남편에 대한
애정이 한 조각도 남아 있지 않았기 때문이었을까. 메리는 아무런 조
치도 취하지 않고 사건을 덮었다. 게다가 헨리가 죽은 지 한 달 남짓

밖에 지나지 않았을 때, 그녀는 개신교도인 보스웰 백작과 결혼을 발표했다. 그러자 메리가 보스웰 백작과 짜고 헨리의 죽음을 계획했다는 소문이 빠르게 퍼져나갔다. 이 결혼으로 메리의 권위는 완전히 추락하게 되었고, 백성들의 신뢰는 물론 가톨릭 세력의 지지마저 잃고 말았다.

헨리의 의문스러운 죽음과 보스웰 백작과의 갑작스러운 재혼은 사실 메리의 뜻과 상관없는 일이었고 전해진다. 야심만만한 보스웰 백작은 헨리를 제거하고 메리를 납치, 강간한 후 결혼을 강요했다고 한다. 이 과정에서 메리는 임신을 하게 되고, 뱃속의 아이에 대한 명예를 지키고 추문을 방지하기 위해 어쩔 수 없이 결혼을 선택했다는 것이다. 어쨌거나 이 결혼으로 인해 메리는 모든 것을 잃었다. 지지도는 바닥을 쳤고 모레이 백작을 위시한 신교도파 귀족들은 다시 반란을 일으켰다. 그러자 보스웰 백작은 메리를 버린 채 노르웨이로 도주하였다. 홀로 남겨진 메리는 최악의 유혈 사태를 막기 위해 귀족들과 협상을 진행했다. 하지만 귀족들은 약속을 지키지 않았고 메리는 다시 유폐되었다.

엄중한 감시 속에 유폐생활을 하던 메리는 쌍둥이를 유산하고 만다. 그 후 귀족들의 협박을 견디다 못한 그녀는 1살에 불과한 제임스 6세에게 양위를 하고 왕위에서 물러났다. 메리의 폐위로 모레이 백작은 원하는 것을 얻었다. 갓난아기인 제임스 6세의 섭정이 되어 권력을 장악한 것이다. 반면 메리는 태어나자마자 주어졌던 스코틀랜드의 왕위를 완전히 잃게 되었다. 이때 그녀의 나이는 겨우 25살로 잉글랜드의 엘리자베스 1세가 갖은 고초 끝에 왕위에 올랐을 때와 같은 나이였다.

자신의 패배를 인정할 수 없었던 메리는 이듬해 감금되어 있던 성에서 탈출하여 군사를 일으켰으나 복위에 실패하고 만다. 그 후 메리는 정적 엘리자베스 1세가 군주로 있는 잉글랜드로 망명하였다. 메리는 엘리자베스 1세의 도움을 얻어 왕위를 되찾을 생각이었다. 메리는 진정 이것이 가능하다고 생각했던 것일까. 1571년 반란의 주동자인 모레이 백작이 암살되면서 스코틀랜드에는 혼란이 계속되었다. 북부에서는 가톨릭 세력의 폭동이 일어났다. 메리는 복위를 원했으나 엘리자베스는 '편의' 외의 어떠한 군사적 도움이나 외교적 도움을 주지 않았다. 정중한 예우를 받으며 칼라일 성에 감금된 메리는 엘리자베스 1세에게 여러 차례 편지를 보냈으나 답장을 받지 못했고 복위에 대한 어떠한 도움도 얻지 못했다. 감금은 장장 18년 동안 계속되었다. 메리에게는 온갖 편의가 제공되었으나 단 하나, 자유만이 허용되지 않았다. 그렇게 20년 가까이 엘리자베스 1세는 '보고'를 통해 평생의 숙적이자 경쟁자였던 메리를 지켜보았다.

인질이나 다름없었지만 어찌 보면 나름 평화로운 시절이었다. 하지만 1580년, 과거 어떤 여인을 상대로 친 사기죄로 수감된 메리의 세 번째 남편 보스웰 백작이 덴마크 감옥에서 세상을 떠나면서 이 기묘한 평화는 깨지고 말았다. 메리는 보스웰 백작의 상황을 알게 된 후에도 그를 위해 어떠한 구명 행위도 하지 않았다. 하지만 그의 죽음은 메리의 운명에 영향을 미쳤다. 메리가 다시 결혼 가능한 몸이 되었기 때문이다. 마흔을 앞둔 메리는 여전히 매혹적이었고 결혼상대로서의 가치도 충분했다. 유럽의 여러 왕실과 국가들이 메리에게 접근하길

원했고, 이는 엘리자베스 1세의 경계심을 발동시켰다. 잉글랜드의 왕위를 안전하게 지키기 위해서는 결국 메리가 사라져야 했다. 그래야 미혼에 자식이 없는 엘리자베스 1세가 죽었을 때, 메리가 잉글랜드의 왕위를 계승하는 일이 일어나지 않을 수 있었다.

비극적 죽음과 사후의 영광

엘리자베스 1세는 철두철미하고 노련한 정치가였다. 반면 메리는 결정적인 순간마다 어리석을 정도로 순수했다. 오직 사랑만으로 왕위에 아무 도움도 되지 않는 헨리와 결혼을 한 것도, 그녀를 가장 경계하는 엘리자베스 1세에게 몸을 의탁한 것도 그런 천진함 때문이었을 것이다. 사람을 쉽게 믿는 메리는 이용당하기 쉬운 인물이었다. 메리는 가톨릭 세력과 결탁하여 끊임없이 모반을 꾸몄고 번번이 발각되었다. 그때마다 엘리자베스 1세는 아량을 베풀어 그녀를 용서했다. 하지만 1583년, 엘리자베스 1세의 충성스러운 신하 월싱엄이 잉글랜드 왕권을 위협하는 자는 누구든 살해해도 좋다는 법령을 포고하면서 메리의 목숨은 위태로워졌다. 엘리자베스 1세의 '자비'가 더 이상 통하지 않게 된 것이다.

그로부터 3년 후인 1586년, 메리는 엘리자베스 1세를 노린 계획에 연루되어 재판을 받게 되었다. 엘리자베스 1세는 유럽의 정세를 주도면밀하게 살피며 메리의 재판시기와 처형시기를 정했다. 메리는 끝까지 결백을 주장했으나 유죄 판결을 받았고 사형이 언도되었다.

1587년 2월 1일, 엘리자베스 1세는 주저하는 모습을 '보이며' 평생의 숙적이었던 메리의 사형 집행장에 서명했다. 1587년 2월 8일, 메리는 가톨릭을 상징하는 붉은색 드레스를 입고 처형대에 올랐다. 그리고 36명의 잉글랜드 궁정인이 지켜보는 가운데 공개 처형으로 생을 마쳤다. 이때 그녀의 나이, 45살이었다.

그로부터 25년 후, 메리의 평생의 숙적이었던 엘리자베스 1세가 세상을 떠났다. 승하하기 전, 엘리자베스 1세는 메리의 아들 제임스 6세를 자신의 후계자로 지명했다. 이로써 제임스 6세는 잉글랜드와 스코틀랜드의 왕, 제임스 1세로 즉위하였다. 제임스 1세는 엘리자베스 1세에 의해 처형당한 어머니 메리의 시신을 웨스트민스터 사원에 안장했다.

고귀한 혈통을 타고난 메리 스튜어트는 태어난 순간부터 정치적 동맹과 정략결혼에 휘둘려야 했다. 갓난아기였을 때 그녀는 잉글랜드의 왕세자 에드워드 6세와 약혼하였고 이내 파혼하였다. 그 사이 스코틀랜드는 잉글랜드로부터 수차례 공격을 당했고 많은 희생을 치러야 했다. 메리는 프랑스의 왕세자와 약혼함으로써 잉글랜드의 협박으로부터 벗어날 수 있었다. 이 두 번의 약혼은 '스코틀랜드'라는 메리의 지참금으로 인해 벌어진 일이었다. 그 후 메리는 17살의 나이로 프랑스의 왕비가 되었지만 1년 반 만에 남편을 잃었다. 과부가 된 메리는 스코틀랜드로 돌아와 여왕의 자리에 올랐다. 이때 그녀의 나이는 고작 19살에 불과했다.

22살이 되었을 때, 메리는 친척이었던 헨리에게 첫눈에 반했고 처음으로 사랑을 느꼈다. 그녀는 오직 사랑 하나만 보고 여러 반대와 우려의 시선을 무릅쓰고 3살 연하의 헨리와 재혼했다. 하지만 결과는 실패였다. 임신한 아내를 부정한 여자로 매도하고, 왕의 자리를 주겠다는 꼬드김에 넘어가 반란 세력에 적극적으로 협조한 헨리는 최악의 남자였다. 메리의 사랑을 잃은 것은 물론 사방에 적을 만든 헨리는 결국 의문의 사고로 죽음을 맞았다. 메리는 한때 사랑했던 헨리의 죽음을 전혀 슬퍼하지 않았다. 그녀의 실수는 헨리 죽음의 배후에 있는 보스웰 백작의 협박에 못 이겨 그와 또다시 결혼을 한 것이다. 보스웰 백작은 그녀의 명성에 먹칠을 하였고 메리가 폐위되는 데 결정적 역할을 했다.

메리는 왕족으로서의 기품과 우아함을 타고났으나 결코 유능한 정치인은 아니었다. 하지만 그녀는 왕족으로서의 의무만큼은 다했다. 그녀는 스튜어트 왕가와 튜더 왕가의 적법한 후계자로서 단 한순간도 스코틀랜드와 잉글랜드에 대한 권리를 포기하지 않았다. 또한 비록 끝까지 신혼의 금슬을 유지하지는 못했지만, 튜더 왕가의 혈통인 두 번째 남편 헨리와의 사이에서 적법한 아들 제임스 6세를 낳았다. 이복오빠에 의해 폐위되고, 5촌 당고모인 엘리자베스 1세에 의해 반역죄로 처형당했으나 메리 스튜어트는 최후의 승자이다. 그녀가 원한 것처럼, 그녀의 아들 제임스 6세가 어떠한 정치적 대립이나 반란 없이 스코틀랜드와 잉글랜드의 합법적인 왕이 되었기 때문이다.

마리 앙투아네트,
단두대의 이슬로 사라지다

결혼이란 사랑하는 두 사람이 가족과 친지들, 친구들 앞에서 평생을 함께하기로 약속하는 의식이다. 하지만 왕실에서의 혼인이란 가문과 가문의 결합이자 정치적 목적을 위한 약속이기도 하다. 중세부터 근대에 이르기까지 유럽 왕실은 정략결혼을 통해 국가의 이익을 챙기기도 하고, 가문을 영향력을 확고하게 만들기도 했다. 왕가에서 태어난 이들에게 결혼은 당연한 책임이자 의무였다. 특히 왕위 계승권자일수록 신중하게 상대를 결정해야 했다. 이들에게 결혼은 국가 간의 동맹이자 가문끼리의 결합이기도 했기 때문이다. 그런 의미에서 마리 앙투아네트와 루이 16세의 혼인은 아주 전형적인 정략결혼이었다.

합스부르크 가문의 막내딸, 프랑스의 왕세자비가 되다

마리 앙투아네트와 루이 16세가 태어나기 전, 수백 년 동안 유럽 왕실을 주름잡은 가장 강력한 가문은 합스부르크 가문과 부르봉 가문 이었다. 합스부르크 가문은 1273년, 스위스 알프스 북부 지역의 작은 봉건영주였던 루돌프 1세가 독일 선제후들에 의해 (신성)로마독일 왕으로 선출되면서 유럽에 그 이름을 알리기 시작했다. 그 후 합스부르크 가문은 460년 동안 신성로마제국의 황제를 배출하는 한편 장장 650년 동안 독일과 오스트리아를 비롯해 헝가리, 이탈리아, 폴란드, 터키, 체첸, 크로아티아, 세르비아 등의 지역을 다스렸다.

합스부르크 가문은 권력을 독점하고 혈통을 보전하기 위해 수백 년 동안 근친결혼을 거듭했다. 그 결과 점차 치명적인 유전적 결함이 나타났다. 겉으로 드러난 가장 대표적인 유전병은 주걱턱이었다. 그 외에도 낮은 지능, 정신병, 척추기형, 요절 등이 있었다. 그럼에도 합스부르크 가문은 유럽 왕실의 결혼 시장에서 인기가 높았고 여러 나라의 왕실과 친인척 관계를 맺어나갔다.

카를 6세는 신성로마제국의 황제로 마리 앙투아네트의 할아버지였다. 그는 황후와의 사이에서 1남 3녀를 두었으나 하나뿐인 아들이 일찍 죽고 말았다. 후계자 문제로 고민하던 그는 왕자가 아닌 공주도 상속자가 될 수 있음을 인정받는 데 성공한다. 1740년, 카를 6세가

세상을 떠난 뒤 그의 맏딸이었던 마리
아 테레지아가 오스트리아에서 즉위
하게 되었다. 그녀가 바로 마리 앙투
아네트의 어머니이다. 하지만 유럽의
다른 군주들은 여성으로서 왕위에 오
른 마리아 테레지아의 계승권을 쉽게
인정하지 않았다.

소박한 모슬린 드레스를 입은 마리 앙투아네트
초상화

마리아 테레지아와 같은 해에 왕
위에 오른 프로이센의 프리드리히 2
세는 선전포고 없이 오스트리아의 영토인 슐레지엔 지역을 점령했다.
마리아 테레지아는 굉장히 자존심이 상했다. 당시 프로이센은 독일
의 작은 공국에 불과했기 때문이다. 마리아 테레지아는 약소국이었던
프로이센에게 빼앗긴 슐레지엔 지역을 되찾기 위해 고심했으나 프리
드리히 2세는 결코 만만한 군주가 아니었고, 프로이센의 군대는 당대
최고의 수준을 자랑했다. 슐레지엔 영토를 둘러싼 프로이센과의 전쟁
을 시작으로 마리아 테레지아가 계승권을 완전히 인정받기까지는 거
의 10년에 가까운 시간이 걸렸다. 그 사이 전쟁과 혼인을 통한 동맹
이 수차례 이루어졌다.

합스부르크 가문의 상속자로서 마리아 테레지아는 자존심과 제국
의 영광을 되찾고 싶었다. 1756년, 마리아 테레지아가 왕위에 오른
지 16년째 되던 해 프로이센이 영국과 동맹을 맺자 마리아 테레지아
는 고심 끝에 오랜 세월 적대관계를 유지해왔던 프랑스와 손을 잡기
로 결심한다. 날로 팽창하는 프로이센의 기세를 누르기 위해서였다.

프랑스 역시 경쟁 관계였던 영국을 의식하고 있었기에 오스트리아의 동맹 제안에 솔깃했다. 수많은 회의 끝에 오스트리아 최고의 천재 외교관으로 불리는 카우니츠 백작이 프랑스로 향했다. 그는 루이 15세의 공식 애첩이었던 퐁파두르 후작부인에게 접근하였고, 마침내 오스트리아와 프랑스의 동맹을 이끌어내는 데 성공했다.

오스트리아와 프랑스가 동맹을 맺은 것은 유럽 국가들의 힘의 균형을 완전히 바꿔놓은 외교 혁명이었다. 다만 이 동맹은 프랑스 국민들로부터 큰 반발을 샀다. 프랑스 국민들은 수백 년 동안 적이었던, 셀 수 없이 많은 전쟁을 치러왔던 오스트리아가 이제는 동맹국이라는 것을 쉽게 받아들이려 하지 않았다. 프랑스 국민들의 반발을 잠재우고 보다 강력한 결속을 갖기 위해 마리아 테레지아는 전통적인 외교 방법을 사용하기로 결심했다. 바로 정략결혼이었다. 그리하여 1770년 마리아 테레지아의 막내딸, 15살의 마리 안토니아(마리 앙투아네트) 공주가 프랑스의 왕세자비로 선택되었다.

대가족 속에서 성장한 어린 공주

마리아 테레지아는 합스부르크 가문의 공주로서는 드물게 정략결혼이 아니라 연애결혼에 성공한 인물이었다. 그녀는 남편 프란츠 1세와 금슬이 매우 좋고 왕위 계승권을 인정받기 위해 전쟁을 치르고 여러 개혁 정책을 실시하며 오스트리아를 다스리는 바쁜 나날 속에서도 무려 16명의 자식을 낳았다. 연애결혼이었기 때문이었을까. 마리아 테레지아의 자녀들은 다행히도 합스부르크 왕가 특유의 유전병이 그다지 심하지 않았다. 덕분에 유럽의 결혼시장에서 인기가 높을 수밖에 없었다. 실제로 마리아 테레지아는 성인이 될 때까지 살아남은 자식들을 거의 대부분 정략결혼을 시켰다. 마리아 테레지아가 '유럽의 장모'라는 별명으로 불리게 된 이유다.

마리 앙투아네트는 오스트리아와 프랑스가 오랜 적대 관계를 청산하고 동맹을 맺기 1년 전인 1755년에 태어났다. 마리 앙투아네트가 태어났을 때, 왕궁에는 일찍 세상을 떠난 3명의 언니를 빼놓고도 이미 8명의 언니와 4명의 오빠가 있었고 이듬해에는 남동생이 태어났다. 대가족 중의 대가족인 셈이었다. 국정에 바쁜 마리아 테레지아는 자식들을 직접 돌볼 시간이 없었을 뿐 아니라 많은 자식들 중에서 자신과 생일이 같은 넷째 딸 마리아 크리스티나와 차남 카를만 노골적으로 편애했다. 덕분에 마리 앙투아네트는 적당한 무관심 속에서 자유롭게 성장할 수 있었다.

공주라는 신분은 정략결혼에 필요한 중요한 자산이었다. 마리 앙투아네트는 합스부르크 가문의 공주답게 어린 시절부터 독일어, 프랑스어, 이탈리아어, 라틴어, 악기, 춤, 노래, 역사, 산수, 자수 등을 배웠다. 하지만 안타깝게도 마리 앙투아네트는 공부에 별다른 관심이나 소질이 없었다. 그녀는 집중력이 부족하다는 주의를 여러 차례 들었으나 이를 따끔하게 혼내거나 지적해주는 사람이 주변에 없었기 때문에 크게 신경 쓰지 않았다.

마리 앙투아네트가 10살이 되던 해 아버지 프란츠 1세가 세상을 떠났다. 마리아 테레지아로서는 우방국과의 결속을 좀 더 강화할 필요가 있었다. 당시 프랑스의 부르봉 왕실은 절대적인 권위를 자랑하고 있었다. 마리아 테레지아는 이즈음 자녀들을 이탈리아와 스페인 그리고 프랑스의 부르봉 왕가로 차례차례 혼인시켰다. 1767년 나폴리와 시칠리아 왕비로 내정된 9번째 딸인 마리아 요제파가 천연두로 세상을 떠났다. 그러자 마리아 테레지아는 이듬해 10번째 딸 마리아 카롤리나를 부르봉 왕가의 혈통인 나폴리 왕과 혼인시켰다. 이제 마리아 테레지아의 딸들 중에서 혼인적령기의 미혼 공주로는 마리 앙투아네트가 유일했다. 1770년, 공들여 그린 초상화와 거액의 지참금이 오스트리아와 프랑스를 오고 갔다. 얼마 후 15살의 마리 앙투아네트는 프랑스의 왕세자비로 선택되었다.

국력 과시를 위한 혼인 의전 경쟁

당시 대부분의 프랑스 국민들은 오스트리아 출신의 공주가 프랑스의 왕세자비가 되는 것을 못마땅해 하고 있었다. 이 결혼동맹으로 프랑스보다 오스트리아가 얻는 것이 더 많아 보였기 때문이다. 국민들뿐 아니라 프랑스 왕실의 공주들, 즉 루이 15세의 딸들 역시 마리 앙투아네트를 싫어했다. 루이 15세는 왕비와의 사이에서 10명의 자식을 낳았다. 그중 3명은 요절하였고, 성인이 될 때까지 살아남은 7명 중 6명은 딸이었고 단 1명만이 아들이었다. 이 귀한 아들은 36살의 젊은 나이로 세상을 떠나기 전까지 세자의 자리에 있었다.

그의 이름은 도팽 루이 페르디낭으로 아내와의 사이에서 루이 16

세, 루이 18세, 샤를 10세 등을 낳았다. 그는 왕비에게 충실하지 않고 많은 정부情婦들을 두는 것이 관습이 된 프랑스 궁정의 문화를 무척 싫어하였고, 루이 15세의 애첩들에게 큰 반감을 가졌다. 특히 동시대를 살았던 마담 퐁파두르와 강력하게 대립하였고 오스트리아와의 동맹에 반대하였다. 귀족들은 세자의 이런 행동에 찬성하였고, 그의 누이들(훗날 마리 앙투아네트의 시고모가 되는)도 동조하였다. 그러다 보니 그가 세상을 떠난 후에도 오스트리아와 프랑스의 결혼동맹을 여전히 안 좋은 눈으로 보는 분위기가 팽팽했다. 이 동맹의 배경에 루이 15세의 애첩인 마담 퐁파두르의 입김이 작용했기 때문이다. 게다가 프랑스 국민들 사이에서는 마리 앙투아네트가 프랑스에 불행을 몰고 올 것이라는 소문이 돌았다.

마리 앙투아네트는 프랑스에 도착하기 전부터 이미 전 국민적인 미움을 받고 있었다. 국민정서와는 별개로 오랜만에 경사를 맞은 왕실에서는 결혼의식을 통해 자신들의 권위를 자랑하고 싶었다. 그 결과 마리 앙투아네트와 루이 오귀스트(루이 16세)의 혼인은 두 나라의 자존심 대결이 되었고 온갖 까다로운 예절이 총출동되었다. 1770년 4월 21일 아침, 마리 앙투아네트를 태운 마차가 베르사유를 향해 출발했다. 오스트리아-헝가리, 신성로마제국의 위엄을 과시하기 위해 57대의 화려한 마차늘이 그 뒤를 따랐다. 마차가 프랑스에 도착할 때까지 무려 2만 마리의 말들이 갈아타는 용도로 사용되었다. 독일 지역에서 프랑스로 넘어가는 지점은 라인 강 한가운데 있는 섬이었다. 중립성을 강조하기 위해 이곳에 방 두 칸에 살롱 하나가 달린 건물을 지었다. 이 건물의 용도는 단 하나, 마리 앙투아네트가 오스트리아에서 프랑스로 인도되는 의식을 치르는 것이었다.

오스트리아 방향으로 문이 달린 방과 프랑스 방향으로 문이 달린 방 사이에 살롱이 있었다. 이 살롱에서 마리 앙투아네트는 오스트리아 국적을 포기하는 의식을 치른 뒤, 스타킹과 속옷을 포함해 모든 옷을 다 벗고 프랑스에서 준비한 옷을 입었다. 모든 과정은 의전을 담당한 귀족들이 지켜보는 가운데서 이루어졌다. 이때 마리 앙투아네트는 어린 시절부터 길렀던 애완견 퍼그와도 헤어져야 했다. 오스트리아에서 가져온 것은 모두 두고 가야 한다는 규칙 때문이었다.

1770년 5월 16일, 프랑스 왕실 예배당에서 마리아 테레지아의 막내딸 마리 앙투아네트와 루이 15세의 손자 루이 오귀스트가 결혼식을 올렸다. 혼인 서약서에 서명할 때 긴장한 신부는 마리 앙투아네트 조제프 잔 도트리슈-로렌이라는 길고 긴 이름 중 '조제프'를 적을 때 얼룩을 남겼다. 그것만 빼면 완벽한 결혼식이었다. 결혼식이 끝나자 왕실 풍습에 따라 많은 귀족들이 신랑과 신부가 침대로 들어가는 것을 구경했다. 그리고 이제 막 부부가 된 두 사람이 누워 있는 침대 앞에서 절을 하고 난 후 물러갔다.

베르사유의 외톨이

마리 앙투아네트의 남편은 루이 15세의 하나 남은 손자였다. 부르봉 왕가는 손이 귀했다. 5살이라는 어린 나이에 프랑스의 국왕이 된 루이 14세는 70년이 넘는 긴 세월 왕위에 앉아 있었다. 그 사이 후계자였던 아들과 손자가 먼저 세상을 떠났다. 결국 루이 14세가 세상을 떠난 후 그의 증손자인 루이 15세가 왕위를 이었다. 루이 15세 또한 5살에 왕위에 올랐다. 그는 60년 동안 왕위를 지켰는데 그 사이에 왕위를 계승할 장남과 장손이 세상을 떠났다. 그리하여 루이 15세의 둘째 손자였던 루이 오귀스트가 왕위를 잇게 되었다. 그가 바로 루이 16세이다.

루이 16세 초상화

　루이 14세와 루이 15세의 재위 기간은 합쳐서 130년이 넘는다. 태양왕이라는 별명으로도 유명한 루이 14세는 프랑스의 절대왕정을 상징하는 화려하고 아름다운 베르사유 궁전을 세웠다. 전 유럽이 동경하는 절대군주로 군림했던 그는 사치스러운 생활을 하면서도 국민들에게 큰 사랑을 받았다. 그 후광 덕분에 루이 15세 또한 즉위 당시 '친애왕(사랑받는 왕)'이라는 별명이 있을 정도로 온 국민의 애정을 듬뿍 받았다. 하지만 루이 15세는 백성에게 관심이 없고, 무책임하고 무능했다. 그가 잘하는 것은 온갖 향락을 마음껏 즐기는 것이었다. 루이 15세는 퐁파두르 후작부인과 뒤바리 백작부인 등 애첩들에게 아낌없이 돈을 펑펑 썼다. 그 결과 왕실 적자는 천문학적으로 늘어났고 프랑스의 재정은 파산 직전에 이르렀으며 세상을 떠날 무렵에는 40억 루블에 가까운 엄청난 빚을 남겼다. '사랑받는 왕'으로 즉위했던 루이 15세는 점차 '미움받는 왕'이 되었다.

루이 15세는 오스트리아와의 동맹으로 다시 국민적 인기를 회복하고 싶었다. 이 동맹이 성공적이라는 것을 널리 알리기 위해서는 얼른 후계자가 태어나는 것이 최고이자 최선이었다. 오스트리아와 프랑스 그리고 전 유럽이 마리 앙투아네트의 임신 소식에 촉각을 곤두세우고 있었다. 하지만 마리 앙투아네트와 루이 16세 사이에서는 좀처럼 아이가 생기지 않았다. 그러자 마리 앙투아네트와 루이 16세의 사생활에 대한 온갖 추측이 흘러나오기 시작했다. 마리 앙투아네트에 대한 저급한 소문이 주를 이루었는데 레즈비언이다, 아무하고나 몸을 섞는다는 등의 확인되지 않는 추문이 파다하게 퍼져나갔다.

루이 15세의 딸들은 한 명을 제외하고는 아무도 시집을 가지 않았고 대부분 베르사유에 남아서 지내고 있었다. 마리 앙투아네트의 시고모가 되는 그녀들은 오스트리아와의 동맹을 반대해왔다. 오스트리아 공주로서 프랑스의 왕세자비가 된 마리 앙투아네트는 대단한 시집살이를 경험해야 했다. 시고모 아델라이드 부인(1732~1800)이 마리 앙투아네트를 '로트리시엔L'Autrichienne', 즉 '오스트리아 여자'라고 조롱하듯 부르고 난 후 '로트리시엔'은 그녀를 비웃는 별명이 되어버린 것이다. 프랑스어로 '오트리슈'는 타조를, '시엔'은 암캐라는 뜻이었다. 따라서 '로트리시엔'에는 '오스트리아 여자'라는 의미뿐 아니라 타조이자 암캐라는 말장난까지 담겨 있었다. 마리 앙투아네트는 자신의 뒤를 따라다니는 소문과 사람들의 시선에 스트레스를 받았다. 여기에 하루빨리 임신을 하라며 그녀를 닦달하는 어머니 마리아 테레지아의 재촉이 더해지자 압박감에 시달리던 마리 앙투아네트는 연극이나 도박 등에 눈을 돌리기 시작했다.

프랑스의 왕비가 되다

궁정 생활은 물론 아내에게도 관심이 없던 루이 16세는 성격이 내성적이어서 다른 사람과 어울리는 것을 싫어했다. 그의 취미는 사냥을 하거나, 아니면 홀로 대장간에서 망치를 휘두르거나 자물쇠를 만들며 시간을 보내는 것이었다. 결혼한 지 3년이 지나서도 아이가 생기지 않자 1773년, 루이 15세는 왕실 의사에게 왕세자 부부를 검진하게 했다. 전해지는 이야기에 따르면 마리 앙투아네트가 아닌 루이 16세에게 약간의 신체적인 문제가 있어 부부관계가 어려웠다고 한다. 어쨌거나 검진을 받은 후 두 사람의 부부관계는 다소 개선되었지만 여전히 임신 소식은 없었다. 그로부터 얼마 후 루이 15세의 건강이 크게 악화되었고 결국 1774년 5월, 루이 15세는 64살의 나이로 세상을 떠났다.

같은 해 6월 11일, 루이 16세가 대관식을 치르고 왕위에 올랐다. 마리 앙투아네트는 왕비가 되었다. 후계자 생산에 대한 의무와 책임에 있어서 왕세자비와 왕비의 자리가 지닌 무게는 확연히 달랐다. 루이 16세와 마리 앙투아네트의 부부관계는 공공연한 가십거리가 되었다. 사람들은 성욕이 강한 마리 앙투아네트가 루이 16세에게 만족하시 못하여 왕실 여자들과 동성애 관계라거나 시동생과 불륜이라는 내용의 팸플릿을 만들었다. 국왕 부부에 대한 조롱과 비난, 특히 왕비에 대한 중상모략은 매우 인기 있는 소재였다. 팸플릿의 인기는 대단했고, 외국인 출신에 임신을 하지 못하고 있는 왕비 마리 앙투아네트는 가장 쉬운 공격 대상이었다.

마리 앙투아네트의 사적인 별장이었던 프티 트리아농

　팸플릿을 본 마리 앙투아네트는 충격에 빠졌고, 루이 16세는 그녀를 위로하기 위해 프티 트리아농Petit Trianon을 선물했다. 베르사유 안에 있는 작고 예쁜 이 궁전은 원래 루이 15세가 정부情婦인 뒤바리 부인을 위해 지은 건물이었다. 베르사유에 도착한 이후 한순간도 사생활이 없는 삶에 질려 있던 마리 앙투아네트는 매우 기뻐하며 이곳을 자신만의 아주 사적인 공간으로 만들었다. 프티 트리아농에서 그녀는 사람들 눈을 피해 소수의 친한 친구들만 모여 카드놀이를 하기도 하고 작은 연회나 음악회를 열었다. 또한 근처에 왕비의 작은 마을hameau de la reine도 조성했다. 이곳은 국왕도 허락을 받아야만 들어오는 곳으로, 베르사유의 까다롭고 엄격한 모든 궁정 예법이 필요 없는, 오직 왕비만을 위한 공간이었다. 이곳에서 그녀는 불편한 장식이나 코르셋이 없는 편한 치마를 입고 밀짚모자를 썼다. 이것은 곧 새로운 유행이 되었다.

마리 앙투아네트는 작은 행복
을 찾았지만 후계자 문제는 여전
히 그녀를 압박하고 있었다. 참다
못한 마리아 테레지아는 자신의
장남인 요제프 1세를 프랑스에
보냈다. 1777년, 여동생 부부를
방문한 그는 루이 16세와 단둘이
산책을 하며 심도 있는 대화를 나
누었고, 루이 16세가 포경수술을
받도록 설득하는 데 성공했다. 그로부터 8개월 후, 마리 앙투아네트
는 드디어 임신에 성공했다. 이제까지의 추문은 사라지고 왕비의 인
기는 순식간에 하늘을 찔렀다.

아이들과 함께 있는 마리 앙투아네트

1778년 12월, 마리 앙투아네트의 첫 출산을 지켜보기 위해 왕족
들과 귀족들이 베르사유로 몰려들었다. 마리 앙투아네트는 12시간의
진통 끝에 딸을 낳고 기절했다. 너무 많은 사람들이 몰려들어 그녀가
진통하고 출산하는 과정을 지켜보는 바람에 산소 부족으로 질식한 것
이다. 그 후 루이 16세는 왕실 여성이 출산할 때 귀족들이 구경하는
예법을 없애버리고 가장 가까운 친족 몇 사람만 방에 들어가도록 조
치했다. 첫 딸이 태어난 후 루이 16세와 마리 앙투아네트의 부부관계
는 훨씬 다정해졌다. 1781년, 마침내 왕태자가 태어나자 프랑스 전체
가 축제 분위기였다. 12년 만에 후계자가 태어난 것이다. 마리 앙투
아네트는 프랑스의 왕비로서 해야 할 가장 큰 소임과 의무를 다했다.
그것만으로도 국민들의 사랑을 받고 왕실 가족들의 격려를 받아 마땅

했다. 그 후로 마리 앙투아네트는 1남 1녀를 더 낳으며 단란한 가족을 이루었다.

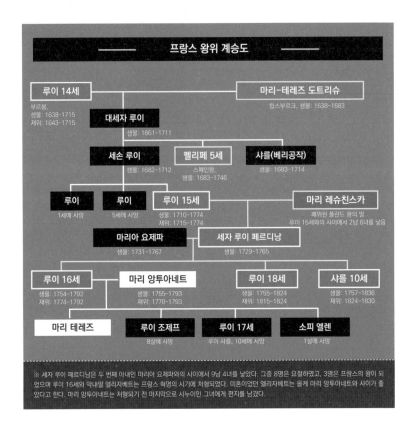

프랑스 왕위 계승도

- 루이 14세 / 부르봉, 생몰: 1638~1715, 재위: 1643~1715
- 마리-테레즈 도트리슈 / 합스부르크, 생몰: 1638~1683
- 대세자 루이 / 생몰: 1661~1711
- 세손 루이 / 생몰: 1682~1712
- 펠리페 5세 / 스페인왕, 생몰: 1683~1746
- 샤를(베리공작) / 생몰: 1683~1714
- 루이 / 1세에 사망
- 루이 / 5세에 사망
- 루이 15세 / 생몰: 1710~1774, 재위: 1715~1774
- 마리 레슈친스카 / 폐위된 폴란드 왕의 딸, 루이 15세와의 사이에서 2남 8녀를 낳음
- 마리아 요제파 / 생몰: 1731~1767
- 세자 루이 페르디낭 / 생몰: 1729~1765
- 루이 16세 / 생몰: 1754~1792, 재위: 1774~1792
- 마리 앙투아네트 / 생몰: 1755~1793, 재위: 1770~1793
- 루이 18세 / 생몰: 1755~1824, 재위: 1815~1824
- 샤를 10세 / 생몰: 1757~1836, 재위: 1824~1830
- 마리 테레즈
- 루이 조제프 / 8살에 사망
- 루이 17세 / 루이 샤를, 10세에 사망
- 소피 엘렌 / 1살에 사망

※ 세자 루이 페르디낭은 두 번째 아내인 마리아 요제파와의 사이에서 9남 4녀를 낳았다. 그중 8명은 요절하였고, 3명은 프랑스의 왕이 되었으며 루이 16세와 막내딸 엘리자베트는 프랑스 혁명의 시기에 처형되었다. 미혼이었던 엘리자베트는 올케 마리 앙투아네트와 사이가 좋았다고 한다. 마리 앙투아네트는 처형되기 전 마지막으로 시누이인 그녀에게 편지를 남겼다.

프랑스를 뒤흔든 최악의 스캔들

아이들이 태어나면서 마리 앙투아네트의 삶은 훨씬 풍요로워졌다. 새 드레스를 맞추거나 도박을 하는 것으로 스트레스를 풀던 그녀는 아이들을 돌보면서 행복을 찾았다. 또한 왕비의 자리에 오른 뒤 오스트리아의 궁정 개혁을 따라 법도라는 이름으로 프랑스 궁정에 남아 있던 쓸모없는 전통과 직위들을 없애 많은 비용을 절감하기도 했다. 루이 16세 역시 선조들과 달리 애첩을 두지 않았고 따라서 이로 인한 지출도 없었다. 이것만 해도 왕실 예산을 엄청나게 절약한 셈이었다. 게다가 마리 앙투아네트는 왕실 내에서 거의 유일하게 백성들의 삶에 관심을 보인 인물이었다. 그녀는 목적지에 빨리 도착하겠다고 소작인 밭을 가로지르는 것을 거부하기도 했고 1784년 겨울, 백성들이 혹독한 고통을 겪고 있는 것을 알고는 자신의 연금을 절약하여 100만 프랑을 기부하기도 했다. 안타깝게도 그녀의 이러한 선량한 마음과 행동은 백성들에게 잘 전해지지 않았다. 그럼에도 불구하고 마리 앙투아네트는 왜 사치스러운 악녀라는 오명까지 뒤집어쓰게 된 것일까. 그 이유는 프랑스 대혁명의 서곡이 되었다고 알려진 '목걸이 사건' 때문이었다.

목걸이 사건은 마리 앙투아네트의 평판을 결정적으로 완전히 추락시키고 왕실에 대한 전 국민적인 분노를 유발한 사건이었다. 결론부터 말하자면 마리 앙투아네트는 사실 이 사건과 관련이 없었다. 사건은 루이 15세와 로앙 추기경이라는 두 호색한에게서 비롯되었다. 루이 15세는 공식 애첩인 퐁파두르 후작부인이 세상을 떠난 후 무척이나 상신했었다. 그의 심신을 위로해준 여자는 창녀 출신의 뒤바리 백작부인이었다. 퐁파두르 후작부인과 정반대의 성향을 지닌 뒤바리 백작부인은 천박하고 무식했으며 사치스럽고 허영기가 넘쳐났다. 하지만 루이 15세는 그녀를 굉장히 사랑하였고, 공식 애첩으로 삼았다. 애첩들에게 물 쓰듯 돈을 펑펑 썼던 그는 뒤바리 백작부인의 환심을 사기 위해 어마어마한 보석을 선물하기로 결심했다. 그리하여 다이아몬드만 647개가 들어간, 어마어마한 문제의 목걸이가 만들어졌다.

그런데 목걸이가 완성되기 전 루이 15세는 세상을 떠났고, 그 직전에 뒤바리 백작부인도 베르사유에서 쫓겨났다. 주문자는 죽었고, 수령예정인은 쫓겨난 신분이 되었으니 보석상은 목걸이를 완성하고도 어디서도 돈을 받지 못할 상황이 되었다. 이에 그는 루이 16세를 찾아갔다. 루이 16세는 마리 앙투아네트에게 목걸이를 선물하겠다고 했으나 그녀는 그 돈이면 차라리 국방을 정비하는 데 쓰는 게 낫다며 거절했다. 그 후 마리 앙투아네트가 왕세자를 낳은 후 보석상은 다시 목걸이 구입을 제안하지만 그녀는 역시나 거절했다.

그 무렵 지나치게 방탕한 사생활과 경박한 행동으로 물의를 일으킨 로앙 추기경이라는 사람이 있었다. 그는 마리 앙투아네트에 대한 모욕적인 조롱이 담긴 팸플릿을 친구들에게 돌린 것이 발각되는 바람에 완전히 그녀의 눈 밖에 나게 되었다. 출세를 위해 다시금 왕비의 총애를 얻고자 전전긍긍하던 로앙 추기경 앞에 몰락한 발루아 왕가의 후손인 라 모트 백작부인이 접근했다. 그녀는 로앙 추기경에게 왕비와의 화해를 주선하겠다고 제안했다. 솔깃해진 로앙 추기경은 마리 앙투아네트에게 여러 차례 편지를 보냈고 애정 어린 답장도 받았다. 로앙 추기경은 왕비가 자신을 사랑하게 된 것이라고 생각하며 들떴다. 하지만 편지를 쓴 사람은 마리 앙투아네트가 아니라 사기꾼인 라 모트 백작부인이었다. 이 사실을 알 리가 없는 로앙 추기경은 라 모트 백작부인의 주선으로 어느 날 밤, 베르사유 정원에서 왕비와 은밀한 만남을 가졌다(고 생각했다.) 하지만 그가 만난 여인은 마리 앙투아네트가 아니라 라 모트 백작부인이 매수한 창녀였다.

그 후로도 라 모트 백작부인은 마리 앙투아네트와의 친분을 빙자로 로앙 추기경에게 계속 돈을 뜯어갔다. 로앙 추기경을 완벽하게 속인 라 모트 백작부인에게 왕실 보석상도 속아 넘어갔다. 왕실 보석상은 그녀에게 접근하여 문제의 목걸이를 왕비에게 팔아달라고 부탁했다. 목걸이가 탐난 라 모트 백작부인은 왕비인 것처럼 로앙 추기경에게 편지를 보내 목걸이를 사고 싶으니 돈을 빌려달라고 말했다. 이번 기회에 마리 앙투아네트에게 제대로 잘 보이고 싶었던 로앙 추기경은 목걸이를 사서 왕비에게 전해줄 것을 부탁하며 라 모트 백작부인에게 거금을 건넸다. 제대로 한 몫을 챙긴 라 모트 백작부인은 대금은 나중에 지불하겠다고 약속한 뒤 왕실 보석상에게 목걸이까지 챙겨 받았다. 돈과 목걸이를 손에 넣은 라 모트 백작부인의 남편은 런던으로 가서 다이아몬드를 따로따로 팔아 또다시 현금을 챙겼다.

200만 루브르에 달하는 거금과 목걸이가 라 모트 백작 부인 손으로 들어가 사라졌다. 얼마 후 라 모트 백작부인도 종적을 감췄다. 시간이 지나도 목걸이 대금을 받지 못한 왕실 보석상이 마리 앙투아네트를 직접 찾아갔다. 마리 앙투아네트는 황당해했고, 루이 16세 역시 왕비를 내세운 이 황당한 사기극에 분노했다. 3일 후에 발각된 라 모트 백작부인은 재판장에 끌려왔다. 대중들은 마리 앙투아네트와 어마어마한 보석이 관련된 이 사기극에 열광했다. 진실 여부와 상관없이 마리 앙투아네트에게 엄청난 비난이 쏟아졌다. 사치스러운 왕비 마리 앙투아네트는 마치 로앙 추기경과 불륜을 저지른 뻔뻔하고 나쁜 여자로 사람들의 입에 오르내렸다. 왕비의 평판이 땅에 떨어지는 사이 로앙 추기경은 사면을 받고, 종신 금고형에 처해진 라 모트 백작부인은 탈옥하여 영국으로 도망갔다. 그곳에서 그녀는 마리 앙투아네트가 로앙 추기경과 은밀한 만남을 가졌으며 목걸이도 받았다며 회고록을 발간하여 끝까지 프랑스 왕실의 명성에 먹칠을 했다.

왕비를 향한 증오, 혁명의 불씨가 되다

외국 출신의 아름다운 왕비, 거액의 보석, 호색한 추기경이 얽힌 목걸이 스캔들은 프랑스 전역을 달궜다. 왕비에 대한 증오는 하늘을 찔렀고, 자극적인 내용의 팸플릿들이 넘쳐났다. 어디에서나 사치스럽고 음탕한 마리 앙투아네트를 욕하는 소리가 들렸다. 계속되는 전쟁, 재정 파탄, 거듭된 자연재해, 식료품 가격 폭등 등으로 백성들의 삶은 고된 날들의 연속이었고, 반대편에서는 귀족들이 호화로운 생활을 하고 있었다. 부글부글 끓어오르던 불만은 목걸이 사건을 계기로 폭발했다. 백성들은 귀족이 아닌 왕실을 욕하면서 특히 왕비를 욕하면서 훨씬 큰 쾌감을 느꼈다. 진실 여부는 상관없었다. 사악한 왕비 마리 앙투아네트는 백성들의 고혈을 빨아먹는 나쁜 여자로 우뚝 섰다.

독일의 문학가 괴테는 "목걸이 사건이 프랑스 혁명의 서곡"이라고 분석했다고 한다. 확실히 목걸이 사건은 왕실에 대한 분노와 증오를 백성들이 마음껏 표출하게 되는 도화선 역할을 했다. 이처럼 왕실에 대한 불만이 커져갈 무렵 마리 앙투아네트는 개인적인 아픔을 겪고 있었다. 1787년에는 사랑하는 막내딸 소피 엘렌 베아트리스 공주가 어린 나이로 세상을 떠난 것이다. 루이 16세 역시 최악의 상태를 맞은 프랑스 재정을 회복하기 위해 추진하던 개혁이 귀족들의 반대로 무산되면서 우울한 나날을 보내고 있었다. 개혁의 실패 이후 루이 16세는 정치에 흥미를 잃고 사냥을 하거나 술을 마시는 것으로 시름을 달랬고 종종 울기도 했다.

하지만 재정 문제를 마냥 방치할 수는 없었다. 루이 16세가 즉위했을 때 프랑스의 재정문제는 이미 심각했다. 거둬들인 세금의 60%가 루이 14세와 루이 15세기 남긴 빚의 이자를 갚는 데 들어가고 있었다. 그 와중에 루이 16세는 영국을 견제하기 위해 미국 독립전쟁에 참여했다. 백성들의 삶은 이미 파탄 상태였다. 그대로 있다간 프랑스가 위태로울 지경이었다. 결국 1789년 5월, 국가 파산을 막기 위한 최후의 수단으로 175년 만에 삼부회가 소집되었다. 1신분(성직자, 249명)과 2신분(귀족, 270명) 그리고 3신분인 시민(부르주아, 578명)이 한자리에 모였다. 정치에 참여하게 된 3신분은 재정문제 해결보다는 이번 기회에 자신들의 정치적 입지를 확고히 하고자 줄기차게 국왕면담을 요구했다. 그런 상황에서 왕세자이자 장남인 루이 조제프 왕자가 죽음을 맞았다. 슬픔에 빠진 마리 앙투아네트는 정치 상황을 돌아볼 여력이 없었다. 하지만 삼부회 소집을 계기로 혁명은 빠르게 일어나기 시작했다.

1789년 6월, 3신분 대표들은 스스로를 국민의회라고 선언하고 입헌군주제를 추진했다. 7월, 파리 민중들이 바스티유 감옥을 습격했다. 혁명의 시작이었다. 혁명의 열기는 점차 시민들 사이로 걷잡을 수 없이 번져나갔다. 뜨거운 여름이 지나고 난 10월, 성난 파리 민중들이 베르사유를 공격했다. 왕실 호위병들은 민중들의 손에 살해되었고 왕궁 안으로 군중들이 난입했다. 루이 16세와 마리 앙투아네트를 비롯한 왕실 가족은 파리의 튀를리 궁으로 이송되어 유폐되었다.

인민의 면도날, 단두대에서 생을 마치다

혁명이 시작되었을 당시 입헌군주제를 주장하는 온건파가 큰 힘을 얻고 있었다. 비록 귀족과 왕실에 대한 증오나 분노도 강했지만 군주에 대한 일말의 경외감은 남아 있는 상태였기 때문이다. 하지만 다른 프랑스의 군주들과 마찬가지로 백성에 대해서 무지했던 루이 16세와 마리 앙투아네트는 혁명을 인정할 수가 없었고 그들의 눈에는 온건파 세력도 너무나 과격한 폭도 같아 보였다. 1791년 6월, 왕실 가족은 탈출을 시도했다. 그러나 국경을 넘기도 전에 발각되었고 결국 다시 파리로 끌려왔다. 이 사건으로 백성들 사이에 그나마 남아 있던 왕실에 대한 일말의 권위조차 완전히 사라졌다.

백성들을 버리고 외국으로 도망가려 한 왕과 외국인 출신 왕비는 공공의 적이 되었다. 여기에 8월부터 시작된, 프랑스 혁명의 불씨가 옮겨올 것을 염려한, 프로이센과 오스트리아를 중심으로 한 유럽 군주들의 반(反)프랑스 혁명동맹으로 인해 마리 앙투아네트는 오스트리아의 첩자라고 의심을 받았다. 이런 상황들이 겹치면서 입헌군주제 대신 왕정을 폐지하고 공화정으로 가야 한다는 급진파가 급부상했고 1792년 8월, 왕정 폐지를 주장하는 시민들이 튀를리 궁을 공격했다.

루이 16세는 이미 폐위되어 그의 신분은 '프랑스 시민 루이 카페'로 강등되었다. 왕실 가족, 아니 루이 카페와 그의 가족들은 궁전이 아닌 탕플에 있는 건물로 거처를 옮겼다. 9월에는 공화정이 선포되었다.

12월, 루이 16세는 법정으로 끌려갔고 이듬해인 1793년 1월, 3일 동안 열린 재판과 투표 끝에 그에게는 국가 반역죄로 사형이 확정되었다. 사형집행일 전날인 1월 20일 밤, 루이 16세는 6주 만에 가족과 재회할 수 있었다. 다음 날 아침, 단두대에 오른 그는 시민들의 함성과 북소리 속에서 머리가 잘렸다. 루이 16세의 죽음 이후 혁명의 광기는 더욱 거세졌고 남은 왕실 가족의 운명도 기약하기 어려워졌다.

같은 해 7월, 마리 앙투와네트는 8살 난 아들 샤를과 격리되었고 교도소로 이송되었다. 그녀의 건강은 급속히 악화되었고 하혈이 계속되었으나 치료를 받을 수 없었다. 교도소 안에서 마리 앙투아네트는 아들의 양말을 만들며 시간을 보냈다. 같은 해 10월, 마리 앙투아네트는 재판장에 섰다. 하루 종일 계속된 재판 끝에 국고를 낭비한 죄와 반혁명을 시도하였다는 죄명으로 사형 판결을 받았다. 밤늦게 감옥으로 돌아온 그녀는 필기도구를 얻어 시누이 엘리자베트에게 두고 갈 수밖에 없는 아이들에 대한 절절한 마음이 담긴 마지막 편지를 남겼다.

새벽이 되자, 헌병대와 사형집행인이 감방에 도착했다. 먼저 사형집행인이 그녀의 머리를 짧게 잘랐다. 마리 앙투아네트는 헌병대가 지켜보는 가운데 옷을 갈아입었다. 상복을 입으면 군중들이 동요할 수 있다는 판단에 따라 흰색 드레스를 입어야 했다. 그녀가 옷을 다 갈아입자 현병대가 두 손을 뒤로 묶은 뒤 수레에 태웠다. 루이 16세와 달리 마리 앙투아네트가 사형장으로 가는 길은 군중들에게 완전히 공개되었다. 수레가 지나갈 때마다 사람들은 악의에 찬 말들을 소리쳤고 침을 뱉기도 했다. 마리 앙투아네트는 담담하게 단두대로 올라가던 중 실수로 사형집행인의 발을 살짝 밟았다. 그녀는 곧바로 사과했다.

"실례했습니다, 무슈. 일부러 밟은 것은 아니었이요."

이것이 마리 앙투아네트가 남긴 마지막 말이었다. 형이 집행된 후 마리 앙투아네트의 머리는 군중에게 공개되었다. 군중들은 열광했다. 심약한 남편을 제멋대로 휘두르며, 사생활이 추잡하고, 사치스러운 행각으로 국민의 혈세를 흥청망청 탕진한 거만한 오스트리아 여자가 마침내 단두대에서, 시민들이 모두 지켜보는 가운데 죄인의 몸이 되어 죽음을 맞은 것이다. 이듬해 시누이 엘리자베트 역시 사형에 처해졌고, 마리 앙투아네트의 죽음 이후 제화공에게 맡겨져 재교육을 받던 샤를도 9살의 어린 나이에 결핵으로 세상을 떠났다.

오스트리아의 공주로 태어나 정략결혼을 통해 프랑스의 왕비가 되고 대혁명의 중심에 서서 죽음을 맞은 마리 앙투아네트의 인생은 어떤 왕실 여인의 사연보다 드라마틱하다. 단두대에서 죽음을 맞기 전, 감옥에서 지낸 몇 개월은 그녀의 인생에서 가장 지옥 같은 시기였을 것이다. 하지만 그녀는 마지막 순간까지 왕비로서의 위엄과 긍지를 잃지 않았다고 한다. 마리 앙투아네트의 기품 있는 모습은 점차 간수들을 감화시켰고 혁명파 사람들도 그녀에게 존경을 표했다.

마리 앙투아네트의 명성은 황금빛이 찬란하던 베르사유 밖으로 나온 후부터 높아지기 시작했는지도 모른다. 왕궁에 살 때는 공공연한 비난과 분노, 조롱과 분풀이 대상이었던 마리 앙투아네트는 오히려 혁명으로 인해 왕궁을 벗어난 후 진짜 왕비가 되었다. 자극적인 기사들로 가득한 팸플릿이 아니라 그녀를 가까이에서 직접 본 사람들은 모두들 왕비에게 감탄했다. 혁명의 광풍이 지나간 후, 왕정이 복고되자 그녀의 시신은 남편 루이 16세와 함께 발굴되어 왕족 묘지에 안치되었다. 혁명이 지난 후 유일하게 살아남은 마리 앙투아네트의 딸 마리 테레즈는 앙굴렘 공과 결혼하였고, 1851년 72세로 사망했다. 두 사람 사이에는 자식이 없었기 때문에 마리 앙투아네트의 후손은 아무도 남아 있지 않게 되었다.

살아 있을 때는 모든 사생활이 낱낱이 까발려지고, 온갖 추문의 주인공이 되었던 마리 앙투아네트. 그녀는 자신에게 찾아온 비극적인 죽음을 받아들임으로써 우아하고 신비로운 왕비로 역사에 남았다.

2부
군주의 길을 걷다

Great women

예지 소황후,
요나라의 전성시대를 이룩하다

Great women

당나라 말기, 중국 전역은 민란으로 혼란에 빠졌다. 북방의 거란족은 이를 기회 삼아 독립을 추진하였다. 당시 거란족은 3년에 한번씩 8개 부족의 우두머리 중에서 '가한可汗'을 선출해 왕으로 삼았다. 그중 질나부 출신 야율 억은 자신이 가한이 되자 흩어져 살던 여러 부족을 통합하고 스스로를 황제라 칭했다. 황제의 재임기간은 황위에 오른 순간부터 세상을 떠날 때까지였다. 당연히 3년마다 한 번씩 행해졌던 '가한 선출'은 폐지되었다. 916년, 야율 억이 초대 황제로 즉위하여 건국한 나라가 바로 요나라이다. 중국 북부를 차지한 요나라는 10~11세기, 중원을 호령하며 동아시아 최강국으로서 위세를 떨쳤다. 이때 요나라의 전성기를 이끈 것은 황제가 아니라 한 여인이었다. 요나라 제5대 황제 경종의 황후였던 그녀의 이름은 소작, 애칭은 연연燕燕이며 역사에서는 '승천황태후'로 기록되었다.

거란 귀족 가문의 막내딸로 태어나다

소작의 아버지인 소사온은 요나라의 태조(야율 억 혹은 야율아보기)의 황후인 술율 평의 조카이자 요나라의 2대 황제인 태종 야율덕광의 사위였다. 그는 태종의 장녀 연국대장공주와의 사이에 딸만 셋을 두었는데 소작은 그중 막내딸이었다. 비록 황제는 아니지만 당대 최고의 귀족이자 황실 인척이었던 소사온은 가문의 명예를 위해 딸들의 혼사에 신중을 기했다. 소사온의 세 딸들은 모두 황실로 시집을 갔는데 첫째 딸은 태종의 차남인 태평왕과 혼인하였고, 둘째딸은 태종의 조카인 송왕과 혼인하였다. 하지만 태평왕과 송왕은 모두 황위 계승에서 밀려났다. 소사온은 아직 어린 막내딸의 혼사에 각별히 심혈을 기울였다.

소작은 아버지가 자신의 혼처를 찾느라 고심하는 동안 느긋한 생활을 만끽했다. 이미 거란 최고의 미녀로 명성이 높았던 소작에게 구혼하는 사람들은 많았지만 소사온은 이를 모두 거절했다. 그러던 중 969년 거란 황실에 정변이 일어났다. 제4대 황제인 목종이 만취한 상태에서 자신의 시종들에게 죽임을 당한 것이다. 이 사실을 다른 사람보다 먼저 알게 된 소사온은 그 즉시 진왕 야율현(제3대 세종의 아들)에게 은밀하게 사람을 보냈다. 이는 황위를 둘러싼 일이었기에 다른 정적들에게 발각되거나 일이 잘못될 경우 멸문지화를 당할 수도 있는 중요한 일이었다. 다행히 진왕 야율현은 소사온이 보낸 사람을 만나자마자 신속하게 달려와 황위를 탐내던 다른 경쟁자들을 가볍게 제치고 제5대 경종으로 즉위했다.

제5대 경종의 황후가 되다

새로운 황제의 즉위에 결정적인 역할을 한 소사온은 곧바로 북부 재상에 봉해지고 위왕의 작위를 받았다. 경종은 황제로 즉위한 그날 소사온의 막내딸 소작을 귀비로 맞았다. 입궁과 동시에 귀비가 된 소작은 두 달 후 황후의 자리에 올랐다. 이는 두말할 것도 없는 정치적

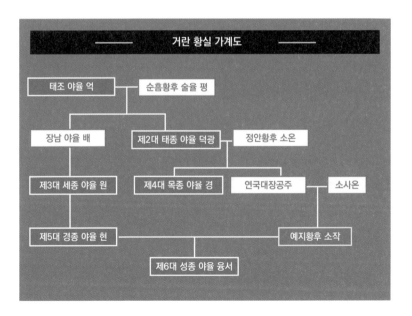

정략결혼이었다.

황위를 노리는 세력이 많았기에 새 황제의 즉위와 황후의 책봉은 목종 시해 사건의 수습과 함께 매우 은밀하게 진행되었다. 경종의 즉위와 함께 황제의 장인이 된 소사온은 그토록 바라던 절대적인 권력을 누렸다. 그러나 그것도 잠시, 경종이 즉위한 지 1년 만에 그는 정적에 의해 목숨을 잃었다. 권력을 향한 지나친 욕심이 부른 화였다.

권력욕이 강한 아버지였어도 소사온은 온갖 암투가 난무하는 황실에서 소황후가 의지할 수 있는 든든한 방패였다. 소황후는 두려웠다. 소사온을 제거한 무리의 다음 목표가 자신이라는 것은 불 보듯 뻔했다. 소사온의 죽음을 통해 소황후는 자신의 자리가 지닌 무게가 얼마나 큰지 깨달았다. 소작이 황후가 된 것은 8할이 소사온의 공이었고 나머지 2할은 운이 좋아서였지 결코 그녀의 의지가 아니었다. 하지만 장차 어떤 황후가 될 것인지는 자신의 행동에 달려 있었다. 18살의 소황후는 그렇게 정치의 세계로 뛰어들었다.

즉위 초, 경종은 기존의 여러 폐단을 개혁하며 조정의 주도권을 잡았다. 그는 한족 관료를 채용하였고 부정부패 척결에 힘썼다. 뇌물을 받은 관리를 파직하는 동시에 능력 없이 자리만 차지하고 있는 관리들을 조정에서 내보냈다. 그러다 보니 황제에게 반대하는 세력들이 점차 많아졌다. 정변을 통해 황위에 오른 경종은 반란에 극도로 예민한 모습을 보였다. 자신을 옹립한 소사온이 목숨을 잃자 경종은 풍증[6]을 앓기 시작했다.

---

6   오늘날 간질 및 발작에 해당하는 질병으로 역대 황제들에게 자주 나타난 고질병이다.

소황후는 치명적인 병을 앓는 경종을 대신하여 소사온의 죽음에 관여한 세력을 조사하기 시작했다. 먼저 그녀는 불안과 공포, 슬픔과 두려움에 사로잡힌 연약한 모습으로 적들을 안심시켰다. 소황후가 어리고 어수룩하다고 생각한 반란세력은 그녀의 연기에 속아 넘어가고 말았다. 긴장이 느슨해진 반란세력은 별다른 경계를 하지 않은 채 모임을 가졌고, 소황후는 군사를 동원하여 이들이 모인 장소를 급습하여 일망타진하였다. 경종 즉위에 불만을 품었던 반란세력은 그렇게 뿌리가 뽑혔다. 소황후는 이 사건을 통해 온몸으로 궁중의 암투를 체득했다. 그리고 진정한 군주가 되기 위해서는 충성스러운 인물이 필요하다는 것을 깨달았다.

뛰어난 정치감각으로 경종의 총애를 받다

요나라가 건국되기 전, 거란족은 당나라의 국경수비가 허술해진 틈을 타 화북지역을 공격하면서 그곳에 거주하던 한인漢人들을 거란 지역에 옮겨 살게 하였다. 거란이 지배하는 북방으로 강제 이주된 한인들은 대부분 노예생활을 했지만 이 중에서 재능이 뛰어난 자는 관리로 중용되기도 했다. 그중 '한지고'라는 한인은 운 좋게도 북방으로 이주된 지 얼마 지나지 않아 질나부 출신의 가한 야율 억의 눈에 들게 되었다. 야율 억은 훗날 요나라를 건국하고 요나라의 건국 황제로 즉위하는데 이때 한지고의 운명도 함께 달라졌다.

야율 억은 당시 선진국이었던 당나라의 정치, 경제, 문화 등 여러 방면의 우수한 제도를 요나라에 적극적으로 도입하고자 하였다. 이를 위해 한족 문화에 능통한 인재를 발탁하였는데 이때 한지고가 특별히 중용되었다. 한족 노예 출신의 한지고는 야율 억의 뜻에 따라 요나라의 법률과 제도를 정비하였고 야율 억이 즉위하자 개국공신이 되었다. 한지고의 능력과 충성심을 높이 산 야율 억은 그에게 높은 벼슬을 내리고, 그의 아들 '한광사'를 황제 가문인 '야율' 씨의 사위로 삼았다. 태조 야율 억의 파격적인 총애 덕분에 한지고의 집안은 요나라의 명문 호족이 되었다.

경종이 요나라의 제5대 황제로 즉위했을 때도 한지고의 집안은 여전히 명문 호족이었다. 한지고의 후손 중에서 가장 두각을 드러낸 인물은 한지고의 손자이자 한광사의 넷째 아들인 '한덕양'이었다. 일설에 따르면 황후가 되기 전, 소작은 한덕양과 연인이었고 비밀리에 혼인을 약속하였다고 한다. 하지만 갑작스러운 정변으로 경종이 황제가 되어 곧바로 소작이 입궁하여 귀비를 거쳐 황후가 되는 바람에 두 사람은 헤어질 수밖에 없었다. 하지만 소사온의 죽음과 반란을 겪으며 소황후는 믿을 수 있는 황실인척들과 한인 관리들을 중요한 자리에 임명했다.

황제를 가장 가까이서 모시는 시중(사망하기 전 소사온의 관직이었다)의 지위는 북원추밀사 야율현적이 이어받았으며 명장 야율휴가와 야율사진은 각각 북원대왕과 남원대왕에 봉해졌다. 한족 출신 관리들도 대거 중용되었다. 태조시절부터 충성을 바쳐온 한인 '실방'은 북부재상에 승진하였고 한광사는 남경(오늘날의 북경) 유수로 임명되었다. 그때까지 남경유수는 황족 중에서도 황제의 직계혈통인 친왕이나 황후의 가문이 독점해온 직책이었으니 한인 출신인 한광사의 부임은 실로 파격적인 인사 조치였다.

한편 반란의 수습과 일련의 인사 개혁을 통해 소황후의 뛰어난 정치감각을 확인한 경종은 그녀가 정사에 참여하는 것을 적극적으로 지지하며 힘을 실어 주었다. 또한 사관들에게 유지를 내려, 소황후의 말을 기록할 때에도 황제만이 사용할 수 있는 '짐朕'이나 '여予'를 쓰도록 허락하였으니 참으로 지극한 사랑이었다. 실제로 경종은 13년의 재위 기간 동안 소황후와의 사이에서만 4남 3녀를 둘 정도로 금슬이 매우 좋았다. 경종의 사랑은 소황후가 정치가로서 성장하는 데 큰 힘이 되었다.

고량하 전투에서 승리를 거두다

요나라가 건국될 무렵, 당나라는 국력이 쇠퇴하여 혼란에 빠져 있었다. 그 후 제5대 경종이 즉위했을 때 당나라는 완전히 멸망하였고 중국은 5대 10국⁷으로 분열되어 있었다. 그 후 후주後周의 총사령관 출신 조광윤은 송나라를 세우고 중국을 통일, 새로운 왕조 시대를 열었다. 송태조(조광윤)의 뒤를 이어 황제의 자리에 오른 태종 조광의는 송나라가 중원의 새로운 패자라는 것을 보이기 위해 976년 여름, 대

---

7 당(唐)나라가 멸망한 907년부터, 960년에 나라를 세운 송(宋)이 전 중국을 통일하게 되는 979년까지의 약 70년에 걸쳐 흥망한 여러 나라와 그 시대.

군을 이끌고 북벌을 시작했다. 송태종의 목표는 연운 16주[8]를 탈환하여 잃어버린 자존심을 회복하는 것이었다.

사기 충전한 송나라의 대군은 순식간에 요나라의 최남단에 있는 북한北漢을 멸망시키고 남경을 포위했다. 남경은 요나라의 남쪽 관문으로서 군사적으로 매우 중요한 지역이었다. 이때 남경을 지키고 있던 것은 남경 유수 한광사가 아니라 그의 아들 한덕양이었다. 당시 한광사는 경종을 모시고 하날발[9]에 참석하기 위해 남경을 떠나 있었던 것이다. 예고 없이 몰려온 송나라의 대군을 맞은 한덕양은 함락 직전의 남경을 사수하기 위해 최선을 다했다. 그는 당황한 군사들을 격려하며 수비에 만전을 기하는 한편 동요하는 백성들을 위로했다. 동시에 하날발이 행해지던 흑산으로 급히 전령을 보내 황제에게 남경의 상황을 보고하도록 했다. 그 후 한덕양은 지원군이 도착할 때까지 열흘 넘게 송나라의 대군과 치열한 접전을 벌였다. 송나라의 대군은 예기치 못하게 남경에서 발이 묶여버린 것이다.

한편 흑산에서 남경이 포위됐다는 소식을 들은 소황후는 곧바로 명장 야율휴가와 야율사진을 불렀다. 야율휴가와 야율사진은 치밀한 전투 계획을 세운 뒤 군사를 이끌고 남경으로 출발했다. 먼저 남경에 도착한 야율휴가의 정예군은 거짓으로 패하는 척하며 송나라의 주력 부대를 좁은 길로 유인하였다. 거듭된 승리에 도취한 송나라의 대군

---

8 936년 후당(後唐)의 절도사 석경당이 거란의 원조를 받아 후당을 멸망시키고 후진(後晉)을 세운 대가로 거란에 할양한 땅. 송나라와 요나라 사이에 오랫동안 분쟁의 씨앗이 되었다.

9 부족국가인 요나라 황실에서 매년 통치를 강화하기 위해 황제가 직접 여러 지역을 순찰하고 부족들과 접견하고 그 지역에서 사냥을 하여 제사를 올리던 의식으로 춘하추동(春夏秋冬) 계절이 바뀔 때마다 정기적으로 진행되었다.

예지 소황후

은 도주하는 요나라 병사들을 바짝 추격하였다. 날이 어두워지자 야율휴가는 병사 한 명당 두 개의 횃불을 들게 하여 군사의 수가 많아 보이도록 속였다.

전투다운 전투 한 번 없이 남경 함락을 앞두고 있던 송나라의 대군은 뜻하지 않은 지원군의 등장에 당황하였다. 야율휴가의 계획에 말려든 송나라의 대군은 고량하[10]에서 미리 매복해 있던 야율사진의 지원군이 퍼붓는 맹공에 속절없이 무너졌다. 이 전투로 송나라와 요나라의 전세는 순식간에 역전되었다. 고량하 전투에서 약 9만 명의 송나라 군사들이 사망하였다. 당시 송나라의 군사는 요나라의 군사보다 무려 5배 이상이었으나 완전히 패배했다. 대군을 이끌고 손수 출정하여 북벌을 단행했던 송태종은 등에 화살을 맞는 등 부상을 입은 채 수레를 타고 간신히 도망쳤다. 그 후 송나라는 연운 16주를 탈환하기 위해 요나라와 몇 차례 더 전투를 벌이지만 이미 상승세를 탄 요나라 군대에 번번이 패배하고 만다. 고량하 전투 이후 요나라는 북방의 강국으로 자리매김했다. 또한 소수의 병력으로 남경을 지켜낸 한덕양의 명성도 높아졌다.

---

10 지금의 북경성 서쪽.

경종의 승하로 태후의 자리에 오르다

즉위 후 잦은 병환에 시달렸던 경종은 982년, 사냥을 하던 중 35살의 젊은 나이로 세상을 떠났다. 승하하기 전, 경종은 소황후에게 정무와 군사에 대한 모든 권리를 양도하였고 소황후와의 사이에서 태어난 장남 야율융서를 태자로 임명하였다. 하지만 요나라 황실의 황위 계승은 순조롭게 진행된 적이 드물었고 후계자가 정해진 상황에서도 골육상잔의 비극이 끊이지 않았다. 소황후의 불안은 극에 달했다.

경종 또한 목종의 시해를 틈타 황위에 오르지 않았던가. 경종의 시신이 식기도 전, 반란이 일어난다면 소황후는 물론 태자의 목숨도 위험할 수 있었다. 이때 소황후는 자신이 가장 신임하는 신하 한덕양을 비밀리에 사냥터로 보냈다. 한덕양은 경종의 시신을 모시고 수도로 돌아왔고 그 즉시 선왕의 유지에 따라 야율융서를 황제(6대 성종)로 옹립했다. 소황후의 빠른 판단과 한덕양의 충성심 덕분에 성종은 무사히 황위에 오를 수 있었다. 성종의 즉위로 소황후는 태후가 되었다. 그녀는 당시 12살에 불과한 성종을 대신하여 섭정을 선언했다.

승천태후가 된 소작은 야율사진과 한덕양을 북원추밀사와 남원추밀사[11]로 임명, 내부의 반대 세력을 빠르게 정리해나갔다. 승천태후는 한덕양의 조언을 받아들여 황위를 위협할 만한 왕족들의 병력과 권력을 제한하고 왕족의 자제들이 사사로이 모임을 갖지 못하도록 조치하

---

11 거란인과 한인이 대부분인 요나라에서는 민족에 따라 남북에 각각 하나씩 2개 부서를 두었는데 북원추밀사는 거란인 중에서 뽑았으며 남원추밀사는 한인 중에서 뽑았다.

였다. 승천태후가 섭정을 시작한 후 한덕양은 남원추밀사에 이어 개부의동삼사와 중서령을 겸직하며 승진을 거듭했다.

한인 한덕양과의 재혼

한편 송태종은 고량하 전투에서 당한 치욕스러운 패배를 잊지 못하고 있었다. 그러던 중 경종이 승하하고 어린 성종이 황위를 계승하여 승천태후가 섭정을 하고 있다는 소식을 듣자 기회가 왔다고 생각했다. 더구나 승천태후가 신하인 한덕양과 내연 관계라는 풍문이 전해지자 송태종은 요나라의 기강이 크게 어지러워졌을 것이라 생각하며 이번에야말로 승리를 자신했다. 하지만 승천태후와 한덕양은 송나라의 공격에 대해 철저하게 대비를 해 두고 있었다. 송의 대군을 맞이한 승천태후는 한덕양과 나란히 선두에 서서 손수 군대를 지휘하였고 대승을 거두었다. 이후 승천태후는 한덕양과 국사에 대한 모든 논의를 함께하였다.

이제 승천태후와 한덕양의 사이를 모르는 사람은 아무도 없었다. 필요한 것은 명분이었다. 그러던 중 988년, 한덕양의 정실부인 이씨가 세상을 떠나자 두 사람은 당당하게 혼례를 올리고 부부가 되었다. 요사 〈성종본기〉는 이 사건을 "정유일에 황태후가 한덕양의 처소에 납시어 큰 상을 내리고 신하에게 짝을 나누어 쌍륙놀이[12]를 하며 즐거

---

12 고대 중국에서 유행했던 바둑과 유사한 놀이로 오늘날엔 전해지지 않는다.

움을 다하게 했다."라고 기록하고 있다.

활달한 기질에 추진력이 강한 승천태후와 신중하고 꼼꼼한 성격의 한덕양은 부부로서나 정치적 파트너로서나 최고의 궁합이었다. 한인 출신으로 태후의 남편이 된 한덕양은 요나라의 문제점을 잘 알고 있었다. 승천태후는 한덕양의 조언을 받아들여 과거제를 실시하여 우수한 인재를 중용하고, 법전을 편찬하여 공평한 제도를 확립했다. 또한 불경을 편수해 불교문화의 발전을 이끌며 민심을 다독였다. 무엇보다 한인들의 농업 기술을 적극적으로 도입하여 백성들의 삶을 안정시켰다. 당시 요나라의 근간은 여전히 수렵과 목축이었다. 하지만 한덕양은 백성의 삶이 안정되고 윤택해지기 위해서는 농업이 중심이 되어야 한다고 주장했다. 이에 공감한 승천태후는 사냥 등으로 농지를 훼손하는 것을 금지시키는 한편 농기구를 보급하는 정책 등을 펼쳤다. 처음에는 농사짓는 것을 낯설어 하던 백성들도 점차 수확의 기쁨을 체험하면서 변화를 수용하기 시작했다. 이에 고무된 승천태후는 27년의 섭정기간 동안 무려 23번에 걸쳐 세금을 감면함으로써 궁핍을 면치 못하던 백성들의 생활을 근본적으로 바꿔놓았다.

이처럼 당시 요나라가 실시한 정책 중에는 백성들에 대한 복지나 혜택, 인재등용 등에 있어서 '선진국' 송나라보다도 진보적인 부분들이 많았다. 이는 승천태후가 유교적 규범에 얽매이지 않고 합리성에 초점을 두고 정책을 만들고 실현한 덕분이었다. 승천태후의 섭정기간 동안 요나라는 비약적으로 발전할 수 있었으며 동북아시아의 강대국으로서 전성기를 구가하였다.

고구려 침공과 서희의 담판외교

993년, 승천태후는 소손녕에게 고려를 침략케 하여 고려와 거란의 1차 전쟁을 일으키게 했다. 승천태후가 고려를 공격한 것은 송나라와의 전쟁에 총력을 기울이기 위해서였다. 이때 소손녕은 80만 대군을 이끌고 고려를 침공, 국경의 여러 성들을 함락시켰다. 이에 고려에서는 서경(평양) 이북의 땅을 요나라에 내어주고 화친을 맺자는 쪽으로 의견이 모아졌으나 서희의 반대에 부딪혔다. 고려가 순순히 항복하지 않자 소손녕은 안융진(지금의 평안남도 안주) 공격에 총력을 기울였다. 하지만 뜻밖에도 고려군의 강력한 저항에 부딪힌 끝에 패배하였고 예상보다 훨씬 큰 피해를 입게 되었다. 송나라와의 전쟁을 앞둔 요나라로서는 고려와의 전쟁에서 더 이상 손실을 입게 되는 것이 곤란했다. 이러한 사정을 파악한 서희는 소손녕과 담판에 나섰다. 이때 서희는 송나라와의 관계를 끊는 조건으로 압록강 동쪽 280리의 땅을 고려의 영토로 돌려받게 된다. 그 후 서희는 압록강 유역의 여진족을 몰아내고 흥화진, 용주, 철주, 통주, 곽주, 귀주 등 6곳에 성을 쌓았다. 이것이 바로 우리가 알고 있는 강동 6주이다. 고려와 화친을 마무리한 승천태후는 송나라와의 대대적인 전쟁을 준비하기 시작했다.

전연의 맹약으로 동북아시아의 패권을 장악하다

999년 야율사진이 병으로 사망하자 승천태후는 야율사진의 북원추밀사 직위를 한덕양이 이어받도록 하였다. 한덕양은 요나라 역사상 남북 추밀사를 겸직한 유일한 인물이 되었다. 이어서 그는 북부재상을 겸임하고 초왕楚王에 봉해졌으며 관직 중 최고의 위치인 대승상의 자리에 올라 제왕齊王이 되었다. 또한 성종으로부터 황족의 성인 '야율' 씨와 '덕창'이라는 이름을 하사받고 진왕晉王에 봉해지면서 정식으로 황제의 숙부가 되었다. 비록 승천태후의 남편이긴 했지만 공식적으로는 어디까지나 신하의 신분이었으나 마침내 황족의 일원으로 지위가 승격된 것이다. 황족의 위치에 오른 한덕양은 황제와 똑같이 100명의 호위무사를 보유하였고 조정에 있을 때에는 태후와 나란히 황제인 성종보다도 높은 자리에 앉는 등 태상황의 특혜를 누렸다.

1004년, 승천태후는 남편 한덕양과 아들 성종을 거느리고 몸소 20만 대군을 지휘하여 송나라를 공격했다. 요나라의 군대는 승리를 거듭하며 파죽지세로 남하하였고 군사를 일으킨 지 3개월 후, 승천태후가 이끄는 요나라의 대군은 전연에 이르렀다. 전연¹³에서 송나라의 수도 개봉開封까지는 하룻길이었으므로 사실상 송나라와 요나라의 운명을 결정짓게 될 전쟁이었다. 하지만 이변이 일어났다. 송진종¹⁴이 직접 군대를 지휘하자 전세가 달라지기 시작한 것이다. 침체되었던 송나라 군사들의 사기는 급격히 고조되었으나 반대로 요나라는 선봉장 '소달름'이 순찰을 돌던 중 화살에 맞아 숨을 거두면서 사기가 한 풀 꺾였다. 특별한 전투 없이 팽팽한 대치가 길어지자 요나라 측에서

---

13 오늘날의 허난성 푸양현 근방.

14 송나라의 3대 황제. 고량하 전투에서 패배했던 송태종 조광의의 아들.

먼저 은밀하게 화친을 제안했다.

사실 승천태후는 전쟁을 일으킬 때부터 화친을 염두에 두고 있었다. 송나라 또한 적절한 시기에 요나라가 화친을 제의한 것이 반가웠다. 몇 차례에 걸쳐 계속된 교섭 끝에 마침내 양측이 모두 만족한 가운데 평화조약을 맺는 데 성공했다.

이 회담을 요나라에 유리한 쪽으로 이끈 최고의 주역은 한덕양이었다. 명분을 중요시하는 한족의 특성을 아는 그는 요나라의 황제 성종이 송나라의 황제 진종을 '형'이라 부르고, 진종은 소작태후를 '숙모'라 부르는 조항을 추가하여 송나라와 진종의 체면을 세워주는 한편 실질적인 이익을 챙기는 데 집중했다. 빼앗았던 성지 10개를 되돌려주는 조건으로 매년 은 10만 냥과 비단 20만 필을 세폐로 확정한 것이다. 요나라가 뺏은 성지는 어차피 계속적으로 영토 분쟁에 휘말려왔던 지역이었기 때문에 가지고 있어도 별다른 도움이 되지 않는 땅이었다. 반면 이것을 포기하는 조건으로 매년 은 10만 냥과 비단 20만 필을 받는 것은 실로 막대한 이득이었다.

요나라와 송나라가 맺은 이 맹약을 '전연의 맹약'이라고 한다. 이 맹약으로 요나라는 동북아시아의 패권을 완전히 장악했다. 요나라는 송나라에서 받은 세폐를 기반으로 재정을 정비하였고 송나라와의 무역도 활성화되었다. 하지만 그 무엇보다 중요한 것은 이 조약 이후 송나라와 요나라가 약 120년 동안 평화를 유지했다는 것이다. 양국 백성들은 이후 100년 넘게 평화로운 생활을 할 수 있었다.

요나라를 태평성세의 반석 위에 올려놓다

승천태후는 송나라와의 평화를 이루어 내는 데 성공했다. 이는 역대 어느 황제도 하지 못한 위업이었다. 그 후 승천태후는 요나라의 위엄을 세우는 데 주력했다. 그것은 바로 도성을 짓는 일이었다. 그전까지 요나라는 동서남북 각각 4곳에 수도가 있었지만 별도의 도성이나 궁을 짓지 않아서 황제는 늘 임시천막에서 정무를 처리했다. 이는 유목을 근간으로 한 거란족의 특성에 따른 것이었다. 하지만 승천태후는 요나라가 국제적인 강대국으로 성장하기 위해서는 진정한 수도가 있어야 한다고 생각했다.

1007년, 2년을 꼬박 걸려서 건축한 도성 중경대정부가 완성되었다. 수도 건설을 끝으로 승천태후는 섭정에서 물러날 것을 결심했다. 성종의 나이도 어느덧 30대 중반이었다. 1009년 승천태후는 시책례[15]를 행하고 성종에게 모든 권력을 양도했다. 모든 권력을 내려놓은 승천태후는 한덕양과 함께 수도를 떠나 남경으로 향했다. 하지만 모든 것을 이룩한 후의 피로가 한꺼번에 몰려왔던 것일까. 남경에 도착하기 전, 승천태후는 그만 세상을 떠났다. 승천태후의 시신은 그녀의 첫 번째 남편인 제5대 경종 옆에 묻혔다.

승천태후의 죽음 이후 한덕양의 건강도 점차 쇠약해졌다. 이를 안타까워한 황제 성종이 손수 간호를 하고, 황후 소보살가(한덕양의 외조카)가 직접 탕약을 끓여가며 한덕양을 보살폈지만 백약이 무효했다.

---

15 정식으로 황제에 즉위하는 요왕조의 전통의식.

결국 승천태후가 세상을 떠난 이듬해 한덕양도 눈을 감았다. 한덕양의 시신은 승천태후의 곁에 묻혔다. 황릉은 황제와 황후에게만 허락된 곳이었지만 성종은 친히 국장을 치러 한덕양을 승천태후 곁에 안장하였다.

승천태후는 처음부터 정치와 권력을 열망한 인물은 아니었다. 하지만 어린 나이에 황후가 된 순간부터 암투에 시달렸고, 권모술수로 인해 생사를 넘나드는 고비를 수없이 겪으며 점차 강인해졌다. 그녀는 비록 여성이었으나 누구보다 유능한 정치가였고, 그 어떤 황제보다 뛰어난 군주였다. 승천태후 덕분에 북방의 척박한 땅에서 살아가던 거란의 백성들은 풍요로운 태평성세를 만날 수 있었다. 승천태후는 요나라가 한족에 대한 열등감에서 완전히 벗어나 당대 최고의 강대국으로 자리매김하는 데 평생을 바쳤다. 그녀가 있었기에 요나라는 역사 속에서 그 자취를 조금 더 뚜렷하게 남길 수 있었는지도 모른다.

빅토리아 여왕,
대영제국의 황금기를 건설하다

1817년, 영국 국왕 조지 4세의 외동딸 샬럿 공주가 세상을 떠났다. 작센-코부르크-잘펠트 공작의 아들 레오폴트와 결혼한 그녀는 두 명의 아이를 연달아 유산한 후 세 번째 아이를 출산하던 중 죽음을 맞은 것이다. 태어난 아이는 아들이었지만 이미 숨이 끊어진 상태였다. 조지 4세는 자신의 뒤를 이어 영국의 왕위를 계승할 후계자들 즉, 딸과 손자를 모두 잃었다. 샬럿 공주의 남편이자 훗날 벨기에 초대 국왕으로 즉위하게 되는 레오폴트[16] 또한 눈앞에서

---

16 레오폴트 1세(Leopold I, 1790~1865)는 1831년 벨기에의 초대 국왕으로 즉위했다. 독일 작센-코부르크-고타 가문 출신으로 빅토리아 여왕의 외숙부이자 그녀의 남편 앨버트 공의 친숙부이다.

영국의 왕위를 놓쳤다. 샬럿 공주가 무사히 왕위를 계승할 경우 그는 공동 통치자로 즉위할 수 있었다. 샬럿 공주의 이른 죽음은 영국의 왕위계승에 매우 큰 영향을 줄 수밖에 없었다. 특히 조지 4세의 남동생들은 일제히 긴장했다. 왕위에 오를 가능성이 매우 높아졌기 때문이다.

하노버 왕조의 시작

1714년, 당뇨와 비만에 시달리던 영국의 앤 여왕의 건강이 위독해졌다. 그녀는 남편과의 사이에서 많은 자식을 두었지만 성인이 될 때까지. 살아남은 아이는 아무도 없었다. 즉 앤 여왕에게는 왕위를 이을 자식이 없었다. 영국 의회와 국민들은 차기 왕위를 이어받을 후계자 문제에 촉각을 곤두세웠다. 1701년 영국의회가 제정한 왕위 계승법[17]에 따르면 선왕의 혈육 중 남성 방계보다 여성 직계가 우선권을 가지고 있었다. 이 계승법에 따르면 하노버 선제후국[18]의 '조피'가 가장 유력한 계승후보였다. 그녀는 영국 스튜어트 왕조의 시조인 제임

---

17 1701년 영국의회는 '앞으로의 왕위는 스튜어트가(家)의 피를 잇는 프로테스탄트(개신교도)가 아니면 계승할 수 없다'고 명시된 왕위계승령을 반포했다.

18 843년 선포된 후 근대 초까지 이어진 가톨릭 성향이 강한 유럽 국가들의 정치적 연방체인 신성로마제국의 9번째 선제후령이다. 1714년 하노버 선제후 게오르크 1세가 영국 왕 조지 1세로 즉위한 후 빅토리아 여왕 즉위 전까지 영국 국왕은 하노버 선제후령의 군주를 겸하게 되었다. 하노버 선제후국은 1803년 나폴레옹에 점령당하고 1806년 신성 로마 제국이 해체됨으로써 망하였으나, 1814년 빈 회의에서 재건이 결정되어 하노버 왕국으로 이어졌다.

스 1세[19]의 직계 외손녀였기 때문이다. 하지만 조피는 앤 여왕보다 먼저 세상을 떠났다. 며칠 후 앤 여왕이 세상을 떠나자 조피의 아들이자 하노버 선제후국의 군주인 '게오르그'가 영국의 국왕으로 즉위했다. 그가 바로 영국 하노버 왕조의 시조인 조지 1세이다. 이때부터 하노버 선제후국과 영국은 동일군주 체제를 갖게 되었다.

지금의 독일인 하노버에서 태어나고 자란 조지 1세는 정치에 관심이 없었고, 영어를 할 줄 몰랐다. 덕분에 영국에서는 유럽 다른 국가들과 달리 '군주는 군림하지만, 통치하지는 않는다.'는 입헌군주제의 원칙이 만들어졌고 의원내각제가 뿌리를 내리게 된다. 조지 1세가 시대의 흐름에 대한 통찰력이 있는, 대단히 명민하고 탁월한 군주여서가 아니라 어쩌다 보니 정황상 그렇게 된 것이었지만 이는 영국 왕실이 유럽의 다른 국가들과 달리 프랑스 대혁명의 불길을 피할 수 있었던 매우 중요한 이유로 작용했다.

조지 1세에서 시작된 하노버 왕조 출신 군주들의 가장 큰 특징은 아버지와 아들의 관계가 매우 좋지 않다는 것이었다. 그 시작 또한 조지 1세에게 있었다. 조지 1세는 특이하게도 예쁜 여성보다 못생긴 여성을 좋아했다고 한다. 그는 사촌 관계인 '조피 도로테아'를 아내로 맞아 아들과 딸을 한 명씩 낳았는데 부부 사이는 좋지 않았다. 결혼한 지 10년이 넘었을 무렵 조지 1세는 아내의 불륜을 알게 되었다. 분노한 그는 즉시 이혼을 선언하고 아내를 무려 23년 동안이나 유폐시켰다. 그 후 조지 1세는 두 명의 애인을 두었는데 그중 한 명은 깡마르

---

19 폐위된 스코틀랜드의 여왕 메리 스튜어트의 아들.

고 키가 컸으며, 다른 한 명은 '아이가 겁내는 것도 당연한 여자'로 불릴 정도로 무섭게 생긴 여자였다.

조지 1세의 파탄 난 부부관계는 아들의 삶에 지대한 영향을 미쳤다. 어린 시절 아버지의 통제로 인해 어머니를 만날 수가 없었던 조지 1세의 어린 아들은 아버지에게 반감을 갖게 되었고, 성장하면서 자주 대립하게 되었다. 조지 1세는 이런 아들이 당연히 싫고 부담스러웠다. 늦은 나이로 왕위에 오른 조지 1세는 재위 14년 만에 세상을 떠났다. 44살의 조지 2세가 하노버 왕조 출신으로는 두 번째로 영국 왕위에 올랐다.

다행히 조지 2세는 아내이자 왕비인 캐롤라인과 사이가 좋았다. 캐롤라인 왕비가 세상을 떠났을 때, 조지 2세는 약간의 정신병(우울증) 증상을 보일 정도로 슬퍼하였다고 한다. 하지만 조지 2세 역시 아들과의 관계가 좋지 않았다. 그는 특히 후계자인 장남 '프레데릭'에 대한 불만과 미움을 자주 표출했다. 프레데릭의 아들은 어린 시절 할아버지가 아버지를 싫어하는 모습을 보면서 매우 큰 상처를 받았다. 조지 2세는 77살까지 장수하였고 '프레데릭'을 비롯한 그의 아들들이 모두 먼저 세상을 떠났다.

왕위 계승을 둘러싼 복잡한 상황

조지 2세가 승하하자 왕위는 왕세자였던 프레데릭의 아들이 물려받았다. 그가 조지 3세이다. 조지 3세는 아버지를 미워했던 할아버지

를 증오했지만 그 역시 아들과 사이가 좋지 못했다. 게다가 조지 3세
는 나이가 들면서 종종 정신분열 증상을 보였다. 1810년, 조지 3세가
일흔이 넘은 나이로 또다시 정신분열을 일으키자 왕세자가 섭정을 하
게 되었다. 그때 왕세자인 조지 4세는 거의 쉰 살에 가까웠다.

아직 왕위에(만) 오르지 않은 상태에서 조지 4세가 섭정을 하고 있
던 1817년, 그의 외동딸 '샬럿' 공주가 세상을 떠났다. 강력한 왕위
계승 후보였던 샬럿 공주의 죽음은 왕실에 큰 활력을 불어넣었다. 무
기력하고 한가하게 살던 조지 4세의 남동생들이 왕위를 의식하여 매

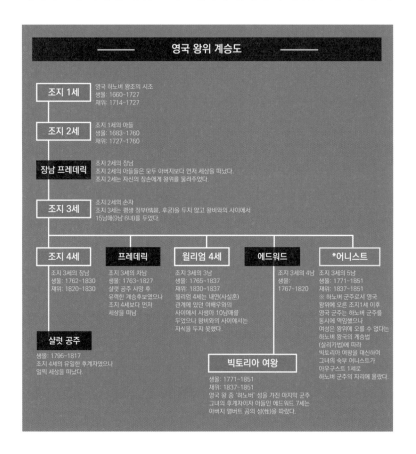

우 적극적인 움직임을 보이기 시작한 것이다. 샬럿 공주가 세상을 떠난 바로 다음 해, 조지 4세의 넷째 남동생 에드워드가 51살의 나이로 결혼을 했다. 상대는 작센-코부르크-잘펠트 공국의 빅토리아 공주로 그녀는 죽은 샬럿 공주의 남편이었던 레오폴트의 여동생이었다. 말하자면 조카사위의 여동생을 아내로 맞은 것이다. 당시 빅토리아 공주는 과부의 몸이었고 재혼이었지만 에드워드보다는 19살이 어렸다. 즉 곧바로 임신이 가능했다. 독신주의자로서 27년 동안 세인트루이스 부인[20]과 동거생활만 해오고 있던 에드워드가 영국 왕실에 어울리는 유력한 가문의 여인과 서둘러 결혼한 이유는 한시라도 빨리 자식을 얻기 위해서였다. 조지 4세가 끝내 자식 없이 세상을 떠날 경우, 조지 3세의 아들들 중 자식이 있는 인물이 왕위계승에 유리했기 때문이다.

조지 4세의 셋째 남동생 윌리엄은 동생 에드워드의 이러한 처신에 자극을 받았다. 에드워드가 결혼식을 올린 지 한 달 후, 윌리엄도 전격적으로 결혼을 발표했다. 당시 윌리엄에게도 정식으로 결혼만 하지 않았을 뿐 20년 가까이 사실혼 관계를 유지해온 '도로시'라는 여인이 있었다. 희극배우였던 그녀는 윌리엄과의 사이에서 무려 10명의 자식을 낳기도 했다. 하지만 도로시는 정식으로 맞은 아내가 아니었고, '희극배우'라는 꼬리표는 영국 왕실의 격에 맞지 않았다. 의회와 국민들이 납득할 만한 제대로 된 아내가 필요했던 윌리엄은 부랴

---

20 조지 3세의 4남인 에드워드 켄트 공작의 애인. 27년 동안 결혼하지 않고 동거하였으나 두 사람 사이에 자식은 없었다.

부랴 작센-라이닝겐 대공의 딸인 '아델라이드'와 서둘러 결혼한 것이다. 이때 윌리엄의 나이는 53살, 아델라이드는 26살이었다.

이제 중요한 것은 빅토리아와 아델라이드 중에 누가 먼저 임신을 하느냐였다. 겉으로 보기엔 좀 더 젊은 아델라이드가 유리해보였다. 두 여인은 경쟁하듯 비슷한 시기에 임신을 했다. 결혼 이듬해인 1819년, 아델라이드가 먼저 출산을 했다. 예쁜 딸이었다. 하지만 태어난 아이는 얼마 지나지 않아 세상을 떠났다. 두 달 후, 빅토리아가 영국에서 딸을 출산했다. 1819년 5월 24일, 영국에서 태어난 이 여자아이의 이름은 알렉산드리아 빅토리아, 훗날의 빅토리아 여왕이었다. 에드워드는 자신의 정치적 입지를 바꿔줄 딸의 탄생에 기쁨을 감추지 못했다. 하지만 그의 행운은 거기서 끝나고 말았다. 빅토리아가 태어난 지 고작 1년 만에 에드워드는 폐렴으로 세상을 떠났다.

에드워드가 사망한 지 6일 후, 조지 3세도 82살의 나이로 60년의 재위 끝에 마침내 승하하였다. 이어서 환갑을 앞두고 왕위에 오른 조지 4세가 재위 10년 만에 끝내 자식을 얻지 못한 채 승하하자 '살아 있는' 조지 3세의 직계 아들들 중 가장 나이가 많았던 윌리엄이 왕위를 계승했다. 윌리엄 4세는 65살의 나이로 그토록 원하던 왕위에 올랐으나 물려줄 자식이 없었고 뒤늦게 결혼한 왕비 아델라이드도 더 이상 임신을 하지 못하고 있었다. 결국 윌리엄 4세는 먼저 세상을 떠난 남동생 에드워드의 외동딸이자 자신의 조카딸인 알렉산드리아 빅토리아를 후계자로 내정했다.

빅토리아 여왕 초상화

켄싱턴 궁에서 지낸 외로운 어린 시절

에드워드가 세상을 떠났을 때, 1살밖에 되지 않았던 빅토리아와 그녀의 어머니인 켄트 공작부인[21]에게 남은 것은 거액의 빚과 영국 왕실 일원이라는 허울 좋은 명예뿐이었다. 그 후 빅토리아가 윌리엄 4세의 추정상속인[22]이 될 때까지 약 10년간 두 모녀는 레오폴트에게 의지하여 생활을 해야 했다. 빅토리아의 외숙부이자 켄트 공작부인의 친정오빠이며 조지 4세의 외동딸 샬럿 공주의 남편이기도 했던 레오폴트는 어린 조카에게서 장차 영국의 군주가 될 가능성을 보았다. 그

---

21 빅토리아 여왕의 아버지 에드워드의 공식 지위는 '켄트 공작'이었다.

22 현재 계승권 1위이나, 장래에 자기보다 상위의 계승권을 가지는 인물이 태어날 가능성이 있는 인물. 자녀가 없는 군주의 동생이나 여동생, 아들이 없는 군주의 장녀 등이 있다. 이때, 계승권이 제1위에서 강등될 가능성이 없고, 군주에 비해 오래 산다면 확실히 상속인이 되는 인물의 경우 법정추정상속인(heir apparent)이라고 한다.

리고 매년 3천 파운드의 자금을 지원해주며 경제적으로 매우 빠듯했던 두 모녀의 생활을 보살펴주었다.

1820년, 조지 4세가 승하하고 윌리엄 4세가 왕위에 오르자 빅토리아의 왕위계승이 잠재적으로 확실해졌고 마침내 왕실의 대우도 달라졌다. 영국 왕실은 빅토리아의 어머니인 켄트 공작부인의 연금을 두 배로 높여주었고 빅토리아의 양육비로 연 3만 파운드를 지급해주었다. 드디어 가난에서 완전히 벗어날 수 있게 된 것이다. 켄트 공작부인은 기뻐하면서도 신중하게 행동했다. 그녀가 자신보다 19살이 많았던 에드워드 켄트 공작과 재혼한 목적은 단 하나, 켄트 공작의 후계자를 낳아 영국 왕실의 일원으로서 자신의 입지를 강화하기 위해서였다. 빅토리아는 그녀의 꿈을 이뤄줄 유일한 자식이었다.

켄트 공작부인은 딸의 교육에 최선을 다했다. 독일로부터 가정교사가 도착했고 영어, 라틴어, 프랑스어, 이태리어 같은 언어를 가르쳤다. 독일어는 독일 출신인 어머니에게 직접 배웠는데 원어민 수준으로 영어보다 뛰어났다고 한다. 그 외에도 빅토리아는 음악, 미술, 역사 등 다양한 분야를 공부했다. 그녀의 하루는 수업 일정으로 빠듯했다. 하지만 가장 중요한 것은 국왕의 예법이었다. 딸이 영국의 여왕이 되면 섭정을 하고자 했던 켄트 공작부인은 일상생활을 할 때도 빅토리아를 차기 여왕처럼 대했다. 공작부인은 어렸을 때부터 빅토리아가 혼자 계단을 오르내리지 못하게 했고 자신을 제외한 다른 왕족들과 그녀가 접촉하는 것을 엄격하게 금지했다. 덕분에 빅토리아는 아주 외로운 어린 시절을 보내야 했다.

당시 켄트 공작부인은 비서였던 아일랜드 출신의 존 콘로이를 애인으로 두고 있었다. 순종적이고 착한 딸이었던 빅토리아는 폐쇄된 켄싱턴 궁에서 지내는 동안 자신과 아무 혈연관계도 없는 콘로이의 눈치를 봐야 했다. 콘로이는 켄트 공작부인의 애인이자 비서로서 켄싱턴 궁의 비선실세였다. 이때의 기억은 빅토리아가 성장한 후에도 큰 상처로 남았다. 훗날 여왕으로 즉위한 빅토리아는 콘로이를 해고하고 어머니를 지방으로 보내 결코 정치에 관여하지 못하게 했다. 켄트 공작부인은 오랫동안 공을 들인 계획과 달리 빅토리아가 여왕이 된 후 딸에게 외면당했고, 1861년 그녀가 세상을 떠날 때까지 24년 동안 영국 왕실에 어떠한 정치적 영향력도 갖지 못했다. 어쩌면 빅토리아가 왕위에 오르기 전까지 영국 여왕의 섭정이 되겠다는 희망을 가슴에 품은 채 켄싱턴 궁에서 보낸 약 10년의 시간이 켄트 공작부인의 평생에서 가장 행복했던 시절이었는지도 모른다.

즉위, 미숙하고 편협한 정치 초보

어머니에 대한 태도에서 알 수 있는 것처럼 빅토리아는 아주 고집스러운 성격이었다. 성장하면서 어머니와 콘로이로 인해 숨 막혀 하는 빅토리아에게 한 줄기 위안이 되어준 인물은 외숙부인 레오폴트였다. 당시 아직 벨기에 국왕으로 즉위하기 전이었던 그는 갓난아기 때 아버지를 여읜 빅토리아에게 아버지 '같은' 역할을 해주었다. 빅토리아는 자신의 일기장에서 레오폴트를 '두 번째 아버지이자 유일한 아버지'라고 언급하기도 했다. 하지만 레오폴트의 다정함은 결코 조카를 향한 순수한 애정이 아니었다. 야심만만했던 레오폴트 또한 빅토리아가 차기 영국 군주가 될 것이라는 것을 잘 알고 있었다. 그는 미리 조카의 신뢰와 환심을 얻어두고 싶었던 것이다.

1837년 5월 24일, 빅토리아는 18살이 되었다. 성인이 된 것이다. 윌리엄 4세는 성인이 된 빅토리아가 매년 1만 파운드의 돈을 자유롭게 쓸 수 있도록 지급해주었다. 하지만 그는 빅토리아가 그 돈을 쓰는 것을 볼 수 없었다. 다음 달인 6월, 재위 7년 만에 71살의 나이로 세상을 떠났기 때문이다. 윌리엄 4세가 승하하면서 18살의 빅토리아는 여왕으로 즉위했다. 장수가 특징인 하노버 왕조의 군주들은 대부분 노인이 되어서야 왕위에 오르곤 했다. 반면 18살의 빅토리아는 하노버 왕조 출신의 최연소 영국 군주였고, 마지막 군주이기도 했다. 이제 막 성인이 된 빅토리아는 곧바로 친정親政을 시작했다.

빅토리아는 훌륭한 교육을 받았고 군주로서의 예법도 잘 갖추고 있었지만 곧바로 국정을 수행하기에는 여러 모로 미숙했고 경험 또한 전무했다. 그녀는 휘그당[23]의 수장 멜번 경을 자신의 파트너로 삼았다. 사실 빅토리아는 반대파인 토리당[24]의 인물과는 만나본 적도 없었다. 하지만 멜번을 먼저 만난 그녀는 소탈하고 편안한 언변과 우아한 매너를 지닌 그에게 호감을 느꼈다. 멜번은 노련한 정치가였고 젊은 여왕 빅토리아가 원하는 것을 잘 파악하였다. 믿을 만한 성인 남성이 부재한 가운데서 성장한 빅토리아는 멜번을 의지하며 정치를 시작했

---

23 지금의 자유당의 전신. 산업혁명 당시 떠오르고 있던 신흥 부르주아의 지지를 받았다.

24 지금의 보수당의 전신. 빅토리아 시대에 수상 로버트 필의 주도로 근대의 보수당으로 자리매김했다.

다. 신흥 부르주아 세력이 대다수를 이루고 있는 휘그당은 이내 여왕이 옹호를 받는 집권당이 되었다. 당연히 상대당인 토리당에서는 반발하였고, 멜번을 향한 반대여론은 높아져갔다. 빅토리아의 국정 운영 능력에 대한 불신의 목소리도 터져 나왔다. 그중에는 멜번과 빅토리아의 관계를 의심하는 눈초리도 있었다.

당시 빅토리아는 '멜번 부인'이라는 별명으로 불릴 정도로 그에게 의지하고 있었다. 토리당에서 터져 나온 몇 번의 불미스러운 스캔들과 사건을 겪으며 빅토리아는 더욱 멜번과의 개인적인 친분을 과시하며 휘그당을 편애했다. 여왕의 이러한 노골적이고 편협한 태도는 의회의 반발을 불러왔고 결국 휘그당의 선거 참패로 이어졌다. 토리당이 다수당이 되면서 멜번은 수상[25] 자리에서 퇴임할 수밖에 없었다. 그의 뒤를 이어 로버트 필이 수상으로 임명되었다. 하지만 패배를 인정할 수 없었던 빅토리아는 토리당원인 수상의 의견에 아예 귀를 닫아버렸다. 국민들은 여왕의 자질에 대해 의구심을 품기 시작했다.

여왕의 남편은 누가 될 것인가

토리당과의 갈등이 한창일 무렵, 20살의 빅토리아는 매우 중요한 문제에 봉착해있었다. 그녀의 결혼문제가 대두된 것이다. 빅토리아는

---

25 영국은 선거가 끝난 후 다수당의 대표가 자동으로 수상을 맡는다. 이때 형식적으로 국왕이 수상직을 임명하게 되는데, 선거 다음 날 국왕이 공식 임명 칙허를 내리면 바로 수상직에 오르게 된다.

여왕이었기 때문에 그녀가 만나는 남자들은 일단 왕실의 격에 어울리는 인물들이었다. '여왕의 남편'에 대한 영국 의회의 기준은 매우 까다로웠다. 여왕의 결혼은 영국 국익과 직결되는 일이었기 때문이다. 하지만 빅토리아는 그 무엇보다 외모를 중시했다. 그녀는 키가 훤칠한 미남에게(만) 마음이 끌렸다.

1839년 5월, 러시아 로마노프 왕조의 황태자 알렉산드르 2세가 빅토리아 여왕의 생일을 축하하기 위해 런던을 방문했다. 알렉산드르 2세는 탄탄한 체격과 수려한 외모를 지니고 있었고, 매우 자상한 매너를 갖추고 있었다. 빅토리아의 마음은 소녀처럼 달아올랐다. 하지

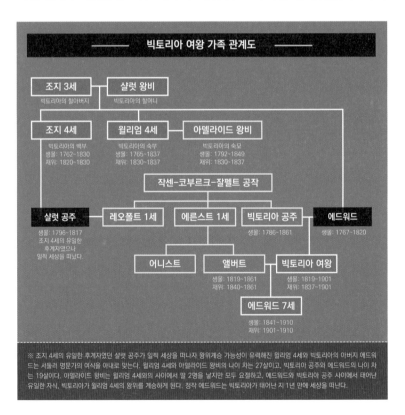

빅토리아 여왕 가족 관계도

- **조지 3세** — 빅토리아의 할아버지
- **샬럿 왕비** — 빅토리아의 할머니
- **조지 4세** — 빅토리아의 백부 / 생몰: 1762~1830 / 재위: 1820~1830
- **윌리엄 4세** — 빅토리아의 숙부 / 생몰: 1765~1837 / 재위: 1830~1837
- **아델라이드 왕비** — 빅토리아의 숙모 / 생몰: 1792~1849 / 재위: 1830~1837
- **작센-코부르크-잘펠트 공작**
- **샬럿 공주** — 생몰: 1796~1817 / 조지 4세의 유일한 후계자였으나 일찍 세상을 떠났다.
- **레오폴트 1세**
- **에른스트 1세**
- **빅토리아 공주** — 생몰: 1786~1861
- **에드워드** — 생몰: 1767~1820
- **어니스트**
- **앨버트** — 생몰: 1819~1861 / 재위: 1840~1861
- **빅토리아 여왕** — 생몰: 1819~1901 / 재위: 1837~1901
- **에드워드 7세** — 생몰: 1841~1910 / 재위: 1901~1910

※ 조지 4세의 유일한 후계자였던 샬럿 공주가 일찍 세상을 떠나자 왕위계승 가능성이 유력해진 윌리엄 4세와 빅토리아의 아버지 에드워드는 서둘러 명문가의 여식을 아내로 맞는다. 윌리엄 4세와 아델라이드 왕비의 나이 차는 27살이고, 빅토리아 공주와 에드워드의 나이 차는 19살이다. 아델라이드 왕비는 윌리엄 4세와의 사이에서 딸 2명을 낳지만 모두 요절하고, 에드워드와 빅토리아 공주 사이에서 태어난 유일한 자식, 빅토리아가 윌리엄 4세의 왕위를 계승하게 된다. 정작 에드워드는 빅토리아가 태어난 지 1년 만에 세상을 떠난다.

만 멜번 수상은 이 결혼에 반대를 표했다. 이 시기에 빅토리아가 러시아의 황태자와 결혼하는 것은 영국에 이로울 것이 없었기 때문이다.

알렉산드르 2세가 빅토리아를 방문한 후, 레오폴트도 본격적으로 그녀의 결혼문제에 나서기 시작했다. 조지 4세가 승하한 이후에도 줄곧 영국에 머물던 그는 1831년, 벨기에의 초대 국왕으로 추대되어 '레오폴트 1세'로 즉위해 있었다. 벨기에는 이제 갓 탄생한 국가였기 때문에 강대국인 영국과 프랑스 등의 도움이 절실했고 국왕인 레오폴트 1세에게 영국 여왕인 조카 빅토리아는 매우 중요한 존재였다. 레오폴트는 자신이 잘 다룰 수 있는, 자신과 친분이 두터운, 기왕이면 자신과 가까운 가족관계에 있는 혈육이 빅토리아의 남편이 되기를 바랐다. 그래야 앞으로도 지속적으로 영국과 빅토리아의 호의를 얻어낼 수 있었기 때문이다.

이를 위해 레오폴트는 벨기에로 간 후 켄싱턴 궁에서 외롭게 지내고 있는 빅토리아와 지속적으로 편지를 주고받았다. 또한 '사촌끼리의 교류'라는 명목으로 자신의 친조카인 에른스트와 앨버트 형제가 켄싱턴 궁을 방문하여 빅토리아와 친분을 쌓도록 유도했다. 이때 빅토리아는 자신과 동갑이며 늘씬하고 잘생긴 앨버트에게 호감을 보였다. 사실 앨버트는 여러 모로 빅토리아에게 어울리는 남편감이었다. 일단 그는 영국 여왕보다 신분은 낮지만 명문가 출신이었고 개신교도였으며 가문을 책임져야 하는 위치에 있는 장남이 아니었다. 또한 독일의 본 대학에서 자연과학과 정치경제학을 공부한 수재였고, 펜싱과 오르간 연주에도 능했다. 여왕의 남편으로서 어디 하나 빠지는 곳이 없었다. 게다가 삼촌 레오폴트와 달리 정치에 욕심이 없었고 사려 깊고 다정한 성품을 지니고 있었다.

하지만 문제는 빅토리아였다. 그녀는 자신의 결혼이 정치적으로 이용되는 것을 참을 수가 없었다. 또한 어머니 켄트 공작부인의 영향으로 작센-코부르크 가문 남자와의 결혼을 원치 않았다. 그녀는 외숙부인 레오폴트 1세가 자신의 결혼에 은근한 압력을 행사하는 것을 불쾌하게 여겼고, 아예 결혼을 하지 않겠다고 선언하기도 했다. 이러한 복잡한 상황에서 앨버트는 빅토리아의 남편이 되어야 한다는 막중한 책임을 안고 런던 버킹엄 궁에 도착했다.

결혼, 남편의 사랑과 국민의 존경을 얻다

1939년 10월 10일, 앨버트는 버킹엄 궁을 방문하여 빅토리아를 만났다. 당시 빅토리아는 결혼에 대한 거부감이 극도로 강해져 있을 때였다. 그녀는 앨버트를 보고 싶지도 않고, 이런 이야기가 너무나 지겨우며 앞으로 2~3년 후에나 결혼을 생각해 보겠다고 말하기도 했다. 그런데 앨버트를 만난 지 나흘 만에 그녀는 자신의 입장을 번복했다. 완전히 사랑에 빠져버린 것이다. 앨버트의 어떤 면이 그토록 빅토리아를 사로잡은 것인지는 당사자들만 알 것이다. 중요한 것은 빅토리아가 먼저, 앨버트에게 청혼을 하였고 그가 다정한 키스와 포옹으로 이를 받아들였다는 것이다.

사실 앨버트 역시 진심으로 결혼에 회의적인 인물이었다. 그의 어머니는 앨버트가 4살 무렵에 간통죄를 저질러 스위스로 추방되었다.

앨버트 초상화

어머니의 부재는 앨버트에게 결혼에 대한 부정적인 생각을 심어주었다. 어린 시절부터 어머니에 대한 그리움을 안으로 삭힐 수밖에 없었던 그는 매사에 신중하고 차분하며 조용한 성격을 지니게 되었고 성장하면서는 학문과 예술에 집중하며 스스로를 다스렸다. 앨버트는 실로 권력과 줄이 닿아 있는 명문가 출신의 남성으로서는 보기 드물게, 반듯하게 자란 훌륭한 청년이었다. 그래서였을까. 앨버트는 결혼을 목적으로 빅토리아를 방문했음에도 그녀를 크게 의식하지 않았고 주변 상황에도 전혀 흔들리지 않았다. 늘 어머니와 주변을 의식하고, 외삼촌 레오폴트의 의견을 신경 쓰고, 멜번에게 의지하고, 말 한마디를 할 때도 의회와 국민을 생각해야 했던 빅토리아에게 앨버트의 그런 의연한 모습은 너무나 듬직하고 편안해보였다.

앨버트가 청혼을 수락함으로써 빅토리아는 결혼 스트레스에서 완전히 벗어날 수 있었다. 이제 남은 것은 사랑하는 남자와 부부로 맺어지는 것뿐이었다. 1840년 2월, 빅토리아 여왕과 앨버트는 마침내 결혼했다. 이날 빅토리아는 하얀색 웨딩드레스를 입었다. 여왕의 웨딩드레스로는 너무 수수하다는 평이 있었지만 오히려 청순하면서도 소박한 모습에 국민들은 환호했다. 하얀 웨딩드레스를 입은 청초한 여왕과 훤칠하게 잘생긴 앨버트의 모습은 그 자체로 그림처럼 아름다웠다. 그 후 빅토리아의 자손들이 그녀를 따라 결혼식에서 하얀색 웨딩드레스를 입으면서, 하얀 웨딩드레스는 오늘날까지 하나의 전통으로 자리를 잡았다.

앨버트와의 결혼은 빅토리아는 물론 영국에도 큰 이득이었다. 동서고금을 막론하고 군주로 살면서 사랑하는 사람과 부부가 되는 것은 참으로 힘든 일인데 빅토리아는 자신이 원하는 이상적인 남자를 남편으로 맞았다. 하지만 앨버트에게 빅토리아와의 결혼생활은 쉽지 않았다. 빅토리아는 자신의 권리를 침해받는 것을 굉장히 싫어하였다. 그녀는 앨버트를 공동통치자로 세우지 않았고, 국정에 관여하는 것을 거부하였을 뿐 아니라 그가 정치적 조언을 건네는 것조차 경계했다. '여왕의 부군'이 된 앨버트는 이처럼 타의에 의해 하루 종일 빈둥거리는 백수가 될 수밖에 없었다. 이제 갓 스물을 넘긴 남자로서 이는 견디기 힘든 일이었으나 앨버트는 참고 인내하며 빅토리아에게 어떠한 권리도 요구도 하지 않았다. 그러자 오히려 기회가 찾아왔다. 영국 의회에서 빅토리아에게 앨버트의 정치 참여를 건의한 것이다.

당시 빅토리아 여왕은 토리당을 아예 무시하는 행동을 계속 취하고 있었고 심지어 결혼식에도 토리당 의원들만 초대하지도 않는 유치한 행동도 서슴지 않았다. 의회에서는 선거를 통해 여왕의 편협한 태도를 확실하게 비난했다. 1841년 휘그당은 선거에서 완전히 참패하였고 멜번은 이에 책임을 지고 정계를 은퇴하게 되었다. 멜번의 은퇴 덕분에 빅토리아를 향했던 날선 비난 여론은 다소 잠잠해졌다. 하지만 빅토리아는 여전히 고집불통이었다. 이에 의회에서 앨버트의 정치 참여를 건의한 것이었다. 만약 앨버트가 마음만 먹는다면 그는 막강한 비선실세가 될 수도 있었을 것이다. 하지만 앨버트는 자신의 역할을 정확하게 알고 있었고, 자신의 정치 참여를 건의한 의회에서 원하는 것이 무엇인지도 충분히 알았다. 빅토리아의 성격을 잘 아는 그는 쓴 소리도 친절하게 전달하는 비서가 되기로 했다.

앨버트는 누구보다 객관적인 시선으로 국정 전반을 파악해나갔고, 빅토리아가 이해하기 어려운 정치적 사안들을 잘 정리하고 종합하여 설명해주었다. 앨버트의 정치참여는 대성공이었다. 그는 짧은 시간 동안 빅토리아의 유치하고 미성숙한 사고방식과 발언을 '군주답게' 바꿔놓았다. 의회는 앨버트의 정치적 식견에 감탄하며 여왕의 정치적 성장을 환영했다. 앨버트의 정치 참여에 대한 빅토리아의 경계 또한 눈 녹듯 사라졌다. 빅토리아는 앨버트와 부부가 됨으로써 온전한 군주가 될 수 있었고 의회와 국민들로부터 존경과 사랑을 받을 수 있었다.

금슬 좋은 여왕 부부, 다산의 아이콘으로 우뚝 서다

결혼을 통해 빅토리아는 정치적으로 성장했을 뿐 아니라 가정에서도 큰 변화를 이루어냈다. 결혼 이듬해, 첫 딸 빅토리아 공주가 태어난 것을 시작으로 17년 동안 무려 4남 5녀를 낳은 것이다. 그러는 동안 빅토리아 여왕에게는 '현모양처'의 이미지가 조성되었고, 풍요롭고 화목한 왕실 가족의 모습은 그 자체로 국민들에게 큰 사랑을 받았다. 왕실이 국민들에게 이처럼 안정적이고 평온을 보여준 것은 실로 오랜만이었기 때문이다. 또한 서로에 대한 사랑과 존중이 가득한

빅토리아와 앨버트 가족 초상화

앨버트와 빅토리아 부부는 국민들에게도 선망의 대상이었다.

빅토리아는 거듭되는 임신과 출산을 겪으면서도 영민하고 현명한 군주로 칭송을 받았다. 그 배경에는 앨버트가 있었다. 시간이 지날수록 빅토리아는 정치적으로 많은 부분을 앨버트에게 의지하였고 그에게 공문서 열람권을 주고, 각료 회의에 함께 참석할 수 있도록 했다. 의회와 빅토리아 여왕의 중간에서 앨버트는 자신의 능력을 십분 발휘하였다. 그는 군주가 직접 정책에 관여하기보다는 최종 결정만 하는 체계를 잡아감으로써 의회정치를 더욱 안정시켰다. 그는 모든 정책을 중립적이고 객관적인 시선으로 보려고 노력했고 진행되는 주요 사안의 요점을 정확하고 간결하게 전달하여 빅토리아가 국정을 쉽게 이해할 수 있도록 도와주었다. 중요한 정책에는 적극적으로 관여하기도 했다. 앨버트는 노예제도 폐지 및 교육제도 개혁에 큰 역할도 했다.

국정의 많은 부분을 의회에 맡기고 군주의 통치권을 고집하지 않은 덕분에 빅토리아 여왕은 시민혁명과 왕정의 몰락이라는 거대한 시대의 흐름과 반대로 영국 왕실을 안전하게 지킬 수 있었다. 영국의 국민들은 지지하는 정당을 통해 정치적 목소리를 낼 수 있었기에 기꺼이 입헌군주제에 찬성했고 빅토리아는 사랑받는 군주가 될 수 있었다.

영국의 위상을 드높인 만국 박람회

정치적으로 앨버트의 영향력이 커지자 우려의 목소리가 높아졌지만 그는 결코 단 한 번도 도를 넘지 않았다. 앨버트는 이상적인 '여왕의 남편'이었다. 빅토리아와 앨버트의 금슬만큼이나 내정이 안정적으로 자리를 잡아가는 동안 세계 곳곳에 식민지를 건설한 영국의 위상은 점점 높아져 가고 있었다. 절정의 부흥기를 맞이한 영국은 각국으로부터 가져온 미술품들을 관리할 필요성을 느꼈다. 이때 수상 로버트는 이 중요한 임무의 책임자로 앨버트를 추천했다. 이는 영국 의회가 앨버트를 얼마나 신뢰하였는지를 보여준다.

'여왕의 충실한 비서'가 아니라 자신의 능력을 온전히 발휘할 기회를 얻은 앨버트는 적극적으로 국제무역박람회를 준비했다. 앨버트는 개최 전, 박람회장 설계도를 공개 입찰함으로써 세계 각국의 시선과 관심을 영국으로 모으는 데 성공했다. 당대 최고의 건축가들이 응모한 설계도는 무려 238개에 달했다. 앨버트는 조셉 팩스턴의 작품을 선택했다. 그리하여 런던 교외에 철과 유리로 된 거대한 온실풍의 건축물이 세워졌다. 박람회장의 길이는 개최년도와 동일한 1851피트(563m)였고, 주철골조와 유리판 등 최첨단 신소재와 새 공법을 사용하여 단기간에 완성되었다. 설계도의 입찰부터 박람회장의 건설에 이르기까지 모든 과정은 그 자체로 화제를 몰고 다니며 무역박람회의 홍보 역할을 톡톡히 했다.

1851년, 세계 각국의 중요 인사들이 런던 하이드 파크에 세워진 거대하고 휘황찬란한 수정궁에 모였다. 제1회 만국박람회의 개막식을 보기 위해서였다. 결과는 대성공이었다. 다음 날, 영국뿐 아니라 세계의 언론은 일제히 감탄과 경이로움을 아낌없이 표현했다. 만국박람회는 산업혁명의 역량과 영국의 위상을 세계에 알린 역사적 사건이었다. 박람회는 반년에 거쳐 계속되었고 수정궁에는 무려 600만 명 이상이 방문하는 사상 초유의 기록을 세웠다. 드러난 수익만 해도 16만 파운드가 넘었지만 실제로 영국이 얻은 경제적 가치는 돈으로 환산할 수 없을 정도로 컸다. 제1회 만국박람회는 기술, 문화, 예술 등 모든 방면에서 영국이 세계 최고의 강대국임을 전 세계에 우아하게 광고한 것이나 다름없었기 때문이다. 빅토리아 또한 기쁨과 자랑스러움을 감추지 못했다. 그녀는 이날의 벅찬 심정을 일기장에 이렇게 기록했다.

"박람회는 굉장히 웅장하고 영광스럽고 감동적인 마술이었다. 박람회에 참석한 사람들은 모두 경외감에 가득 차 있었다. 어떤 종교 행사나 예배보다 훌륭한 박람회였다. 사람들은 이로써 앨버트를 영원히 기억할 것이다. 이런 사람과 부부의 인연을 맺게 된 것이야말로 진정으로 하나님께 감사드리는 바이다."

갑작스러운 앨버트의 죽음과 긴 슬픔의 시간

1857년, 앨버트와 빅토리아의 막내딸 베아트리스가 태어났다. 같은 해 빅토리아는 앨버트를 영국과 아일랜드를 통괄하는 대영 제국의 섭정 왕Prince Consort으로 임명했다. 그녀는 드디어 앨버트에게 적합한 지위를 준 것 같아 기뻤다. 이로써 여왕의 남편 앨버트는 영국을 대표하는 인물이 되었다. 그는 명실공히 영국의 '가장'이었다. 하지만 행복의 시간은 너무나 짧았다. 고작 4년 후인 1861년, 앨버트는 가벼운 장티푸스 증세를 이기지 못하고 42살의 젊은 나이로 세상을 떠나고 말았다.

앨버트가 죽기 직전까지 매달렸던 일은 이듬해인 1862년에 열릴 사우스 켄싱턴 박람회였다. 그는 11년 전 그가 성공적으로 치러낸 만국박람회의 영광을 재현하고자 했다. 하지만 이 계획을 실천에 옮기지 못한 채 세상을 떠나고 말았던 것이다. 빅토리아 여왕은 훗날 이 자리에 왕실 박물관을 세우고 그 이름을 '빅토리아 앨버트 박물관Victoria and Albert Museum'으로 명명하여 앨버트를 기렸다. 앨버트의 죽음은 빅토리아에게 견딜 수 없는 상실감을 안겨주었다. 슬픔에서 헤어 나오지 못한 그녀는 모든 국사에서 손을 놓고 무려 6년 동안이나 궁에 틀어박힌 채 아무도 만나지 않았다. 빅토리아의 지나친 슬픔은 내각의 위기로 이어졌다. 간신히 군주의 자리로 돌아온 빅토리아는 죽을 때까지 앨버트를 애도하며 검은색 드레스만을 입었다.

빅토리아 시대의 영광과 몰락

빅토리아는 앨버트가 세상을 떠난 후에도 40년을 더 살았다. 1819년에 태어난 그녀는 1901년 82살의 나이로 눈을 감았다. 장장 65년 동안 왕위를 지켰던 빅토리아의 시대는 영국이 가장 번영을 누린 시대이기도 했다. 이 시기 영국은 세계에서 가장 넓은 식민지를 확보하였고, '해가 지지 않는 나라'로 불리며 화려한 전성기를 구가했다. 빅토리아는 영국 군주로서 최초로 인도제국[26]의 황제를 겸임하기도 했다. 의회정치는 완전히 정착되었고, 산업자본주의의 발달로 엄청난 부를 누렸다. 물론 그 이면에는 어둠이 함께했지만 영국의 국민들에게 빅토리아는 영광의 시대를 이끌었던 최고의 여왕이었다.

빅토리아 여왕의 죽음과 함께 영국의 화려한 시기도 서서히 막을 내렸다. 식민 통치로 착취한 부와 명예가 영원할 수는 없었다. 왕위는 빅토리아와 앨버트의 장남인 에드워드 7세에게 이어졌다. 빅토리아의 죽음으로 영국 하노버 왕조는 끝났다. 에드워드 7세는 아버지 앨버트의 성姓인 '작센-코부르크-고타'를 사용했다. 하지만 이 성姓을 쓴 인물은 에드워드 7세 한 명뿐이다. 에드워드 7세의 뒤를 이어 즉위한 조지 5세는 1차 세계대전이 발발하자 독일에 대한 국민 정서를 감안하여 할아버지 앨버트의 독일 성姓을 아예 버리고 '윈저'라는 궁전의 이름으로 성을 바꿨다.

---

26 1857년 무굴 제국은 영국에 의해 멸망했다. 1858년 빅토리아 여왕에게 통치권을 이관한 영국 동인도 회사는 1876년까지 인도를 간접 통치했다. 그 후 1877년 인도 제국이 성립하면서 인도는 영국의 직할령인 식민제국이 되었고 영국 왕이 인도 황제를 겸임하였다. 인도에서는 영국의 영향력이 실질적으로 행사되었던 1858~1947년을 영국의 지배(British Raj)라고 지칭하기도 한다.

빅토리아 시대의 진정한 영광은 영국이 수많은 식민지 건설에 성공했을 때가 아니라 빅토리아와 앨버트가 함께했던, 소박하고 행복했던 20년에 있었는지도 모른다. 앨버트가 죽은 지 16년 후, 빅토리아는 인도 황제를 겸임하게 된다. 만약 앨버트가 곁에 있었다면 수많은 인도인들을 고통으로 몰아넣고 얻은 인도 황제라는 왕관이 과연 그녀에게 중요했을까? 빅토리아 시대는 영국의 전성기를 상징하기도 하지만, 화려한 영광 뒤에는 어둡고 쓸쓸한 몰락이 기다리고 있었다. 다행히 빅토리아는 이 어둠이 짙어지기 전, 세상을 떠났다. 하지만 그녀의 긴 통치 기간만큼 길 수밖에 없었던 앨버트의 부재는 많은 아쉬움을 준다.

영국 왕조 변천사

왕조 성(姓)	군주들	비고
튜더	헨리 7세(튜더 왕조의 시조) - 헨리 8세 - 에드워드 6세 - 메리 1세 - 엘리자베스 1세	튜더 왕조의 마지막 군주인 엘리자베스 1세는 메리 스튜어트의 아들이자 스코틀랜드의 군주인 제임스 6세에게 왕위를 계승했다.
스튜어트	제임스 1세(스튜어트 왕조의 시조) - 찰스 1세 - 찰스 2세 - 제임스 2세 - 메리 2세 + 윌리엄 3세(부부, 공동통치) - 앤 여왕	
하노버	조지 1세(제임스1세의 외증손자, 하노버 왕조의 시조) - 조지 2세 - 조지 3세 - 조지 4세 - 윌리엄 4세 - 빅토리아 여왕	1714년 스튜어트 왕조의 마지막 군주인 앤 여왕은 자식 없이 세상을 떠나면서 제임스 1세의 손녀의 아들인 독일의 조지 1세에게 왕위를 계승했다.
작센 - 코부르크 - 고타	에드워드 7세	빅토리아 여왕은 영국 하노버 왕조의 마지막 군주이다. 에드워드 7세는 아버지 앨버트 공의 성(姓)을 따랐다.
윈저	조지 5세(윈저 왕조의 시조) - 에드워드 8세 - 조지 6세 - 엘리자베스 2세(현재)	에드워드 7세의 왕위를 계승한 조지 5세는 1차 세계대전 중 국민정서를 감안하여 할아버지 앨버트 공의 독일 성(姓)을 왕궁의 이름인 '윈저'로 바꿨다.

3부
매혹의 길을 걷다

.
.
.

Great women

서시,
미인계의 전설이 되다

Great women

중국 고대를 대표하는 4대 미녀를 꼽는다면 춘추 시대 월나라의 서시, 전한의 왕소군, 후한의 초선 그리고 당나라의 양귀비가 있다. 이 중 누가 가장 아름다웠는가를 비교하는 것은 큰 의미가 없다. 하지만 누구의 삶이 가장 기구하고 파란만장했는가를 비교해본다면 단연 '서시'가 으뜸이다. 왜냐하면 서시는 다른 세 명의 미인들과 출발선 자체가 달랐기 때문이다.

저라산 부근의 나무장사 딸로 태어나다

왕소군은 전한 원제의 궁녀였다. 초선은 후한 말의 고위관리, 사도[27] 왕윤의 가기歌妓였다. 양귀비는 당현종의 아들, 수왕의 아내였으니 황실 가족의 일원이었다. 즉 왕소군과 초선, 양귀비는 모두 귀족과 왕실의 문화를 자연스럽게 접할 수 있었다. 반면 서시는 저라산苧羅山 부근에 살던 나무장사의 딸로 태어났다. 만약 시시가 고향에서 평범한 삶을 살았더라면 평생 왕족은커녕 귀족의 눈에 들기도 어려웠을 것이다. 그만큼 그녀의 고향은 외진 곳에 있었다.

서시는 빼어나게 아름다운 외모를 지닌 것을 제외하면 시골의 가난한 백성에 불과했다. 또한 서시는 자신의 삶에 불만이 없었다. 어여쁜 외모를 이용해 신분상승을 해보려는 작은 욕망도 없었다. 하지만 시대가 만든 운명에 의해 그녀는 미모와 매력으로 한 나라를 멸망시키고 한 남자를 완전히 파멸하게 만든, 미인계의 전설이 되었다. 서시는 타고난 미인이기도 했지만 만들어진 미인이기도 했다. 왜냐하면 서시는 철저한 기획에 의해 발탁되고 다듬어진 후 세상에 모습을 드러냈기 때문이다.

---

27 중국 고대의 관직명. 전토(田土)의 관리, 재화(財貨), 교육(教育) 등을 맡았다. 후대 중국 왕조의 호부상서와 비슷한 역할을 했으며, 조선 왕조의 호조판서에 가깝다.

춘추시대 말, 월나라와 오나라

서시가 활동했을 무렵의 중국은 춘추시대 말기였다. 천자의 나라인 주나라가 힘을 잃자 여러 제후국들 사이에서는 주도권을 장악하기 위한 크고 작은 전쟁이 끊이지 않았다. 서시가 태어난 월나라는 국경을 맞대고 있는 오나라와 애증의 관계였다. 중원에서 다소 떨어진 남쪽에 위치한 두 나라는 사소한 일로 다툼이 잦았고, 늘 전쟁을 하다 보니 국민감정은 극도로 악화되었다. 그러던 중 오나라에서 '합려'라는 걸출한 인물이 왕위에 오르자 두 국가 간의 우열관계는 확실해졌다.

손무[28]와 오자서[29] 같은 빼어난 인물을 등용한 합려는 월나라와의 전쟁에서 거듭 승리를 거두었고 그 결과 월나라는 오나라의 속국이 되어 조공을 바치는 신세가 되었다. 월나라의 백성들은 이를 몹시 분하게 생각하였으나 현실적으로 오나라를 이길 방법이 없었다.

태자 시절, 항상 이를 억울하고 원통하게 생각했던 구천은 월나라의 왕으로 즉위하자 그 즉시 조공을 통해 얻는 굴욕적인 평화 대신 전쟁을 통해서라도 두 나라의 관계를 대등하게 되돌리고자 한다. 하지만 신하들의 강력한 반대에 부딪히게 된다. 월나라의 병사들은 계속되는 패배로 사기가 땅에 떨어졌으며 이제 겨우 평화에 익숙해져 싸울 의지가 없다는 것이 이유였다. 조정에서 뜻을 함께할 신하를 찾지

---

28 기원전 544년경~기원전 496년경의 중국 춘추시대의 전략가이자 〈손자병법〉의 저자.

29 〈손자병법〉의 모델이라는 당대 최고의 군사 전략가이자 정치가.

못한 구천은 자신의 편이 되어줄 유능한 인재가 절실했다. 이때 등장한 인물이 바로 범려였다.

책사 범려의 등장

범려는 월나라가 아니라 초나라 사람이었다. 어려서부터 총명하였던 그는 점차 풍부한 학식과 경륜을 쌓아 뛰어난 자질을 갖춘 인재로 성장하였고 능력을 펼칠 기회를 찾고 있었다. 하지만 초나라에서 그를 알아주지 않자 고향으로 돌아와 때를 기다렸다. 그 무렵 태자 구천의 명에 따라 인재를 찾기 위해 전국을 돌아다니던 문종은 초나라 완현에 이르렀을 때 범려의 소문을 듣게 되었다. 문종은 본디 초나라 출신으로 당시 구천에게 중용되어 월나라에서 벼슬을 하고 있었다.

인재를 구하는 것이 급했던 문종은 곧바로 범려를 찾아갔다. 하지만 범려는 문종이 자신을 찾는 것을 알고 일부러 그를 피했다. 만남이 좌절되자 문종은 오히려 범려에게 더욱 흥미가 생겼다. 그는 자존심을 세우는 대신 삼고초려의 정성으로 재차 범려를 찾아가 만남을 청했다. 이에 범려는 문종의 뜻이 진실로 인재를 구하는 것에 있음을 알고 의관을 갖춘 뒤 예를 다하여 그를 맞았다. 두 사람은 처음 만난 날부터 의기투합하여 천하의 대사를 논했다. 대화를 하면 할수록 문종은 범려의 거침없는 식견에 감탄하였고, 그를 태자 구천에게 천거했다.

문종의 예상대로 범려는 구천의 마음을 단번에 사로잡았다. 깊은

범려의 초상화

통찰력으로 태자 구천의 고민을 꿰뚫어 본 범려는 주변국들의 정치적 상황을 기반으로 월나라에 맞는 부국강병책을 제시하였다. 범려의 능력에 반한 태자 구천은 그를 책사로 등용하고 '대부' 벼슬을 내렸다. BC 496년, 월왕 윤상이 승하하자 구천이 왕위에 올랐다. 윤상이 죽었다는 소식을 들은 오왕 합려는 군사를 이끌고 월나라를 공격했다.

오나라와 월나라의 전쟁

당시 월나라 백성들은 오나라와의 전쟁에서 거듭된 패배로 사기가 땅에 떨어진 상태였다. 하지만 범려에게는 한 가지 계책이 있었다. 이 전쟁은 구천에게도 매우 중요했다. 왕위에 오른 후 오나라와 정면승부를 하는 것이었기 때문이다. BC 497년, 월나라와 오나라의 전쟁이 시작되었다. 승리에 익숙한 오나라 군사들은 속으로 월나라의 군사들을 무시하고 있었다. 반면 월나라 군사들은 싸우기 전부터 겁에 질려 이미 패잔병의 얼굴이었다. 이런 상황에서 전투가 벌어진다면 월나라의 패배는 불 보듯 뻔했다.

이때 범려는 놀라운 전략으로 패배가 확실한 전투를 승리로 바꿔놓는다. 월나라 감옥에 있던 사형수들을 최전방에 세운 것이다. 갑옷도, 방패도 없이 맨 몸에 칼 한 자루를 든 월나라의 사형수들은 오나라 군대 앞에서 차례차례 목숨을 끊었다. 예상하지 못한 상황에 놀란 오나라 군사들의 대열이 흩어졌다. 그러자 범려는 이 틈을 놓치지 않고 기습공격을 감행했다. 그리고 마침내 귀중한 승리를 거두었다. 이 한 번의 승리로 월나라의 사기는 크게 올랐고, 범려는 자신의 이름을 세상에 떨치게 되었다.

이 전투에 목숨을 바친 사형수들은 모두 사면되었다. 이들이 두려움 없이 죽음을 선택할 수 있었던 것은 범려와 구천이 '사면'을 약속했기 때문이었다. 사형수들은 나라를 위해 목숨을 바친다면 범죄자가 아닌 애국자가 될 수 있다는 말에 기꺼이 목숨을 내놓았다. 범려는 사형수들의 심리를 읽고 그들이 전투에 참여하도록 유도했다. 또한 승리에 도취하여 오만해진 오나라 군사들과 패배의 두려움에 사로잡힌 월나라 군사들의 심리를 파악하여 전면전 대신 기습공격을 선택했다. 결과는 대성공이었다.

오나라를 강대국의 반열에 올려놓은 '합려'는 이 전쟁에서 엄지발가락에 부상을 입었고 이 상처로 인해 결국 세상을 떠났다. 합려의 뒤를 이어 왕위에 오른 태자 '부차'는 선왕의 치욕을 씻을 것을 맹세했다. 그는 아버지 합려의 초상을 치르는 3년 동안 와신상담臥薪嘗膽[30]하며 복수의 칼을 갈았다.

---

30 가시 많은 거친 나무 위에서 자고 쓰디쓴 쓸개를 먹는다는 뜻으로, 어떤 목적을 달성하기 위해 온갖 고난을 참고 견디어 심신을 단련함을 비유하는 말.

월나라의 참혹한 패배

BC 494년, 오나라의 부차가 전쟁을 준비하고 있다는 소식을 들은 구천은 먼저 공격할 것을 선언한다. 지난 전쟁에서의 승리로 자신감이 붙은 구천은 두려움의 존재였던 '합려'가 세상을 떠났으니 오나라와 한 번 제대로 붙어볼 만하다는 생각이 들었던 것이다. 그동안 전쟁을 반대해왔던 신하들 또한 구천의 말에 찬성하였다. 하지만 단 한 사람, 범려만이 전쟁에 반대하였다. 지난번의 승리는 운이 따랐던 것일 뿐이라는 것이 첫 번째 이유였고, 그때 이후로 구천과 월나라의 군대는 자만심이 생겨 오나라를 얕보고 있다는 것이 두 번째 이유였으며, 지금 오나라 군대는 합려의 복수라는 일치단결된 대의명분으로 사기가 하늘을 찌르고 있기 때문에 이기기 어렵다는 것이 세 번째 이유였다.

그러나 구천의 귀에는 범려의 말이 들어오지 않았다. 오히려 그는 자신의 의견에 반대한 범려에게 배신감을 느꼈다. 구천은 손수 3만 명의 정예병을 이끌고 출전을 강행한다. 하지만 결과는 참담했다. 계속되는 패배 끝에 구천은 정예병의 대부분을 잃은 채 회계산에 포위되었다. 그때서야 구천은 범려의 말을 귀담아 듣지 않은 것을 뼈저리게 후회했다. 오나라 군사들에게 사로잡혀 치욕을 당하지 않기 위해 구천이 할 수 있는 유일한 선택은 자살뿐이었다.

이때 구천을 극구 만류한 인물이 범려였다. 그는 살아남아야만 훗날을 기약할 수 있다며 구천을 간곡하게 설득했다. 궁지에 몰린 구천은 긴 고민 끝에 항복을 결심했다. 하지만 항복의 길은 죽기보다 어려웠다. 일단 월나라의 완전한 멸망을 바라는 오나라의 수많은 중신들을 설득해야 했다. 범려는 구천의 비참한 모습을 보고 싶어 하는 부차의 허영심을 자극했다. 그리하여 월나라는 마침내 부차로부터 항복 허락을 받아냈다. 구천은 부차 앞에 무릎을 꿇고 땅에 머리를 부딪치며 지난날을 사죄하고 항복을 선언했다. 구천의 이러한 모습은 월나라 백성들에게는 견디기 힘든 굴욕이었다. 하지만 덕분에 구천은 목숨을 부지할 수 있었다.

부차는 구천과 왕비, 월나라의 중신들을 포로로 삼아 오나라로 개선하였다. 이때 범려도 구천과 함께 오나라로 향했다. 오나라에 도착한 부차는 구천에게 말똥을 치우는 일을 비롯해 가장 비천한 각종 노역을 명하며 마구간을 숙소로 주었다. 구천은 자신을 낮추며 부차의 경계가 풀어지기를 기다렸다. 부차는 말을 탈 때마다 구천의 등을 밟고 올랐다. 부차가 병에 걸리자 구천은 그의 배설물까지 먹으며 충성심을 보였다. 이러한 노력 덕분에 부차는 구천이 더 이상 위협이 되지 않는다고 판단하였고, BC 490년, 포로로 잡아두었던 구천과 왕비 그리고 월나라의 중신들을 다시 월나라로 돌려보냈다. 하지만 이는 일생일대의 실수였다.

숨어 있던 미인을 발탁하다

월나라로 돌아온 구천은 겉으로는 오나라에 복종하는 한편, 안으로는 지난날의 치욕을 갚을 준비를 시작한다. 일단은 크게 떨어진 국력을 회복하는 것이 가장 우선이었다. 구천의 책사 범려는 월나라 국

물가에서 천을 씻고 있는 서시 상상도

력을 키우는 동시에 오나라의 국력을 약하게 만들 방법을 고민했다. 범려가 떠올린 많은 계책 중에는 미인계도 있었다. 미인계는 국력이 약할 뿐 아니라 오나라의 감시하에 있는 월나라에서 시도할 수 있는 최선의 방법이었다. 또한 미인계가 성공한다면 대단한 성과를 거둘 수 있으며, 만약 실패한다 해도 당사자의 목숨만 잃으면 될 뿐이니 손해는 적었다. 다만 문제는 미모와 애국심, 지략과 사명감을 두루 갖춘 여인을 찾기가 쉽지 않다는 것이었다.

하지만 범려는 지푸라기라도 잡는 심정으로 이 계획에 매달렸다. 그는 미인계에 필요한 여인을 찾기 위해 직접 월나라 방방곡곡을 누볐다. 범려의 노력은 헛되지 않았다. 그의 발길이 저라산 부근에 이르렀을 때, 그는 강에서 천을 씻고 있는 아가씨를 발견하고 무릎을 쳤다.

"조금만 다듬는다면 세상에 보기 드문 보물이 되어 반드시 오왕 부차의 환심을 살 수 있을 것이다. 월나라의 미래는 저 여인에게 달려 있다!"

역사를 바꾼 미녀, 서시의 초라한 등장이었다. 훗날 사람들은 서시의 미모를 묘사하면서 이 장면을 응용하여 '침어沈魚'라는 말을 만들어냈다. '침어沈魚'란 물고기가 헤엄치는 것을 잊고 가라앉을 만큼 아름답다는 뜻이다. 첫눈에 서시의 가능성을 알아본 범려는 그녀를 당장 부차에게 바치는 대신 장기적인 계획을 세웠다. 그는 먼저 서시와 같은 마을 출신으로 역시나 미색이 빼어난 정단을 함께 발탁했다. 정단의 역할은 서시를 보좌하는 것이었다. 미인계의 주인공 역할로 범려에게 캐스팅된 저라산의 촌 아가씨 서시는 어린 시절 동무 정단과 함께 수도 왕궁으로 향했다.

미인은 만들어지는 것이다

그 후 서시와 정단은 무려 3년 동안 부차의 이상적인 여인이 되기 위한 맞춤 교육을 받았다. 오나라 왕궁에도 미인은 많았고 후궁도 많았다. 부차의 마음을 사로잡기 위해서는 그녀들보다 뛰어나야 했고 남다른 무언가가 있어야 했다. 하지만 일단은 촌티를 벗는 것이 먼저였다. 서시는 정단과 함께 아주 작은 생활습관부터 궁중 예법에 맞게 바꿔나갔고, 시詩, 서書, 화畵는 물론 역사와 문화, 예의범절도 빈틈없이 익혔다. 화장을 하고 몸을 가꾸는 재주는 물론 춤과 노래에도 능숙해지도록 갈고닦았다.

서시가 어느 정도 준비가 되자 그다음에는 어떠한 상황, 어떠한 주제가 주어져도 자연스럽게 대처할 수 있는 교육이 시작되었다. 유능한 첩자가 되기 위해 무엇보다 중요한 것은 자신의 감정을 드러내지 않으면서 상대방의 마음을 읽는 것이었다. 이를 위해 세련된 말투와 우아한 화술을 배웠고, 순수하면서도 고상하게 상대를 유혹하는 교태와 아양의 기술도 더해졌다. 또한 치열한 후궁 암투 속에서 살아남기 위해서는 최소한의 호신술과 의학지식도 필요했다.

구천의 마음은 하루라도 빨리 오나라에 복수를 하는 것이었지만 범려는 조급하게 굴지 않았다. 구천이 지난날의 치욕을 잊지 않기 위해 왕궁에 돌아온 후에도 나태해지지 않도록 스스로를 채찍질하는 동안 범려는 미녀 서시와 매일같이 하루 종일 붙어 있었다. 겉으로 보기엔 범려가 여색에 푹 빠진 것처럼 보였으나 이는 오나라의 눈을 속이기 위한 수단이었다. 범려는 모든 것이 자연스럽고 완벽해질 때까지 서시와 정단을 가르쳤다. 서시는 범려의 수업에 항상 열정적으로 응했다. 일설에 따르면 첩자수업이 진행된 이 3년 동안 서시와 범려가 금지된 사랑에 빠졌다고 한다. 다른 설에 따르면 원래 서시는 범려의 약혼녀였으나 그를 위해 자발적으로 부차에게 갔다고도 한다. 비즈니스 관계이자 사제 관계, 그리고 연인 관계였던 서시와 범려는 월나라의 운명을 위해 한배를 탄 사이였다.

BC 487년, 마침내 서시가 완벽하게 준비되자 범려는 직접 그녀를 데리고 오나라로 향했다. 명분은 조공을 바친다는 것이었다. 오나라의 속국이 된 후 월나라는 매년 조공을 바치고 있었다. 조공 목록에는 늘 '미녀'도 들어 있었다. 다만 부차의 마음을 사로잡은 여인은 아직 없었다. 하지만 범려가 직접 데려온 서시를 보았을 때, 부차는 크게 동요하였다. 부차만 동요한 것이 아니었다. 오나라의 조정 전체가 술렁거렸다. 오나라의 중신들은 이번 '미녀 조공'을 거절해야 한다고 목소리를 높였다. 특히 오자서는 상나라 주왕의 애첩 달기와 주나라 유왕의 애첩 포사의 예를 들며 서시를 경계하였다. 하지만 이미 마음이 흔들린 부차의 귀에 오자서의 충언은 거슬릴 뿐이었다.

부차의 마음이 서시에게 흔들렸다는 것만으로도 성과는 충분했다. 하지만 중요한 것은 이제부터였다. 왕궁에 차고 넘치는 것이 미녀였다. 다행히 오자서의 극렬한 반대 덕분에 서시의 존재는 더욱 부각되었다. 부차는 신하들의 반대와 폭언을 고스란히 듣고 있는 서시가 애처롭고 측은했다. 후궁으로 삼기도 전, 서시는 부차에게 애틋한 존재가 되었다.

반대할수록 불타오르는 사랑

말 한 마디 없이 부차의 마음을 사로잡은 서시는 결국 후궁이 되었다. 즉위 후 선왕 합려의 복수를 완수하고 패업을 달성하기 위해 줄곧 금욕적인 생활을 해왔던 부차는 서시의 등장으로 삶의 활력을 찾았다. 오직 부차를 위해 만들어진 미녀 서시는 그가 꿈에서도 그려본 적이 없는 완벽한 이상형이었다. 부차는 차츰 대부분의 일상을 서시와 함께하기 시작했고 서서히 국정에 소홀해졌다. 늘 똑같은 소리만 늘어놓는 조정 대신들을 만나는 것보다 총명하고 아름다운 서시와 대화를 나누는 것이 더 즐거웠다.

부차의 변화에 가장 분노한 사람은 오자서였다. 만약 오자서가 융통성 있는 신하였다면 서시에 대해 노골적인 반감을 보이며 부차를 다그치는 대신 적당한 무관심을 보였을 것이다. 하지만 오자서는 목표의식이 뚜렷하고 강직한 인물이었다. 오자서는 초나라 출신으로 초나라 평왕의 손에 아버지와 형을 잃은 뒤 갖은 고생 끝에 목숨을 걸고 오나라로 망명했다. 오나라에 간 오자서는 왕위계승을 둘러싼 미묘한 분위기를 곧바로 감지했다.

오나라에서 왕을 칭한 첫 번째 인물은 수몽이었다. 수몽에게는 네 명의 아들이 있었는데 그중 막내 '계찰'이 가장 자질이 뛰어났다. 이에 수몽은 계찰에게 왕위를 물려주려 하였으나 계찰은 형을 두고 자신이 왕위에 오를 수는 없다며 사양하였다. 이에 수몽은 장남 '제번'에게 왕위를 물려주고 눈을 감았다. 그 후 제번은 아들이 아닌 둘째 동생인 '여제'에게 왕위를 물려주었고, 여제는 셋째 동생인 '여매'에게 왕위를 물려주었다. 그 후 여매는 세상을 떠나기 전 막내동생인 계찰에게 왕위를 물려주려 하였으나 계찰은 이번에도 사양하였다. 그 결과 왕위는 여매의 아들 '료'가 물려받게 되었다.

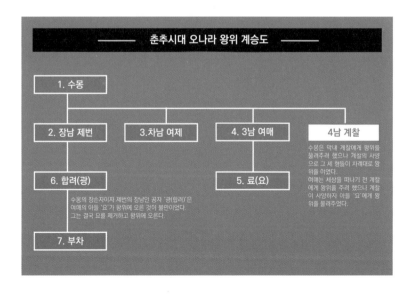

춘추시대 오나라 왕위 계승도

1. 수몽

2. 장남 제번   3.차남 여제   4. 3남 여매   4남 계찰

수몽은 막내 계찰에게 왕위를 물려주려 했으나 계찰의 사양으로 그 세 형들이 차례대로 왕위를 이었다.
여매는 세상을 떠나기 전 계찰에게 왕위를 주려 했으나 계찰이 사양하자 아들 '요'에게 왕위를 물려주었다.

6. 합려(광)   5. 료(요)

수몽의 장손자이자 제번의 장남인 공자 '광(합려)'은 여매의 아들 '요'가 왕위에 오른 것이 불만이었다. 그는 결국 요를 제거하고 왕위에 오른다.

7. 부차

수몽의 장손자이자 제번의 장남이었던 '광'은 이러한 왕위계승에 불만이 컸다. 오자서는 공자 광과 손을 잡기로 결심했다. BC 515년, 초나라 평왕이 세상을 떠났다. 이 틈을 노려 오나라는 초나라를 공격했는데 이때 공자 광과 오자서도 전쟁에 참여했다. 공자 '광'은 복수심으로 가득 찬 오자서를 선봉으로 세워 초나라를 공격하였고, 큰 승리를 거두었다. 이때 오자서는 평왕의 무덤에서 그의 시신을 꺼내 300번 채찍질을 하고 나서야 분을 가라앉혔다고 한다. 그 후 공자 '광'은 오자서의 도움으로 오왕 '료'를 제거하고 왕위에 올랐다. 그가 바로 '합려'이다.

선왕 합려의 은혜를 태산처럼 여기는 오자서는 막 즉위한 부차에게 큰 힘이 되었다. 하지만 시간이 흐르면서 오자서의 존재는 부차에게 부담으로 변해갔다. 특히 서시를 후궁으로 삼은 뒤 자신을 볼 때마다 여색을 멀리해야 하며 예쁜 여자일수록 경계해야 한다는 오자서의 충언은 귀에 거슬릴 수밖에 없었다. 오자서의 충언은 서시에 대한 부차의 사랑을 더욱 뜨겁게 만들었다.

오자서의 죽음

월나라를 속국으로 삼고 서시를 얻은 부차는 점차 명예욕과 영웅심에 사로잡혔다. 그는 제후국의 맹주가 되고 싶었다. 당시 오나라의 국력은 탄탄했고 군사들은 용맹했으며 재정은 든든했다. 이에 부차는 제나라에 전쟁을 선포한다. 이때 오자서는 단순한 과시용 전쟁을 하

오왕 부차

는 것은 명분도 없고 적대국만 늘릴 뿐이라며 반대했으나 이미 부차의 귀에 그의 충언은 잔소리로 들릴 뿐이었다.

BC 484년, 오나라가 제나라와 전쟁을 시작하자 월나라는 속국으로서 물심양면으로 지원을 아끼지 않았다. 덕분에 오나라는 전쟁에서 대승을 거둘 수 있었다. 월나라 또한 피해가 적지 않았으나 오나라의 전쟁을 돕는다는 명분으로 월나라 군사들의 실력을 점검할 수 있었기에 얻은 것도 있었다. 하지만 무엇보다 큰 수확은 오자서의 죽음이었다. 제나라와의 전쟁에서 승리를 거둔 후 오자서와 갈등이 깊어진 부차가 그에게 자결을 명하며 검을 내린 것이다. 부차의 명에 분노한 오자서는 자신이 죽거든 자신의 눈을 동문에 걸어서 오나라가 멸망하는 모습을 보게 해달라는 유언을 남기고 목숨을 끊었다. 오자서는 서시의 존재가 월나라의 계략임을 누구보다 정확하게 알고 있는 인물이었다. 오자서는 서시에 대한 부차의 사랑에 기름을 부은 채 세상을 떠났으니 실로 억울한 죽음이었다.

진심이 되어버린 연극

오자서의 죽음으로 부차의 월나라에 대한 경계심이 한층 줄어들자 범려는 본격적으로 서시를 이용해 오나라의 국고를 탕진하고 국력을 갉아먹는 전략을 실천에 옮기기 시작한다. 가장 좋은 방법은 아무 의미 없는 대규모 토목공사를 벌이는 것이었다. 오자서가 사라지자 부차는 서시를 위해 고소대를 증축하고, 영암산靈巖山에 화려한 관와궁館娃宮을 짓는다. 서시는 분에 넘친다며 거절했으나 그럴수록 부차의 사랑과 공사의 규모는 커졌다. 서시를 향한 부차의 사랑은 점점 깊어졌고 마침내 강이 흐르는 그녀의 고향을 오나라에 재현하기 위해 대규모 운하와 인공호수를 조성하기에 이른다.

이 무렵 서시의 마음에 작은 변화가 생겼다. 한결같이 자신을 사랑해주는 부차의 진심에 흔들리기 시작한 것이다. 부차는 결코 어리석은 군주가 아니었기에 오나라의 멸망과 월나라의 설욕이 언제 이루어질지는 기약이 없었다. 부차의 사랑을 이용하여 사치와 낭비를 유도하면서 서시는 양심의 가책을 느꼈다. 서시의 심리변화는 부차에게도 전달되었다. 자신을 향한 서시의 마음을 느낀 부차는 그녀에 대한 일말의 의혹조차 털어버렸다. 진심이 되어버린 사랑, 역설적이게도 이것이 서시의 미인계가 끝까지 성공할 수 있었던 가장 큰 이유였다.

복수의 완성

서시가 자신의 역할에 혼란을 느낄수록 그녀에 대한 부차의 사랑은 더욱더 깊어졌다. 바로 이 무렵, 월나라의 구천은 부차에게 각국의 제후들을 소집해 맹주 자리에 오르라고 제안했다. 제나라와의 전쟁에서 승리를 거둔 지 2년, 오나라가 반석 위에 있다고 판단한 부차는 태자에게 나라를 맡기고 각국 제후들과의 회맹을 위해 오나라의 주력군을 이끌고 출발한다. 부차가 오나라를 비우자 구천은 월나라의 군사를 이끌고 미숙한 태자와 늙고 힘없는 병사들밖에 없는 오나라를 종횡무진 공격했다.

BC 482년, 회맹을 통해 제후국의 맹주 자리에 오른 부차는 기쁨을 만끽하기도 전, 예상치 못한 전쟁 소식을 듣고 정예병들을 데리고 급히 귀국한다. 돌아와 보니 이미 태자는 목숨을 잃었고, 오나라의 많은 지역들을 월나라에 빼앗긴 후였다. 천하의 맹주가 되자마자 오나라의 존망이 위태로운 상황에 처한 것이다. 바로 전쟁을 벌일 상황이 아니라고 판단한 부차는 많은 예물을 가지고 어제까지 속국에 불과했던 월나라에 가서 굴욕적으로 강화를 청한다. 지난날을 생각하면 당장이라도 부차의 목을 내리치고 싶지만 지금은 때가 완벽하지 않다고 판단한 구천은 일단 강화 요청을 받아들인다.

하지만 4년 후인 BC 478년, 월나라 군대는 다시 한 번 오나라를 공격해 치명적인 패배를 안기고 그 후로도 끊임없이 전쟁을 걸어 국력을 소진시키다가 BC 475년, 오나라에 큰 가뭄이 들자 최후의 공격을 한다. 고소산에 포위된 부차는 항복의 의사를 표시하지만 구천이 거부하자 검으로 목을 찔러 자결함으로써 영욕의 삶을 마감한다. 이로써 오나라는 완벽하게 멸망하고 구천은 지난날의 설욕을 깨끗하게 씻었으며 월나라는 춘추시대 마지막 강대국으로 자리매김했다. 그리고 경국지색을 몸소 실현한 서시는 미인계의 전설이 되었다.

미인계美人計는 총 36가지 계책(36계)으로 이루어진 〈손자병법〉 중 제6편인 패전계[31]의 으뜸이자 제31계에 해당한다. 〈손자병법〉이라는 위대한 병서를 남긴 손무는 〈손자병법〉의 롤모델이 오자서라고 했다. 부차의 아버지인 합려가 등용한 손무와 오자서는 모두 오나라의 충신들이다. 그러나 부차는 서시를 위해 오자서에게 죽음을 내리고, 미인계에 완벽하게 넘어간 전례를 남겼으니 참으로 재미있는 일이다.

오나라 멸망 후 서시는

오나라 멸망 후 서시의 행적은 남아 있지 않다. 다만 몇 가지 '설'이 전해져 오는데 첫 번째는 연인이었던 범려와 함께 행복한 여생을 보냈다는 것이고, 두 번째는 분노한 오나라 사람들에 의해 강에 빠져 죽었다는 것이며, 마지막 세 번째는 부차를 따라 죽었다는 것이다. 그 중 가장 많이 전해지는 이야기는 범려와 함께 오래오래 행복하게 살았다는 것이다.

전쟁에서 패배하여 속국이 된 월나라를 구하기 위해 첩자가 된 촌 아가씨 서시. 자신을 발탁해준 범려와 사랑에 빠졌으나 월나라를 위해 오나라의 왕 부차의 후궁이 된 서시. 적국의 왕 부차를 진심으로 사랑하게 되었으나 오나라의 멸망을 이끌 수밖에 없었던 서시. 이처럼 서시의 삶에는 늘 비극이 함께했다. 하지만 후세의 사람들은 모든

---

31 상황이 가장 불리한 경우 열세를 우세로 바꾸거나 최악의 경우를 모면하기 위한 전략.

임무를 완수한 후 서시가 오래오래 행복하게 살았기를 바라고 있으니 이 또한 참으로 재미있는 일이다.

마담 드 퐁파두르,
로코코의 꽃이 되다

        르네상스 시대 이후 시민혁명 시대에 이르
기까지 유럽의 왕실과 귀족들은 굳건한 체제를 유지하며 최상류층의
문화를 주도했다. 그 중심에 '코르티잔'이 있었다. '코르티잔'이란 상
류사회 남성이 사교계 모임에 동반하던 공인된 정부情婦를 의미한다.
이들은 뛰어난 미모는 물론 철저한 교육을 통해 문학과 예술은 물론
지성과 교양을 갖추어야 했다. 이들 중에는 세련된 스타일로 한 시대
의 유행을 만들기도 하고, 정치에 깊숙이 관여하며 역사를 바꿔놓은
여인도 있었다. 수백 년에 걸쳐 셀 수 없이 많은 코르티잔이 등장하고
사라지기를 반복했으나 우리의 기억 속에 가장 강력하게 남은 여인은

아마도 루이 15세의 정부였던 퐁파두르 부인일 것이다.

작은 여왕으로 불린 서민의 딸

퐁파두르 부인의 결혼 전 이름은 잔느 앙투아네트 푸아송으로 그
녀의 성 '푸아송'은 생선을 의미했다. 그녀의 아버지 프랑수와 푸아송
은 자수성가한 인물로 날품팔이 계층 출신으로 마부를 거쳐 장사를
하면서 큰돈을 벌었다. 재력을 갖춘 그는 파리 시내에 집을 마련한 뒤
어여쁜 외모와 자유분방하고 유쾌한 성격으로 많은 남자들에게 구애
를 받고 있던 푸줏간 주인의 딸 루이즈 마를렌을 아내로 맞았다.

하지만 푸아송의 행복은 오래가지 않았다. 푸아송과 결혼한 후 루
이즈 마를렌은 세 명의 아이를 낳았는데 이 아이들의 아버지가 정확
히 누구인지는 알 수가 없었다. 루이즈가 정절을 지키지 않았기 때문
이다. 게다가 사업이 망하면서 두 사람의 첫 딸 잔느는 5살 때 수녀원
으로 보내져야 했다. 3년 뒤 푸아송은 동업자들에 의해 탈세 및 횡령
혐의로 고소를 당했다. 혐의가 입증되면 교수형을 면할 수가 없었다.
하는 수 없이 푸아송은 프랑스를 떠났다.

푸아송이 외국으로 피신한 뒤, 잔느는 수녀원에서 나올 수 있었
다. 수녀원에서 잔느를 데려온 루이즈는 당시 파리에서 유명했던 마
담 르봉이라는 점성술사를 찾아가 딸의 운명에 대해 물었다. 그러자
마담 르봉은 어린 잔느를 보면서 이렇게 말했다.

"이 작은 아이는 훗날 국왕의 마음을 지배할 것이다."

그 후 잔느는 루이즈에게 인생의 목표가 되었다. 미신에 상당히 집착했던 루이즈는 그날부터 자신의 딸을 '레네트' 즉 '작은 여왕'이라 부르기 시작했고 이는 잔느의 별명이 되었다. 하지만 서민 가정 출신인 잔느가 국왕을 만나기란 하늘의 별을 따는 것보다 어려운 일이었다. 다행히도 잔느에게는 '노르망 드 투르넴'이라는 부유한 후견인이 있었다. 그는 푸아송의 친구이자 루이즈와 불륜관계에 있던 부유한 조세징수원이었는데 자신이 잔느의 친아버지라고 생각하고 그녀의 교육을 위해 전폭적인 지원을 아끼지 않았다.

진실을 아는 사람은 루이즈뿐이었지만 그녀는 입을 다문 채 노르망의 후원과 호의를 거리낌 없이 받아들였다. 노르망은 잔느를 위해 최고의 실력자들을 가정교사로 고용했다. 잔느는 그들로부터 음악과 춤, 시와 낭송, 연극 등은 물론 귀족적인 생활예절을 익히며 장밋빛 미래를 위한 발판을 가꿔나갔다.

결혼을 통해 신분상승의 발판을 마련하다

어머니 루이즈를 닮아 아름다운 얼굴과 늘씬한 몸매를 지닌 잔느는 총명함까지 타고났다. 게다가 법적 후원자인 노르망의 정성 가득한 교육이 더해지면서 지성과 미모를 두루 갖춘 매혹적인 처녀로 성장했다. 잔느가 19살이 되던 해, 노르망은 자신의 조카 샤를과 그녀를 결혼시켰다. 비록 사랑으로 맺어진 부부는 아니었으나 당시의 사회적 분위기나 지위, 출신, 신분으로 보았을 때 그보다 더 훌륭한 남편감은 구하기가 어려웠다. 한마디로 잔느에게 매우 유리한, 영리한 선택이었다. 샤를 또한 어여쁜 신부 잔느에게 푹 빠지게 되었다. 유부녀가 된 잔느는 남편 덕분에 사회적 신분이 몇 단계 상승하게 되었고 정식으로 사교계에 진출했다.

결혼을 통해 잔느가 얻은 것은 이뿐이 아니었다. 노르망이 잔느의 결혼선물로 미리 구입해둔, 파리 북동쪽에 있는 에티올 영지를 선물한 것이다. 에티올의 영지는 왕실 사냥터와 가까웠다. 덕분에 우연을 가장하여 프랑스의 국왕 루이 15세와 마주칠 가능성이 조금이나마 생겼다. 잔느 또한 점성술사 마담 르봉이 했던 '국왕의 마음을 지배할 것'이라는 말을 항상 마음에 새겨두고 있었던 것이다.

에티올의 안주인이 된 잔느는 남편과 함께 여러 파티에 참석하며 자신의 존재감을 조금씩 드러내기 시작했다. 또한 예술가들을 후원하는 자신만의 살롱을 만들어 사교계로 발을 넓혀갔다. 젊고 부유하며 미모와 교양을 갖춘 마담 투르넴, 즉 잔느는 사교계에서 대환영을 받았고 많은 추종자들이 생겼다. 그녀에게 매료된 작가와 예술가, 학자, 시인 등이 에티올에 있는 그녀의 살롱을 찾았다. 이때 잔느의 살롱을 드나들던 작가 중에는 훗날 유럽을 대표하는 계몽사상가이자 '볼테르'라는 필명으로 더 유명해진 극작가 '프랑수아 마리 아루에'도 있었다.

지적이면서도 생기발랄하고, 반짝이는 눈과 애수 어린 미소를 지닌 잔느의 매력에 푹 빠진 남자들은 그녀에 대해 이렇게 말했다.

"남자라면 누구나 기꺼이 그녀를 정부로 삼을 것이다. 피부와 얼굴색, 손과 팔은 너무나도 아름다웠으며 눈은 이제까지 어떤 여성의 눈에서도 본 적이 없던 광채와 정신, 열정으로 가득 차 있었다. 궁정에는 많은 여인들이 있었고 그중에는 미인들도 있었지만 모두가 그녀의 그늘에 가려져 버렸다."

루이 15세와의 만남

잔느가 한창 사교계에서 꽃을 피우고 있을 때, 프랑스의 국왕 루이 15세는 오랜 불치병인 지루함과 무기력증에 사로잡혀 있었다. 절대왕정을 구축한 루이 14세는 70년이 넘게 재위하면서 까다로운 의전과 호화로운 씀씀이로 악명을 떨쳤다. 그 정점이 바로 루이 14세 때 완공된 베르사유 궁전이다. '짐이 곧 국가'라는 말을 남긴 태양왕 루이 14세는 왕의 특별한 총애가 있어야만이 베르사유 궁전에 입성할 수 있도록 했다. 그렇게 루이 14세는 베르사유를 중심으로 절대왕권을 구축해나갔다.

재위 말년의 루이 14세는 후계자였던 아들과 손자가 연달아 먼저 세상을 떠나는 바람에 왕위계승을 놓고 심각한 고민에 빠졌다. 결국 왕위를 물려받은 것은 베르사유 궁전에서 태어난 5살짜리 어린 증손자였다. 그가 바로 루이 15세이다. 1살 때 할아버지를, 2살 때 아버지와 어머니를 천연두로 잃은 루이 15세는 극도의 과잉보호 속에서 성장했다. 5살 때 왕위에 오른 루이 15세는 왕위를 얻기 위해 투쟁하거나, 왕위를 지키기 위해 노력해 본 적이 한 번도 없었고 그를 떠받들어주는 사람들 속에서 성장했다. 그래서 그는 조금이라도 지루한 것을 참지 못했고 늘 싫증과 무기력증을 달고 살았다.

루이 15세는 15살 때 폐위된 폴란드 왕 스타니슬라브 레슈친스카의 딸 마리 레슈친스카와 결혼식을 올렸다. 마리 레슈친스카는 유럽에서 가장 가난한 공주였고 곧바로 후계자 생산이 가능한 연령대에 있었다. 루이 15세는 매우 전략적으로 순종적이고 아이를 잘 낳을 수 있는 왕비를 선택한 것이다. 그는 6살 연상이었던 왕비와의 사이에서

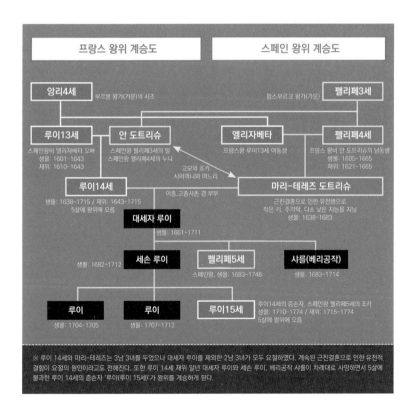

프랑스 왕위 계승도 | 스페인 왕위 계승도

앙리4세 — 부르봉 왕가(가문)의 시조

루이13세
스페인왕비 엘리자베타 오빠
생몰: 1601~1643
재위: 1610~1643

안 도트리슈
스페인왕 펠리페3세의 딸
스페인왕 펠리페4세의 누나

엘리자베타
프랑스왕 루이13세 여동생

펠리페3세 — 합스부르크 왕가(가문)

펠리페4세
프랑스 왕비 안 도트리슈의 남동생
생몰: 1605~1665
재위: 1621~1665

고모와 조카
시어머니와 며느리

루이14세
생몰: 1638~1715 / 재위: 1643~1715
5살에 왕위에 오름

이종,고종사촌 겸 부부

마리-테레즈 도트리슈
근친결혼으로 인한 유전병으로
작은 키, 주걱턱, 다소 낮은 지능을 지님
생몰: 1638~1683

대세자 루이
생몰: 1661~1711

세손 루이
생몰: 1682~1712

펠리페5세
스페인왕, 생몰: 1683~1746

샤를(베리공작)
생몰: 1683~1714

루이
생몰: 1704~1705

루이
생몰: 1707~1712

루이15세
루이14세의 증손자, 스페인왕 펠리페5세의 조카
생몰: 1710~1774 / 재위: 1715~1774
5살에 왕위에 오름

※ 루이 14세와 마리-테레즈는 3남 3녀를 두었으나 대세자 루이를 제외한 2남 3녀가 모두 요절하였다. 계속된 근친결혼으로 인한 유전적 결함이 요절의 원인이라고도 전해진다. 또한 루이 14세 재위 말년 대세자 루이와 세손 루이, 베리공작 샤를이 차례대로 사망하면서 5살에 불과한 루이 14세의 증손자 '루이(루이 15세)'가 왕위를 계승하게 된다.

루이 15세의 왕비 마리 레슈친스카 초상화

10명의 자식을 낳았으나 아들은 단 2명뿐이었고, 그중 한 명은 어려서 요절하였다. 루이 15세의 뜻대로 왕비는 정치적 영향력을 거의 행사하지 않았고, 그의 방탕한 생활도 모르는 척했다.

사랑 없는 결혼 생활을 유지하던 루이 15세는 왕비의 시녀 루이스와 처음으로 불륜을 저질렀다. 일탈의 쾌감은 짜릿했다. 쾌락에 눈을 뜬 그는 연달아 루이스의 여동생도 침실로 유혹했다. 베르사유에서 왕의 명령을 감히 거역할 수 있는 여인은 없었다. 루이 15세는 아주 쉽게 두 명의 애인을 거느리게 되었다. 이에 고무된 그는 루이스의 막내 여동생 마리안느에게도 유혹의 손길을 내밀었다. 하지만 그녀는 언니들과 달랐다. 자신을 공식 정부로 인정하고 백작부인으로 만들어 줄 것을 요구한 것이다. 루이 15세는 당돌한 그녀에게 흥미를 느꼈다. 그리하여 자매 중 막내 마리안느만이 샤토루 공작부인으로 승격되어 루이 15세의 공식 애인이 되었다.

이제 막 첫 딸을 출산한 잔느는 왕을 유혹하여 그의 마음을 사로잡겠다는 자신의 오랜 꿈에 도전했다. 그녀는 루이 15세가 사냥을 하기 위해 에티올 영지를 지나갈 때를 노려, 왕이 가는 길을 일부러 두 번이나 가로질러 갔다고 한다. 왕의 길을 처음 가로지를 때, 잔느는 하늘색 옷을 입고 장미처럼 붉은색의 마차를 탔고, 두 번째는 붉은 장밋빛 드레스를 입고 새파란 마차를 탔다고 전해진다. 루이 15세는 이 대담한 미녀에게 관심이 생겼다. 하늘은 잔느의 편이었다. 1744년 11월, 루이 15세의 공식 애인이었던 샤토루 공작부인이 갑작스럽게 폐렴으로 세상을 떠났다. 우울하게 연말을 보낸 루이 15세는 새해가 되자 기분전환을 위해 베르사유에서 가장무도회를 열었다. 이때 잔느도 처음으로 베르사유에 초대를 받았다.

1745년 2월 25일, 운명의 밤이 밝았다. 잔느는 수렵의 여신으로 차려입고 베르사유에 도착했다. 이미 많은 사람들이 궁전을 가득 메우고 있었고 모두들 루이 15세가 나타나길 기다리고 있었다. 얼마 후 문이 열리고 기묘하게 가지를 자른 주목나무로 꾸민 8명의 인물이 동시에 등장했다. 그들 중 한 명이 루이 15세라는 것을 모르는 사람은 없었지만 누가 진짜 왕인지는 알 수가 없었다. 잔느는 8명의 주목나무 중 단번에 루이 15세를 찾아냈고, 그에게 그윽한 눈빛을 보냈다. 그날 밤 가장무도회가 끝나기 전, 잔느는 왕의 마음을 사로잡았다.

퐁파두르 후작부인이 되다

루이 15세와의 첫 만남 이후, 잔느는 베르사유를 정기적으로 방문했고 얼마 지나지 않아 아예 베르사유에 머물게 되었다. 잔느에게는 꿈을 이룬 순간이었지만 남편의 입장은 달랐다. 왕에게 아내를 빼앗긴 샤를은 잔느의 마음을 돌리기 위해 간절한 편지를 보냈고 자살하

로코코 스타일로 한껏 꾸민 마담 퐁파두르 초상화

겠다고 협박도 했다. 하지만 샤를의 경쟁자는 평범한 남자가 아니라 왕이었다. 결국 그는 이혼에 합의할 수밖에 없었다. 루이 15세는 잔느의 남편에게 조세징수원이라는 높은 수입이 보장된 직책을 내려 그를 위로하였다. 그 후 루이 15세는 잔느에게 퐁파두르의 영지와 함께 후작부인의 작위를 내렸다. 평민 출신의 잔느가 루이 15세의 공식적인 애인이자 퐁파두르 후작부인이 된 순간이었다.

　평민 출신의 여인이 왕의 공식적인 애인이 된 것은 처음이었다. 당시에도 평민과 귀족 사이에 신분의 벽은 높았지만 베르사유에서는 더욱 그랬다. 잔느는 귀족들이 견고하게 쌓아올린 유리 천장을 깨뜨린 인물이었다. 잔느의 자리를 차지하고 싶어 했던 명문 귀족집안의 여인들은 시기와 질투로 몸살이 날 지경이었다. 잔느가 왕비에게 정식으로 인사를 하러 온 날, 귀부인들은 그녀가 실수하는 것을 놓치지 않기 위해 눈에 불을 켜고 지켜보았다. 하지만 잔느는 아무 실

수도 하지 않았고, 왕비는 이례적으로 그녀를 관대하게 받아주었다. 그 후 잔느는 루이 15세의 공식 애인으로 지내는 동안 왕비에게 최대한의 예의를 다했다. 또한 루이 15세를 설득하여 더 이상 왕비를 냉대하거나 방치하지 말라고 간청했다. 그리하여 잔느는 사방이 적들로 가득한 베르사유에서 왕비를 자신의 편으로 만들 수 있었다. 이는 놀라운 일이었다. 루이 15세의 왕비는 잔느에 대해 이렇게 말했다고 한다.

"굳이 첩(남편의 공식적인 애인)이 있어야 한다면 차라리 저 여자(잔느, 마담 드 퐁파두르)가 다른 여자보다는 낫다."

이제 잔느는 명실공히 마담 드 퐁파두르라고 불렸다. 루이 15세는 그녀와 정치적인 문제까지도 의논했다. 최고 관리들과 회의를 하면서도 수시로 퐁파두르의 방을 드나들며 그녀의 조언을 주의 깊게 들었다. 이는 퐁파두르가 왕과 정치, 경제, 외교적인 주제에 대하여 조금도 막힘없이 대화할 수 있는 능력이 있었기에 가능한 일이었다. 오랫동안 권력을 누려온 관리들과 귀족들은 루이 15세를 침대뿐만 아니라 정치에서도 쥐락펴락하는 퐁파두르의 존재가 무척이나 거슬렸다. 그녀는 귀족들 사이에서 공공연한 미움의 대상이었고, 이내 그녀에 대한 조롱이나 확실하지 않은 추잡한 소문이 담긴 저널들이 일반 시민들에게 공개되었다. 그럼에도 불구하고 퐁파두르에 대한 루이 15세의 애정은 굳건했다.

로코코의 여왕

평민 출신이었던 퐁파두르는 그 어떤 여인보다 우아하고 섬세하며 고급스럽고 세련된 취향을 가지고 있었다. 그녀는 자신에게 어울리는 스타일을 잘 알았고, 자신을 돋보이게 해줄 배경까지 직접 관리했다. 이를 위해 퐁파두르는 건축가, 조각예술가, 장식예술가들에게 막대한 지원을 하였고 그들은 매우 화려하고 아기자기하며 사치스러운 궁정문화를 발전시켰다. 그리하여 완성된 것이 바로 로코코 양식이다. 로코코는 조개껍질 모양의 장식을 의미하는 프랑스어 '로카이유rocaille'에서 유래된 말로 특히 실내 장식, 가구, 금은세공 등에 주로 드러난 양식이다.

이 로코코 스타일을 대표하는 인물이자 상징이 바로 퐁파두르이다. 그녀의 초상화를 보면 대부분이 아기자기하고 정교하게 꾸며진 가구들이 놓인 거실을 배경으로 하고 있다. 장미무늬의 소파와 쿠션, 싱싱한 꽃으로 장식된 테이블, 아름다운 문양의 도자기, 반짝이는 크리스털 샹들리에가 있고 그 중심에 퐁파두르가 비스듬히 서 있거나 앉아 있다. 하얀 피부를 돋보이게 해주는 핑크빛 연지를 볼에 바른 퐁파두르는 가슴이 깊게 파인 풍성한 드레스를 입고 있다. 리본과 레이스로 장식된 드레스는 그녀의 잘록한 허리와 가느다란 손목을 더욱 부각시킨다. 사치스러움의 끝을 보여주는 것 같은 이 아름다운 스타일은 퐁파두르의 활약에 힘입어 루이 15세의 시대를 대표하는 양식이 되었다.

또한 퐁파두르는 세브르 도자기의 산파 구실을 한 것으로도 유명

162

하다. 도자기를 유달리 좋아했던 그녀는 프랑스만의 도자기가 없다는 것을 루이 15세에 상기시켰고, 왕을 설득하여 도자기 사업의 특권을 일임받았다. 그 후 퐁파두르는 전문가들과 함께 청색, 녹색, 황색, 붉은색 등을 바탕색으로 하고 가운데 동그랗게 남겨진 하얀 공간에 풍경이나 인물을 그려 넣은 세브르 도자기를 탄생시켰다. 예술작품에 가까운 정교한 디자인과 핸드페인팅이 특징인 세브르 도자기는 오늘날에도 최고의 예술품으로 손꼽힌다. 이를 위해서는 당연히 엄청난 비용이 사용되었다. 이처럼 퐁파두르가 많은 돈을 사용하자 귀족들은 격분하여 소리쳤다.

"저 여자 한 명에게 들어가는 돈이 전쟁을 치르는 데 드는 돈보다 많다."

하지만 퐁파두르는 이렇게 대꾸했다.

"사람들은 언제나 내가 건설에 미쳤다고 조롱한다. 내가 사람들이 어리석다고 하는 그 일을 승인하고 추진하는 유일한 이유는 그것이 수많은 사람들에게 빵을 마련해 주기 때문이다. 나는 내 돈을 내 금고에 쌓아두고 보는 것에 흥미가 없다. 나는 돈이 돌기를 바란다."

실제로 퐁파두르는 루이 15세에게 받은 재산을 작가들과 예술가들을 후원하는 데 아낌없이 펑펑 썼다. 그녀의 후원을 받은 대표적인 작가가 바로 볼테르이다. 그는 아카데미 프랑세즈의 회원이 되었고 왕실의 연대기를 쓰는 일을 맡았다. 덕분에 볼테르는 프랑스 역사에 대한 그의 연구를 심도 있게 할 수 있었고 이는 훗날 계몽사상으로 발전하는 그의 저술 작업에 기반이 되었다. 또한 그녀는 〈백과전서〉의 편찬과 보급에 큰 영향력을 행사했고 왕립 사관학교의 설립에도 결정적인 역할을 했다.

파리에 설립된 왕립 사관학교는 매년 재산이 없는 귀족 남자 500명을 장교로 교육하는 기관으로, 왕실에서 몰락한 귀족가문을 지원함과 동시에 프랑스 장교단의 수준을 향상시키려는 목적을 가지고 있었다. 교육에는 큰돈이 들기 마련이고 이 사업 역시 재정적인 이유로 반대에 부딪혔다. 하지만 퐁파두르는 포기하지 않았고 기공식을 한 지 5년 만에 마침내 첫 생도들을 받게 되었다. 훗날 퐁파두르가 세상을 떠난 후에 사관학교 출신의 유명한 역사적 인물이 탄생하는데 그가 바로 나폴레옹이다.

왕의 마음을 사로잡은 여인

그녀는 루이 15세의 공식 애인이 되면서 후작부인의 작위를 받았고, 4년 동안 무려 4채의 성을 받았다. 퐁파두르는 이 성들을 대대적으로 수리했다. 실내 인테리어를 과감하게 모두 바꾸기도 하고, 인공적으로 가로수 길을 만들기도 했으며 공원을 새롭게 조성하기도 했다. 덕분에 퐁파두르 소유의 성들이 자리한 세느 강변의 언덕 위에는 아름다운 풍경이 만들어졌다. 물론 이 아름다운 풍경을 위해서는 적지 않은 돈이 들었다. 또한 그녀는 베르사유에 극장을 지었다. 그리고 책 읽기를 싫어하는 루이 15세를 위해 연극을 기획했다. 그녀는 무대예술감독이자 제작자, 기획자였으며 감독과 배우의 역할까지 했다.

루이 15세 초상화

귀족들은 퐁파두르를 인정하지 않으려 안간힘을 썼으나 그들의 바람과 달리 베르사유에서 그녀의 영향력은 점점 커져갔다. 퐁파두르는 자신의 힘이 루이 15세의 총애에서 비롯된다는 것을 누구보다 잘 알고 있었다. 어느 날 갑자기 왕의 총애가 사라진다면 그녀 또한 바람처럼 먼지처럼 사라질 수밖에 없었다. 그것이 '애인'의 숙명이었다. 퐁파두르는 왕을 사로잡기 위해 노력했다. 가장 든든하고 안전한 보호막은 자식이었다. 하지만 노력에도 불구하고 그녀는 끝내 루이 15세의 아이를 낳지 못했다. 두 번의 유산을 한 퐁파두르는 왕의 공식 애인이 된 지 5년 만인 1750년 이후로는 루이 15세와 육체적 관계를 맺지 않았다고 한다. 그녀는 왕의 육체를 만족시키는 애인이 되는 대신 그의 친구이자 측근으로 남기를 선택하였다.

루이 15세는 퐁파두르와 더 이상 잠자리를 하지 않게 된 후에도 변함없이 그녀를 사랑했다. 하지만 이를 기회로 삼은 귀족들은 서둘러 퐁파두르를 대신할, 왕의 새로운 애인을 세우려는 계획을 추진했다. 퐁파두르가 루이 15세에게 영향력을 행사하는 것을 가장 불쾌하게 생각한 사람은 모레파 백작이었다. 17살의 나이에 무려 황실부 장관으로 임명된 후 30년 넘게 요직을 도맡아온 그는 루이 15세로부터 가장 신뢰받는 신하이자 친구로 황태자의 지지를 받고 있었다. 그는 느닷없이 등장한 퐁파두르가 왕의 다른 애인들과 달리 정치에 개입하자 이를 싫어하다 못해 증오하고 있었다. 그러던 중 퐁파두르와 루이 15세가 더 이상 잠자리를 함께하지 않는 것을 알게 되자 곧바로 그녀를 대체할 인물을 찾은 것이다. 귀족 출신의 젊고 순진한 여인, 수아죌 로마네 백작부인이 그 주인공으로 선택되었다.

루이 15세는 새롭게 등장한 젊고 아름다운 여인에게 곧 매혹되었고, 그녀와 뜨거운 밤을 보냈다. 백작부인은 확실히 왕을 만족시켰다. 오랜만에 즐거운 밤을 보낸 루이 15세는 아침이 되자 침실에 있는 그녀에게 정열적인 러브레터를 보냈다. 왕의 사랑을 차지한 백작부인은 너무나 기뻤다. 그녀는 멋진 답장으로 왕의 마음을 사로잡고 싶었다. 그래서 주변에 조언을 구했다. 이 소식은 곧바로 퐁파두르의 귀에 들어갔다. 그녀는 측근을 통해 손에 넣은 백작부인의 편지를 손에 들고 루이 15세를 찾아갔다. 당황한 루이 15세는 미숙하고 조심스럽지 못한 백작부인의 태도에 분노했다. 결국 백작부인은 베르사유에서 쫓겨나게 되었다. 모레파 백작 또한 해임되었다.

이러한 일련의 사건을 겪으며 퐁파두르는 왕에게 직접 젊은 여인들을 제공하기 시작했다고 한다. 그 여인들은 퐁파두르의 통제하에 있는 안전한, 즉 그녀의 자리를 위협하지 않는 평민 여인들이었다. 왕은 젊고 새로운 하룻밤 연인들에게 만족하였고 퐁파두르의 배려에 감동하였다. 퐁파두르는 왕의 총애를 잃지 않았다. 오히려 육체적인 관계가 식은 뒤 두 사람의 사랑은 더욱 강해졌다. 루이 15세는 매일 몇 시간씩을 반드시 그녀와 함께 보냈고, 퐁파두르는 죽는 순간까지 왕의 사랑을 받는 여인으로 남아 공식 애인의 자리를 굳건히 지켰다.

프랑스-오스트리아 동맹을 이끌어내다

1740년, 카를 6세의 갑작스러운 사망으로 왕위를 계승한 오스트리아의 마리아 테레지아는 프로이센의 프리드리히 2세의 도전을 받았다. 합스부르크 왕가와 친족 관계에 있는 유럽의 군주들이 자신의 권리를 주장한 것이다. 가장 먼저 움직인 것은 프로이센의 프리드리히 2세(훗날 프리드리히 대왕)였다. 그는 선전포고 없이 합스부르크의 북동쪽 영토인 슐레지엔을 침범하였고 2년에 걸친 전쟁 끝에 오스트리아는 슐레지엔의 영토를 잃었다. 그러자 다른 국가들도 이에 질세라 합스부르크의 영토를 침범하기 시작했다. 그 후 마리아 테리지아는 거의 8년에 걸쳐 여러 차례 전쟁을 치르며 자신의 상속권을 승인받는다. 마침내 왕위계승 전쟁이 끝난 것이다. 자신감을 찾은 마리아 테레지아는 프로이센에 빼앗긴 슐레지엔의 영토를 회복하기 위해 오랜 경쟁자였던 프랑스와 손을 잡기로 결심한다.

전통적으로 유럽은 오스트리아와 영국이 손을 잡고, 프랑스는 프로이센과 동맹을 맺고 있었다. 하지만 마리아 테레지아는 러시아 및 프랑스와 손을 잡고 프로이센을 고립시키고자 했다. 이는 외교 혁명이었다. 이를 위해 마리아 테레지아는 천재적인 외교관으로 명성을 떨치고 있는 오스트리아의 카우니츠 백작을 프랑스로 보냈다. 골치 아픈 일을 피하고자 했던 루이 15세는 접견을 거부했다. 그러자 카우니츠 백작은 퐁파두르에게 접근했다. 그녀가 루이 15세에게 얼마나 큰 영향력을 발휘하고 있는지 잘 알았기 때문이다. 퐁파두르의 영지에서 은밀한 비밀 회담이 몇 차례 진행되었다. 위기를 느낀 프로이센의 프리드리히 2세는 오스트리아의 오랜 동맹국이었던 영국과 손을 잡았다. 이 소식은 프랑스에도 전해졌고 1756년, 결국 루이 15세는 오스트리아와 동맹을 맺게 되었다. 이 동맹으로 인해 마리아 테레지아의 막내딸 마리 앙투아네트가 프랑스 왕실로 시집을 오게 된다.

1756년, 결국 오스트리아와 프로이센은 또다시 전쟁에 돌입했고 여기에 프랑스와 영국이 개입하면서 국제전으로 확대되었다. 100만 명 이상의 사상자가 발생한, 이른바 7년 전쟁이다. 전쟁이 길어지면서 퐁파두르에 대한 프랑스인들의 분노는 커졌다. 게다가 결과도 좋지 않았다. 슐레지엔은 최종적으로 프로이센의 소유가 되었고 프랑스는 캐나다와 아메리카의 식민지 대부분을 잃고 국가의 재정은 파탄에 이르렀다. 퐁파두르에게 책임을 묻는 비난여론이 거세게 일어났으나 루이 15세는 변함없이 그녀를 아꼈다.

그녀의 죽음 이후

1764년 2월, 퐁파두르는 열감기에 걸렸다. 어려서부터 자주 앓았던 병이었기에 그녀는 대수롭지 않게 생각했다. 하지만 감기는 폐렴으로 번졌고 결국 의사들로부터 회복불가라는 말을 듣게 되었다. 루이 15세는 마지막 순간까지 퐁파두르에게 헌신을 다했다. 그녀가 죽기 이틀 전까지 문병을 했다. 퐁파두르 역시 최선을 다했다. 그녀는 악화되어가는 병세 속에서도 얇은 비단 옷을 걸치고 옅게 화장을 한 채 방문객들을 맞았다. 그리고 병문안을 온 사람들에게 일일이 웃으며 인사를 했다. 4월, 부활절 직전의 일요일 퐁파두르는 자신의 방에서 죽음을 맞았다. 고해성사를 마친 그녀는 방을 나가려는 신부를 향해 이렇게 말했다고 한다.

"잠깐만 기다리세요, 저도 함께 가겠어요."

43살의 나이로 퐁파두르가 세상을 떠나자 루이 15세는 절망했다. 그녀가 후원했던 작가 볼테르 또한 퐁파두르의 이른 죽음을 슬퍼하며 말했다.

"그녀의 죽음 앞에서 나는 정말 슬프다. 나는 그녀에게 빚을 졌으며 감사하는 마음으로 그녀를 애도한다. 걷기조차 힘든 이 늙은 글쟁이(당시 볼테르는 70살이었다)는 아직 살아 있는데 그토록 아름다운 여인이 인생의 최전성기인 마흔의 나이로 죽다니. 이런 어처구니없는 일이 있나."

그녀의 시체가 운구되던 날은 비바람이 몰아쳤다. 하지만 루이 15세는 아랑곳하지 않고 발코니에 서서 그녀의 관이 나가는 것을 지켜보며 말했다.

"이게 내가 당신에게 해줄 수 있는 유일한 경의의 표시라오."

퐁파두르가 루이 15세의 공식 애인으로 지낸 시간은 무려 20년이다. 그야말로 인생의 황금기를 베르사유에서 보낸 셈이다. 퐁파두르는 베르사유에 등장한 순간부터 죽는 순간까지 수많은 적들에게 둘러싸여 살아야 했다. 한시도 긴장을 늦출 수 없는 생활의 연속이었다. 하지만 초상화 속 그녀에게서는 전혀 그런 모습을 찾아볼 수 없다. 퐁파두르는 화려한 옷을 입은 채 느긋하고 평온한 얼굴로 영민한 눈동자를 빛내고 있는 이미지를 우리에게 남겼다. 동시에 그녀가 살았던 시대 전체에 자신의 흔적을 문화, 예술, 역사, 교육 등에 걸쳐 자수처럼 정교하게 새겨 넣었다. 아버지가 누구인지조차 불분명한 평민 여인으로 시대의 스타일 아이콘이 된 퐁파두르, 루이 15세를 사로잡은 그녀의 가장 큰 무기는 바로 아름다움이었다. 하지만 그녀의 진정한 전쟁은 왕의 총애를 얻은 후부터 시작되었다. 퐁파두르는 총성 없는, 세상에서 가장 사치스러운 전쟁터에서 장장 20년을 버텼고 마침내 승리했다. 그녀는 자신의 삶에 대하여 이렇게 말했다고 한다.

"나의 삶은 끊임없는 투쟁의 연속이다."

코코 샤넬,
패션의 신화를 창조하다

샤넬을 빼고 20세기 여성 패션을 논할 수 있을까? 샤넬은 살아생전 많은 어록을 남겼지만 그중에서도 가장 유명한 것은 '패션은 사라지지만 스타일은 영원하다'는 말일 것이다. 샤넬이 세상을 떠난 후에도 그녀가 남긴 샤넬의 스타일은 오늘날까지 수많은 여성들에게 선망과 동경의 대상이 되고 있다. 장돌뱅이의 딸로 태어나 아버지에게 버림받고 고아원에서 어린 시절을 보내야 했던 가난한 소녀는 거대한 성공신화의 주인공이 되었고, 편안함을 기본으로 한 파격적이고 세련된 디자인으로 유일무이한 패션 제국을 이룩했다. 샤넬, 그녀는 과연 어떤 인물이었을까?

불우한 어린 시절

샤넬의 인생을 설명할 때 빼놓을 수 없는 부분은 불우했던 어린 시절이다. 성인이 된 후 그녀는 자신의 과거에 대하여 결코 스스로 이야기한 적이 없었다. 그럼에도 불구하고 샤넬의 어린 시절은 잘 알려져 있는 편이다. 어두운 과거가 있기 때문에 샤넬이 거둔 커다란 성공이 더욱 빛나기 때문이다.

1883년, 프랑스 남서부의 소뮈르Saumur의 가난한 여인이 딸을 낳았다. 그녀는 이 갓난아기가 바람둥이 남편의 몸과 마음을 잡아두길 간절히 바랐다. 장돌뱅이인 그녀의 남편은 늘 떠돌아다녔고 집에 올 때면 손님처럼 잠시 머물다 갈 뿐이었다. 순정적인 아내는 그런 남편을 일편단심 사랑하며 원망하지 않았다. 남편이 집을 비운 긴 시간 동안 홀로 임신과 출산, 육아는 물론 어린 자식들까지 건사해야 했던 그녀는 결국 가난과 과로로 인해 결핵에 걸렸고 변변한 치료조차 받지 못한 채 젊은 나이로 세상을 떠났다.

아내의 사망 소식을 듣고 집으로 돌아온 남편은 아주 당연하다는 것처럼 그녀가 남긴 자신의 아이들을 고아원에 맡긴 채 다시 길을 떠났다. 그는 자식에 대한 애정은커녕 한 조각의 책임감도 없는 남자였다. 어머니는 일찍 세상을 떠나고, 아버지에게도 버림받은 12살의 소녀는 수녀들이 운영하는 고아원에서 성장할 수밖에 없었다. 이는 결코 소녀가 원한 삶이 아니었지만 가난한 엄마와 무책임한 아버지를 둔 그녀는 스스로의 인생을 선택할 자유가 없었다.

고아원에서 소녀는 바느질을 배웠다. 고아원을 나갔을 때 스스로 생계를 꾸리려면 최소한의 기술이 있어야 했는데 수녀들이 어린 고아 소녀들에게 가르칠 수 있는 '사회적 기술'은 바느질 정도밖에 없었기 때문이다. 7년 후, 나이가 찬 소녀는 고아원에서 나가야 했다. 아무런 배경 없이 고아원을 나온 소녀는 당장 먹고사는 문제에 부딪혔다. 고아원에서 익힌 바느질 덕분에 물랭에 있는 봉제회사에 취직할 수 있었지만 월급은 턱없이 부족했다. 소녀는 낮에는 보조양재사로 일을 하고, 밤에는 근방의 군인들이 주 고객인 카페(혹은 카바레)에서 무급 가수로 일하며 노래를 부르고 손님들이 주는 팁을 받아 생활에 보탰다. 이때 그녀는 '코코가 트로카데로에서 누구를 만났던가?'라는 노래로 약간의 인기를 끌었다. 술에 취한 남자 손님들은 그녀가 노래를 마치면 연신 '코코'를 외쳤다.

탄생부터 지독하리만치 불쌍했던 이 소녀가 바로 샤넬이다. 어린 시절의 지독한 가난과 아버지에게 버림받은 비참한 기억은 유난히 자존심이 강했던 샤넬에게 큰 상처로 남았다. 훗날 성인이 된 그녀는 자신의 어린 시절을 감추기 위해 많은 거짓말을 하곤 했다. 샤넬은 물랭에서 무급가수로 활동했을 시절, '코코'를 자신의 닉네임으로 사용했고, 이 이름은 훗날 그녀를 상징하는 브랜드가 된다. 하지만 샤넬은 이 별명을 그리 좋아하지 않았다고 한다.

희망 없는 삶을 벗어나게 해준 첫 번째 남자, 에티엔 발장

샤넬이 무급가수로 활동하고 있을 때, 그곳을 종종 방문했던 남자들 중 '에티엔 발장'이라는 인물이 있었다. 그는 부유한 부르주아 출신의 기병 장교로 샤넬보다 나이가 훨씬 많았고 돈도 많았다. 에티엔은 카페(카바레) 가수답지 않게 성적인 매력을 부각시키지 않는 옷을 입고, 가진 것이 없음에도 자존심이 강해 보이는 샤넬에게 흥미를 느꼈다. 샤넬은 에티엔의 관심과 호감 덕분에 무급가수 생활에서 벗어날 수 있었다. 에티엔의 애인이 되어 그의 저택에서 머물게 된 것이다.

20세기 초, 고아원 출신의 가난한 젊은 여성은 사회 최하층민이었다. 국가나 제도가 이들을 보호해줄 수 있는 시대가 아니었다. 안타깝게도 이러한 여성들은 정상적인 노력으로는 삶의 질이나 형태를 바꿀 수 없었다. 그래서 많은 여성들이, 한때의 젊음을 밑천 삼아 부유한 남자의 첩이 되는 것을 목표로 삼곤 했다. 도저히 앞날이 보이지 않던 샤넬 앞에 나타난 에티엔은 한 줄기 구원과도 같았다. 그녀는 에티엔과 연인이 되는 것까지는 바라지도 않았다. 사랑에 빠진 것이 아니었다. 그녀는 스스로의 힘으로는 아무리 노력해도 도저히 벗어날 수 없는, 비루한 환경에서 벗어나게 해줄 사람이 필요했다. 다행히 에티엔은 샤넬이 자신의 저택에 머물도록 해주었다. 물론 공짜는 아니었다. 에티엔이 필요로 할 때 애인 역할을 하는 조건이었다.

1906년, 24살의 샤넬은 에티엔의 넓고 호화로운 저택 루아얄리외에 머물렀다. 이곳에서는 수시로 떠들썩한 파티가 열리곤 했다. '상속'을 통해 부유함을 얻은 에티엔은 한 번도 노동을 통해 돈을 번 적이 없었다. 하지만 친구들과 파티를 즐기고 애인에게 돈을 쓰는 것만큼은 누구보다 잘했다. 에티엔은 자신의 삶에 충분히 만족했고 늘 즐거웠기 때문에 결혼의 필요성을 크게 느끼지 못하고 있었다. 즉 샤넬과도 진지하게 교제한 것은 아니었다. 당시 돈 많은 부르주아 남성들은 여러 명의 애인[32]을 두는 것이 관례였다. 에티엔도 마찬가지였다. 그에게는 풍만한 몸매와 화려한 아름다움을 지닌 미모의 여배우 에밀리엔 달랑송이라는 애인이 있었다. 샤넬에게 에티엔은 현재의 삶을 바꾸기 위해 꼭 필요한 남자였지만, 그에게 샤넬은 보살핌이 필요한 애인 중 한 명일 뿐이었다.

샤넬은 감히 달랑송의 자리를 노리지 않았고, 질투하지도 않았다. 오히려 샤넬은 달랑송을 매우 좋아했고 그녀와 좋은 관계를 유지했다. 비록 에티엔과 서로 뜨겁게 사랑하는 사이는 아니었지만 샤넬은 그를 통해 태어나서 처음으로 무위도식[33]이라는 상류사회의 생활을 경험했다. 항상 돈에 쪼들려왔던 그녀에게는 놀라운 일이었다. 샤넬은 항상 가난으로부터 벗어나고 싶었고, 스스로의 힘으로 돈을 벌고 싶었다. 그런데 에티엔이 사는 세상은 돈을 벌거나 일을 하지도 않아도 되는, 부유하고 럭셔리한 사람들로 가득했다. 샤넬은 4년 동안 에티엔의 집에 머물며 상류사회와 사교계를 경험했고 이 시간을 통해 자신의 사업을 구상할 수 있었다.

---

32 돈을 받고 몸만 파는 창녀와 달리 상류사회 남성의 사교계 모임에 동반하는 공인된 애인을 '코르티잔'이라고 한다. 당시 에티엔과 같이 부유한 부르주아들은 과시하듯 여러 명의 코르티잔을 애인으로 두곤 했다. 사교계에서 존재만으로도 남성을 돋보이게 해줄 수 있는 뛰어난 미모와 지성, 매너, 교양, 말솜씨 등을 갖춘 여성들은 코르티잔으로 인기가 높았다.

33 일정한 생업을 가지지 않고 빈둥거리며 놀고먹는 생활.

패션이라는 아이템으로 사업을 구상하다

상류사회 인사들에게 가장 중요한 일은 사교계에서 주목받고 인정받는 것이었다. 이를 위해 이들은 서로 모여 안부를 묻고 카드와 승마, 여행과 파티를 즐기며 하루하루를 보냈다. 여유가 넘치는 부르주아들과 그들의 애인인 코르티잔들은 유행을 따라 옷을 잘 차려입는 데 물 쓰듯 돈을 펑펑 썼다. 고아원을 나온 뒤 양재보조로 일을 하면서 카페(카바레)에서 노래를 불렀던 샤넬은 변변한 교육을 받은 적도, 사교계에 어울리는 옷을 입어보거나 가져본 적도 없었다. 샤넬은 상류사회에 동화되는 대신 이들의 삶을 찬찬히 관찰했다. 그들에게는 평범한 일상이 샤넬에게는 너무나 흥미로웠고 마음 한구석에서는 못 견디게 부럽기도 하였다. 결코 그녀가 속해본 적이 없는 세계였기 때문이다.

샤넬이 상류사회의 라이프스타일을 예리하게 관찰하면서 찾아낸 아이템은 바로 '패션'이었다. 에티엔의 공식 애인인 달랑송을 비롯하여 인기 좋은 일류 코르티잔들과 달리 샤넬은 마치 소년처럼 깡마른 몸매를 지니고 있었다. 하지만 그녀는 주눅 들거나 위축되는 대신 자신에게 어울리는 스타일을 찾아냈다. 여성스러운 몸매를 부각시키거나 화려한 외모를 돋보이게 해주는 드레스를 입는 대신 에티엔의 남성용 승마복을 심플하고 몸에 맞게 개조하여 입었다. 에티엔의 친구들은 남성용 승마복을 차려입고도 전혀 어색하지 않은 샤넬에게 흥미를 느꼈다. 어느 정도 친분이 생기자 샤넬은 이들을 상대로 작은 아르바이트를 시작했다. 그것은 바로 모자를 만드는 것이었다.

샤넬은 루아얄리외를 방문하는 손님들을 상대로 모자를 만들어주고 돈을 받았다. 샤넬의 모자는 좋은 반응을 얻었고 차츰 주문이 늘어나기 시작했다. 고객 중에는 에티엔의 애인, 에밀리엔 달랑송도 있었다. 샤넬은 조금씩 자신감이 생겼다. 처음에 에티엔은 샤넬이 하는 일을 '꽤 바지런한 취미' 정도로 여길 뿐 대수롭지 않게 생각했다. 하지만 4년 후, 샤넬이 정식으로 모자 가게를 내고 싶어 하며 사업 자금을 빌려달라고 하자 펄쩍 뛰며 반대하였다. 자신의 집에서 여자친구 자격으로 머물고 있는 샤넬이 대놓고 돈을 번다는 것이 매우 망신스러운 일이라고 생각했기 때문이다. 이때 에티엔과 달리 샤넬을 진심으로 응원하며 그녀에게 사업 자금을 준 남성이 등장한다. 에티엔의 친구이기도 했던 그의 이름은 아서 카펠, 훗날 샤넬의 영원한 연인으로 남게 되는 인물이다.

영원한 연인으로 남은 두 번째 남자, 아서 카펠

"그 남자(카펠)는 정말 미남이고 매력적이었어. 단순히 잘생기고 멋진 것 이상의 남자였지. 그 무관심한 태도와 초록빛 눈이 얼마나 내 마음을 사로잡았던지. 그는 고집 센 말에 올라타곤 했는데, 아주 강한 남자였어. 나는 그 남자에게 홀딱 빠지고 말았지."

1908년, 샤넬은 에티엔을 따라 피레네 지방의 '포'로 여행을 갔다. 말과 경마를 광적으로 좋아했던 에티엔은 경주용 말을 구입하여

샤넬과 아서 카펠

대회에 출전시키는 것이 취미이자 주 업무였다. 그는 경마 대회 일정에 따라 전국을 돌아다니곤 했는데 루아얄리외에 남아 있어 봤자 별다른 일이 없는 샤넬도 대부분 동행했다. 그곳에서 두 사람은 젊고 잘생긴 외모에 매력이 넘치는 영국남자를 만났다. 폴로 선수로 활동하고 있는 아서 카펠이었다. 에티엔과 카펠은 '말'이라는 공동 관심사 덕분에 순식간에 친해졌고, 샤넬은 그에게 첫눈에 반했다. 하지만 이날의 만남은 짧게 끝났다. 그래도 사교성이 뛰어난 에티엔 덕분에 샤넬은 루아얄리외 저택에서 카펠과 다시 만날 수 있었다. 이때 샤넬은 카펠이 자신의 인생에서 아주 특별한 남자가 될 것임을 느꼈다.

　샤넬은 자신의 감정을 감추지 않았고 이내 카펠과 연인이 되었다. 에티엔의 집에 얹혀살면서 그의 친구와 사랑에 빠진 것은 참으로 염치없는 일이었다. 그녀는 한시라도 빨리 독립을 하고 싶었지만 늘 그렇듯 돈이 문제였다. 샤넬은 자신의 재능으로 돈을 벌기로 결심했다. 그녀는 소일거리로 해왔던 모자 만드는 일을 정식 직업으로 삼기 위해 에티엔에게 사업 자금을 빌려달라고 부탁했다. 그는 당연히 거절했다. 이때 카펠이 나서서 샤넬이 사업자금을 구할 수 있게 도와주었다. 그녀가 은행 대출을 받을 수 있도록 보증을 서준 것이다. 물론 당시 카펠은 샤넬을 사랑하기도 했지만 한 여자에게 정착하기에 그는 바람둥이 기질이 너무나 다분했다. 하지만 카펠은 샤넬에게서 성공 가능성을 발견하고 기꺼이 투자를 했던 것이다. 이를 계기로 샤넬은 에티엔으로부터 독립을 할 수 있었고, 카펠과 자유롭게 연애를 시작했다. 에티엔은 샤넬의 친구로 남았다.

1910년 샤넬은 캉봉 거리 21번지 2층에 있는 커다란 작업실을 빌려 모자 가게를 오픈했다. '샤넬 모드'의 첫 시작이었다. 당시 여자들은 리본과 꽃 등으로 장식한 화려한 모자를 쓰고 다녔다. 하지만 샤넬은 검정색을 기본으로 한 심플한 디자인의 모자를 만들었다. 샤넬의 모자는 처음에 빈곤해 보인다는 이유로 부르주아 여성들의 외면을 받았지만 이내 주목받기 시작했다. 특히 에티엔의 애인이자 인기 여배우인 달랑송은 샤넬 모자의 홍보 모델을 자처했고 유명한 여배우가 그녀의 모자를 자신이 출연하는 연극에서 착용하고 나오면서 사업은 순조롭게 흘러갔다.

카펠은 단순한 투자를 넘어 샤넬이 사업가로 성장하도록 물심양면으로 도왔다. 샤넬은 야심만만하고 디자인에 대한 감각과 재능도 빼어났지만 경영자로서 갖추어야 할 지성과 교양, 인맥은 턱없이 부족했다. 그는 샤넬이 장차 디자이너이자 사업가로서 반드시 알아야 할 것들을 배울 수 있도록 조언했다. 샤넬은 먼저 패션 전문가인 마드모아젤 생퐁에게서 패션 용어를 비롯해 상류사회에 필요한 화술과 교양 등을 배웠다. 모자가게를 운영하면서 동시에 그녀의 주 고객이 될 상류사회의 여성들을 대할 때 필요한 매너를 머리로, 몸으로 익혀나간 것이다. 샤넬은 이때 배운 매너와 기술을 디자이너로서의 재능처럼 평생에 걸쳐 유용하게 사용했다. 또한 카펠은 그녀가 예술계 인사들과 교류할 수 있도록 적극적으로 도와주었다. 그리고 경영에 대한 부분은 절대로 간섭하지 않았다. 그의 판단은 옳았다. 사업을 시작한 지 5년 후, 샤넬은 카펠에게 빌린 투자금을 모두 갚고도 남을 만큼 성공을 거두었다.

1차 세계대전과 사업의 급성장

"보이(카펠의 애칭)는 내 인생의 커다란 행복이었어요. 내게 용기를 북돋아줄 수 있는 남자. 그는 강인한 인격의 소유자였지요. 그는 나를 만들었어요, 내 속에서 독특한 부분들을 살려내고 덜 자란 부분들이 성숙할 수 있도록 기다려 주었지요."

캉봉 거리의 '샤넬 모드'가 어느 정도 궤도에 올랐을 때, 샤넬은 카펠과 함께 도빌로 휴가를 떠났다. 파리에서 가까운 해변에 위치한 도빌은 휴가철이면 부유한 상류층들이 모여드는 곳으로 패션의 최첨단을 걷는 곳이기도 했다. 휴양지에서 휴가를 보내는 것 자체가 처음이던 샤넬은 이곳에서 매우 깊은 인상을 받았다. 그리고 1913년, 샤넬은 카펠이 지원한 거액의 투자금을 받고 도빌에 자신의 첫 번째 패션 부티크(의상실)를 오픈했다. 결과는 대성공이었다. 샤넬이 디자인한 단순하고 편리한 옷과 소품들은 선풍적인 인기를 끌며 도빌의 유행을 주도했다.

수녀원에서 운영하는 고아원에서 바느질을 배우긴 했으나 정식으로 디자인을 배운 적이 없던 샤넬은 스케치를 할 줄 몰랐다고 한다. 그녀의 작업 방식은 모델에게 가봉을 한 뒤 자신의 마음에 드는 디자인이 나올 때까지 가위질과 바느질을 계속 하는 것이었다. 샤넬은 일을 할 때면 지칠 줄을 몰랐지만 7~8시간씩 온몸을 긴장한 채 서 있어야 하는 모델들의 불만은 이만저만이 아니었다고 한다. 하지만 덕분에 샤넬의 의상은 인체의 동선을 완벽하게 고려하여 완성되었고, 아무리 오랫동안 입고 있어도 불편하지 않은 것이 특징이 되었다. 참으로 재미있는 일이다.

도빌에서 만들어진, 샤넬을 대표하는 의상이 바로 카디건이다. 샤넬은 폴로 선수들의 니트 셔츠에서 영감을 얻어 헐렁하면서 몸의 라인을 부드럽게 살려주는 여성용 카디건을 개발했는데 이것이 선풍적인 인기를 끌었다. 여성들의 니즈를 파악한 샤넬은 이어서 거추장스러운 코르셋과 패티코트를 착용할 필요가 없는 의상들을 만들어냈다. 새로운 의상이 발표될 때마다 여성들은 환호했고 매장에 옷을 걸기도 전에 품절되는 사태가 빚어졌다. 하지만 그토록 원하던 성공의 단꿈에 취해보기도 전, 제1차 세계대전이 발발했다.

샤넬은 좌절했다. 하지만 전쟁 발발 소식을 들은 카펠은 영국으로 돌아가기 전, 샤넬에게 절대 부티크의 문을 닫지 말 것을 당부했다. 샤넬은 지금까지 이룬 모든 노력이 전쟁으로 인해 무너질 것 같은 불안함 속에서도 카펠의 말의 의지해 꿋꿋하게 가게를 운영했다. 카펠의 조언은 옳았다. 도빌은 샤넬의 성공신화의 시작이 되었다. 전쟁이 발발하자 미처 옷과 액세서리들을 제대로 챙겨오지 않은 상류층이 도빌로 몰려든 것이다. 부티크를 운영하고 있던 샤넬은 뜻하지 않은 호황을 독식하며 비약적인 성공을 기두었다. 도빌에서의 성공을 계기로 샤넬은 단일 품목이자 패션 소품인 '모자' 디자이너에서 의류 전체를 총괄하는 패션 디자이너로 변모했다. 사업의 규모 자체가 달라진 것이다.

도빌에서의 성공으로 자신감을 얻은 샤넬은 1915년, 전쟁이 진행 중인 상황에서 프랑스의 대표적인 럭셔리 휴양지인 비아리츠에 두 번째 부티크를 열었다. 프랑스 남단에 위치한 비아리츠는 유럽 전역의 귀족들이 휴가를 오는 초호화 휴양지로 전쟁과 동떨어진 별세계였다. 역시나 자금을 융통해 준 사람은 카펠이었다. 오픈한 지 1년도 지나지 않았을 때, 카펠은 투자금을 완전히 회수할 수 있었다. 샤넬이 부티크를 오픈하자마자 소문을 들은 부자들이 지갑을 들고 몰려든 것이다. 당시 샤넬에서 일하고 있던 60명의 재봉사들이 밤낮으로 일을 했지만 폭주하는 주문을 감당하지 못할 정도였다.

샤넬은 비아리츠의 부티크에서는 상류층을 겨냥한 최고급 드레스를 선보이는 동시에 남성 속옷에 사용되었던 저지 원단으로 가볍고 실용적인 여성용 투피스를 만들었다. 여성들은 실용적이면서도 세련된 샤넬의 디자인에 열광했다. 특히 샤넬이 이때 선보인 투피스는 미

샤넬 수트를 입은 여성들

국의 유명 패션 잡지 〈하퍼스 바자〉와 〈보그〉에도 소개되어 극찬을 받았다. 그 후에도 샤넬은 주머니가 달린 여성용 재킷, 스트랩이 있는 군인 가방에서 착안한 끈이 달린 손가방, 길고 따뜻한 머플러 등 실용적인 디자인을 선보이며 선풍적인 인기몰이를 이어갔다. 샤넬이 출시한 무릎 아래까지 오는 (당시로서는) 과감한 길이의 스커트는 땅에 닿는 긴 치마로 인한 불편을 사라지게 만들었다. 그녀는 여기에 그치지 않고 여성용 바지를 만들었다. 전쟁으로 인해 여성의 사회진출이 늘어나던 시기, 샤넬의 의상들은 절대적 지지를 받았다. 이 시기 샤넬의 의상은 여성의 몸을 해방시킨 패션 혁명이라고도 불린다.

카펠의 결혼과 갑작스러운 죽음

"카펠을 잃었을 때 나는 모든 것을 잃었다. 세월이 아무리 흘러도

모델로 브랜드의 이미지를 알린 샤넬

채울 길 없는 공허를 남기고 카펠은 떠났다."

샤넬이 한창 승승장구하고 있을 때, 카펠은 자신의 신분상승을 위해 라이블스데일 남작의 막내딸 다이애니 윈덤과 부부가 되었다. 전쟁으로 남편을 잃고 간호사로 활동하고 있던 다이애나는 바람둥이였던 카펠이 아내에게 원하는 이상적인 조건을 모두 갖춘 신붓감이었다. 카펠이 다이애나의 형부가 소유한, 동화 속에서나 나올 법한 아름다운 성에서 결혼식을 올리고 달콤한 신혼생활을 즐기고 있을 때, 샤넬은 300명이 넘는 직원을 거느린 CEO가 되어 있었다. 샤넬은 카펠의 선택을 이해했지만 불쑥 찾아오는 허탈함과 허무함을 지울 수는 없었다. 샤넬은 카펠과 9년 동안 함께 살았던 파리의 집을 떠나 한적한 교외로 이사했다. 그리고 자택에서 근무할 가정부와 집사, 요리사 그리고 출퇴근용 롤스로이스를 운전해줄 전용 운전사 등 '가족 같은' 직원도 함께 고용했다.

하지만 카펠의 결혼생활은 너무나도 짧았다. 결혼 이듬해, 가족과 오붓한 크리스마스를 보내기 위해 코트다쥐르 해변으로 향하던 길에 교통사고로 갑작스럽게 세상을 떠난 것이다. 1919년 12월 23일, 크리스마스 이틀 전이었고 봄에 태어난, 카펠과 다이애나의 첫 딸은 돌도 되기 전이었다. 카펠의 장례식은 크리스마스 이브에 치러졌다. 샤넬은 장례식에 참석하는 대신 카펠의 교통사고 장소로 달려가 통곡했다. 그녀는 한동안 깊은 슬픔에 빠져 헤어 나오지 못했다. 하지만 샤넬을 다시 일으켜 세운 것은 결국 일과 새로운 사랑이었다.

그녀의 연인들 그리고 향수 '샤넬 No.5'의 탄생

"나의 부티크, 그것이 나의 아이였다. 나는 사랑을 원했다. 그러나 사랑하는 남성과 사랑하는 의상 가운데 선택해야 했다. 나는 의상을 택했다. 내 인생에서 남성들이 없었다면 나의 '샤넬'이 가능했을지 가끔 의문이 들기는 하지만 말이다."

1921년 5월 5일, 샤넬은 향수의 대명사이자 불멸의 히트작이 된 '샤넬 No.5'를 선보였다. 이 향수가 만들어진 배경에는 당시 샤넬의 연인이었던 러시아 망명 귀족 파블로비치의 도움이 있었다. 샤넬은 파블로비치의 소개로 향수 전문가 에르네스트 보를 만났고, 그에게 향수 제작을 의뢰했다. 이때 샤넬은 1부터 5까지의 숫자가 붙은 샘플과, 20부터 24까지의 숫자가 붙은 샘플을 요구했다고 한다. 샤넬은 이 가운데 5번 샘플을 선택했고, 보가 향수의 이름을 무엇으로 할지 묻자 샤넬은 "넘버 5"라고 말했다 한다. 그리하여 디자이너의 이름이 들어간 최초의 향수 '샤넬 No.5'가 세상에 등장했다. 사넬은 숫자 5를 자신에게 행운을 주는 숫자로 여기고 있었는데, 실제로 '샤넬 No.5'는 그녀에게 엄청난 부를 가져다주었다. 특히 할리우드의 대

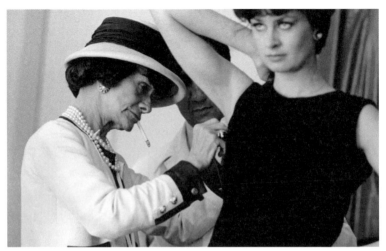
모델에게 가봉을 하는 샤넬

스타 마릴린 먼로의 '잠옷'으로 알려지면서 전 세계적인 히트작이 되었다.

1923년, 샤넬의 연인은 영국의 대부호 웨스트민스터 공작이었다. 공작은 날마다 그녀에게 꽃을 보내며 매우 적극적인 애정공세를 펼쳤고 두 사람이 곧 결혼할 것이라는 소문이 돌았다. 샤넬은 공작과 수년을 사귀었지만 그녀는 이번에도 결혼 대신 일을 선택했다. 그녀는 공작의 청혼을 거절했다. 여러 이유가 있었지만 결정적으로 공작은 아이를 원했지만 젊은 시절 낙태한 적이 있었던 샤넬은 임신을 할 수 없는 몸이었다. 샤넬이 청혼을 거절한 후에도 두 사람은 몇 년간 연인 사이를 유지했으나 결국엔 헤어졌다.

1935년, 52세의 샤넬은 4,000명의 직원을 둔 CEO에, 5개의 빌딩을 소유한 건물주였으며 할리우드 영화 의상 디자인에도 참여하며 명성을 떨쳤다. 연애도 순풍을 맞았다. 지금껏 그녀가 사랑하고, 그녀를 사랑했던 남성들은 모두 다른 여성들과 결혼했지만 이번에는 달랐다. 그녀와 동갑내기 예술가 폴 이리브는 신분상승이나 부유함을 위해 '격에 맞는' 여인을 아내로 맞을 필요가 없는 남자였다. 사교계에는 이번에야말로 샤넬이 결혼을 할 것이라는 추측이 난무했다. 하지만 그는 테니스를 하던 중 샤넬이 보는 앞에서 심장마비로 세상을 떠났다. 샤넬은 다시 혼자가 되었다.

제2차 세계대전, 영욕의 시간들

카펠이 세상을 떠난 후 15년 넘게 샤넬은 일과 사랑에서 모두 절정의 영광을 누렸다. 하지만 히틀러가 일으킨 제2차 세계대전을 피해 갈 수는 없었다. 1939년, 샤넬은 액세서리와 향수 점포만 남긴 채 부티크 문을 닫고 사업을 중단했다. 독일군이 파리를 점령했을 때, 환갑을 앞둔 그녀는 13살 연하의 독일군 장교 한스 귄터 폰 딩클라게(애칭 슈파츠)와 동거를 하고 있었다. 패전을 앞둔 독일에서는 협상을 위한 돌파구가 필요했고, 독일에서는 웨스트민스터 공작을 비롯해 영국 고위층과 인맥이 있는 샤넬에게 기대를 걸었다. 두 사람의 관계는 비밀 작전으로 이어졌고, 결국 파리가 해방되었을 때 샤넬은 간첩 혐의가 있는 요주의 인물이 되어 있었다. 처칠의 도움으로 혐의를 벗고 석방되긴 했으나 샤넬에게는 이미 배신자 낙인이 찍혀 있었다. 파리에 머물 수 없었던 그녀는 연인 슈파츠와 함께 스위스로 망명했다. 그곳에서 몇 년 동안 호텔을 전전하며 살았다. 한 마디로 몰락이었다.

15년간 파리를 떠나 있던 샤넬은 1954년 70살의 나이로 다시 패션계로 돌아왔다. 돈은 넘칠 만큼 충분했지만 그녀가 원한 것은 그저 편안히 살다 죽는 것이 아니었다. 샤넬은 다시 세상을 향해 도전장을 내밀었다. 컴백한 샤넬이 패션쇼에서 선보인 작품들은 그녀에게 명성을 가져다주었던 1920년 스타일의 편안하고 심플한 디자인에 가까운 모던한 의상들이었다. 사람들은 실망을 감추지 않았다. 당시 사람들은 전쟁의 흔적을 잊기 위해 다시금 화려하고 풍요로운 스타일을 추구하고 있었고 크리스티안 디올 등 남성 디자이너들을 주축으로 여성스러움을 강조한 의상들이 인기였다. 하지만 샤넬이 보여준 디자인은 30년 전과 다를 바가 없어 보였던 것이다.

패션쇼는 실패로 끝났다. 하지만 이 패션쇼를 통해 샤넬이 1920~1930년 활약'했던' 전설의 디자이너가 아니라 현역 디자이너임을 확인한 사람들은 깊은 감명을 받았다. 그 후에도 샤넬은 유행과 상관없이 편안함을 기본으로 한 우아하고 세련된 옷들을 계속해서 선보였다. 샤넬의 디자인은 2차 세계대전 이후 사회 진출이 늘어난 미국 커리어 우먼들 사이에서 폭발적인 인기를 얻었다. 일흔의 나이로 컴백한 샤넬은 10년 넘게 현역 디자이너로 활동했다. 그렇게 샤넬은 자신이 이룩한 패션의 역사를 다시 새롭게 써내려갔다. 20세기, 여성 패션의 역사에 지울 수 없는 거대한 족적을 남긴 샤넬은 동료 디자이너들과 많은 예술가들의 애도 속에서 1971년, 88살의 나이로 세상을 떠났다.

샤넬의 디자인은 당시 부르주아 여성들로부터 '푸어룩Poor look'이라고 불리곤 했다. 이 말에는 간결하고 소박하며 실용적이고 편안한 그녀의 의상을 빈정거리는 의미가 담겨 있었다. 하지만 오늘날 샤넬은 모든 여성들이 선망하는 명품 중의 명품으로 자리매김했다. 그 이유는 무엇일까? 샤넬은 살아생전 이렇게 말했다. 아마도 그녀의 말속에 답이 들어 있는지도 모른다.

"럭셔리의 반대말은 빈곤함이 아니라 천박함이다. 진정으로 럭셔리한 스타일이라면 편안해야 한다. 편안하지 않다면 럭셔리한 것이 아니다."

4부
예술의 길을 걷다

•
•
•

Great women

줄리에타 마시나,
영원히 기억될 완벽한 배우

Great women

1993년 10월 30일, 이탈리아의 위대한 영화감독 페데리코 펠리니와 이탈리아의 위대한 여배우 줄리에타 마시나가 병상에서 금혼식을 치렀다. 결혼 50주년을 기념하는 자리였다. 평생을 부부로 함께한 두 사람은 더할 나위 없이 행복했다. 다음 날인 10월 31일, 펠리니 감독은 세상을 떠났다. 마지막 순간 그의 곁을 지킨 것은 아내이자 배우이며 그의 영원한 뮤즈인 줄리에타 마시나였다. 펠리니 감독이 세상을 떠난 지 5개월 후인 1994년 3월 23일, 줄리에타 마시나도 눈을 감았다. 두 사람의 만남과 사랑은 운명이었다. 페데리코 펠리니와 줄리에타 마시나가 함께한 작품은 영화 역사상 다시 없을 영원한 걸작으로 남았다. 세상에 '천재'라고 불릴 만한 훌륭한 감독과 뛰어난 배우는 있어도, 이처럼 빼어난 재능을 지닌 이들이 부부로 평생을 함께 지내기란 실로 어려운 일이다. 하지만 펠리니와 마시나는 평생 부부로 함께 살았고, 죽는 날까지 사랑했으며, 서로가 영감의 원천이었다.

학교보다 서커스단을 좋아한 소년

1920년 1월 20일, 페데리코 펠리니가 이탈리아의 소도시 리미니에서 태어났다. 상인이었던 그의 아버지는 아들이 안정된 수입을 얻을 수 있는 의사나 변호사가 되길 바랐다. 하지만 펠리니는 어린 시절부터 공부보다는 선생님을 골탕 먹이거나 장난을 치는 데 더 재능을 보였다. 유난히 호기심이 왕성했던 그는 규율이 엄격한 가톨릭계 학교보다 온갖 흥미롭고 재미있는 이야기가 넘쳐나는 거리에 관심이 많았다. 환상적인 모험을 꿈꾸는 소년 펠리니의 소원은 하루빨리 고향을 벗어나 대도시로 가는 것이었다. 결국 그는 학업을 마치기도 전, 자신이 직접 쓴 글과 스케치를 들고 피렌체로 향했고 그곳에서 주간신문에 글을 기고하기 시작했다. 하지만 피렌체는 그가 꿈꾸는 도시가 아니었다.

1938년, 펠리니는 마침내 로마에 도착했다. 수많은 사람들이 모인 로마는 활기로 가득했다. 로마는 그의 두 번째 고향이 되었다. 펠리니는 생애 대부분을 로마에서 보냈고, 이곳에서 죽음을 맞았다. 하

페데리코 펠리니

지만 로마에 도착했을 당시 펠리니는 19살에 불과했고 변변한 졸업장이나 추천장은커녕 주머니에는 비상금조차 없었다. 로마에서의 하루하루는 살아남기 위한 전쟁과도 같았지만 펠리니는 전혀 기죽지 않았다. 그의 고민은 어떻게 하면 더 재미있게 고생을 하며 하루를 보낼까 하는 것이었다. 비루하고 초라한 현실에 환상을 살짝 섞으면 모든 것이 흥미진진하고 유머러스해졌다. 이러한 펠리니 특유의 성격은 훗날 그의 영화에 고스란히 반영되었다. 어쨌거나 20살의 펠리니는 까맣게 찌든 셔츠를 입고, 길게 자란 기름진 머리로 잡지사를 전전하며 로마에서 행복한 고생을 만끽했다.

줄리에타를 처음 본 날 나는 다시 태어났다

펠리니가 태어난 지 1년 하고도 33일 후인 1921년 2월 22일, 이탈리아 볼로냐에서 대학교수 겸 바이올리니스트인 마시나의 둘째 딸 줄리에타 안나 마시나가 태어났다. 예술적이고 학구적인 집안 분위기 속에서 성장한 그녀는 10대 시절부터 학교 연극에 참여해 연기력을 쌓기 시작했다. 하지만 공부도 게을리 하지 않았다. 마시나는 로마 대

줄리에타 마시나

학교에서 고고학을 전공하였고, 졸업 후에는 로마의 한 고등학교에서 라틴어를 가르치기도 했다. 하지만 연기에 대한 열정은 사라지지 않았고, 결국 1939년 마시나는 손튼 와일더의 희곡 〈행복한 여행자〉로 직업배우로 데뷔했다. 그 후 그녀는 라디오 성우로 활약하며 서서히 이름을 알리기 시작했다.

같은 시기, 펠리니 역시 분주한 시간을 보내고 있었다. 그는 생활비를 벌기 위해 닥치는 대로 일을 하는 한편 잡지에 소설을 연재하고 삽화를 그리며 차근차근 내공을 쌓아갔다. 펠리니가 일하던 잡지사에는 시인, 문필가, 언론인들이 참여하고 있었다. 그러던 중 그의 재능을 알아본 영화감독 스테파노 반치나의 주선으로 펠리니는 시나리오를 쓰기 시작했다. 당시 작가들은 영화 자막에 이름이 소개되지 않는 조건으로, 평균을 훨씬 웃도는 원고료를 받으며 시나리오 작업에 참여하곤 했다. 펠리니 역시 그렇게 얼굴 없는, 이름 없는 작가로 시나리오를 쓰면서 영화의 세계에 발을 들이기 시작했다.

처음에는 돈을 벌기 위해 시작한 일이었지만 펠리니는 대본이 영상으로 옮겨지는 작업에 매료되었다. 종이 속에 담겨 있던 글이 배우의 연기와 목소리를 통해 어떻게 살아나는지, 감독의 역할에 따라 시나리오가 어떻게 달라질 수 있는지를 지켜보는 것은 좋은 경험이자 살아 있는 공부가 되었다. 펠리니는 이내 현장에 적응하였고 곧 촉망받는 작가가 되었다.

1943년 여름, 치네치타[34]를 드나들며 시나리오 작가로 활동하던 펠리니는 자신이 쓴 라디오 드라마의 여주인공을 찾기 위해 고심하고 있었다. 그때 우연히 연예잡지에 실린 마시나의 사진을 보고 무작정 그녀를 찾아가 배역을 제안했다. 처음 만나는 무명 시나리오 작가의 패기 어린 행동에 마시나는 미소를 지었다. 이 만남은 두 사람의 운명을 완전히 바꿔놓았다. 여름이 끝날 무렵, 마시나는 이미 펠리니와 연인이 되었고 그의 청혼을 수락했다. 영원한 뮤즈이자 평생의 동반자를 얻은 두 사람은 그해 10월 30일 결혼식을 올리고 부부가 되었다. 이때 펠리니 감독은 23살, 마시나는 22살이었다. 훗날 펠리니는 마시나와의 첫 만남을 회상하며 이렇게 말했다.

"줄리에타를 처음 본 날 나는 다시 태어났다."

아이를 잃은 슬픔과 전쟁의 고통

마시나와 펠리니는 서로를 뜨겁게 사랑했으나 상황은 좋지 않았다. 당시는 제2차 세계대전[35]의 막바지였고, 이탈리아는 독재자 무솔

---

34 Cinecitta. 1935년 독재자 무솔리니가 건설한 유럽 제1의 국영촬영소. 로마의 남쪽 교외에 위치했으며 무솔리니의 아들 비토리오 무솔리니가 관장했다. 당시 세계에서 가장 현대적이고 커다란 규모를 지닌 종합 스튜디오로 제2차 세계대전 후 정부 감독하에 수많은 명작을 만들어냈다. 현재도 시설 면에서 유럽의 1, 2위를 다툰다.

35 1939년부터 1945년까지 독일, 이탈리아, 일본을 중심으로 한 추축국과 영국, 프랑스, 미국, 소련 등을 중심으로 한 연합국 사이에 벌어진 세계 규모의 전쟁이다. 지금까지의 인류 역사에서 가장 큰 인명과 재산 피해를 낳은 전쟁이다.

리니[36]의 파시즘[37]이 장악하고 있었다. 패전의 기색이 짙게 드리운 가운데 마시나는 두 아이를 연거푸 잃는 시련을 겪는다. 첫 아이는 마시나가 계단을 구르면서 유산되었고, 이듬해 태어난 아들은 갓난아기 시절을 넘기지 못한 채 폐렴으로 세상을 떠났다. 설상가상으로 전쟁이 끝나자마자 펠리니는 직업을 잃었다. 나라의 근간이 위태로운 상황에서 시나리오를 써서 생계를 꾸린다는 것은 불가능한 일이었다. 펠리니는 잡지사에서 일했던 동료들과 함께 초상화나 캐리커처를 그려주는 '퍼니 페이스 상점Funny Face Shop'을 열어 근근이 생활을 꾸려 나갔다.

하지만 얼마 지나지 않아 기회가 찾아왔다. 전쟁으로 인해 직업배우들을 구하기 힘들었던 로베르토 롯셀리니 감독이 펠리니가 운영하는 상점을 찾아온 것이다. 롯셀리니 감독은 영화를 구상하면서 '레지스탕스[38]를 돕다가 총살당하는 신부'를 떠올렸고, 자신이 좋아하는 배우이자 왕년의 보드빌 스타인 알도 파브리지가 주인공을 맡아주길 원했다. 알도 파브리지와 친분이 있었던 펠리니는 그가 롯셀리니 감독의 영화에 출연하도록 섭외해 주었고 이를 계기로 이 영화의 시나리오 작가 겸 조감독으로 동참했다.

이 작품이 바로 전쟁으로 황폐해진 도시 자체를 주인공으로 다룬

---

36 세계 최초의 파시즘 국가를 탄생시킨 이탈리아의 독재자로 히틀러와 함께 국제 파시즘 진영(추축국)을 구축했다.

37 '파시즘'은 이탈리아어로 '묶음', '결속' 또는 '단결'을 의미하는 파쇼(fascio)에서 유래한 말로 1919년 무솔리니가 주장한 국수주의적, 권위주의적, 반공적 운동을 말한다.

38 저항을 뜻하는 프랑스어로 2차 세계대전 당시 나치의 점령에 저항하여 유럽, 특히 프랑스에서 일어난 지하운동 및 단체를 뜻한다.

〈무방비 도시[39]_{Roma, città aperta}〉(1945)이다. 망가진 스튜디오 대신 폐허가 된 로마 거리의 모습을 그대로 담은 〈무방비 도시〉는 발표되자마자 전 세계의 시선을 사로잡았고 1946년 칸 영화제에서 황금종려상[40]을 수상한다. 오늘날까지도 네오리얼리즘[41]의 걸작이라는 평가를 받는 〈무방비 도시〉의 성공에 힘입어 이탈리아의 영화산업은 서서히 회복의 조짐을 보이기 시작했다. 〈무방비 도시〉의 캐스팅과 시나리오, 연출 작업에 참여한 펠리니도 자연스럽게 영화계로 복귀하였고 한동안 롯셀리니 감독의 조감독으로 경력을 쌓았다.

펠리니 감독의 배우가 되다

1946년, 마시나의 인생도 마침내 새로운 전환점을 맞았다. 펠리니와 툴리오 피넬리가 시나리오를 쓰고 알베르토 라투아다[42] 감독이 연출한 〈동정심도 없이〉(1947)에 조연으로 출연하면서 연기 활동을 재개한 것이다. 펠리니와 만났을 때 마시나는 라디오 성우로 활동을 하고 있었다. 하지만 펠리니는 그녀의 라디오를 들어본 적이 없었다.

---

39 이탈리아 네오리얼리즘의 태동을 알린 작품으로 무솔리니 정권이 실각하고 나치가 점령해 있는 도시 로마를 배경으로 하여 레지스탕스들의 활동과 그들에 대한 탄압을 사실주의적으로 그려낸 걸작이다. 1946년 칸국제영화제 황금종려상을 수상했다.

40 칸 영화제에서 경쟁 부문 초청작 가운데 최고 작품의 감독에게 주어지는 칸 영화제 최고상.

41   2차 세계대전 후 정치적, 사회적 전환기에 이탈리아 사회의 비참한 현실을 배경으로 하여 탄생한 문학유파로 특히 전 세계에 충격을 선사한 걸작 영화작품들로 유명하다.

42 〈바리에테의 등불 Luci del Variet〉, 〈일 밴디토 Il Bandito〉, 〈라 스피아지아 La Spiaggia〉 등을 연출한 영화감독.

그는 잡지에 실린 마시나의 '얼굴'을 보고 그녀를 자신이 쓴 시나리오의 주인공으로 캐스팅했었다. 이 작품은 결국 제작이 무산되었다. 따라서 펠리니는 한 번도 마시나의 연기를 제대로 '본' 적이 없었다.

하지만 카메라 앞에 선 마시나의 연기는 실로 엄청났다. 펠리니는 그녀의 연기를 보면서 끊임없이 아이디어가 떠올랐다. 펠리니는 〈동정심도 없이〉를 완성하자마자 새로운 시나리오 작업에 착수했다. 펠리니는 자신의 오리지널 시나리오를 라투아다 감독 및 각본가 툴리오 피넬리와 함께 영화에 맞게 고쳤다. 여주인공은 두 명으로 한 명은 라투아타 감독의 부인 카를라 델 포조와였고 다른 한 명은 마시나였다. 펠리니가 시나리오뿐 아니라 라투아다 감독과 공동으로 연출에도 참여한 이 작품이 바로 그의 감독 데뷔작이 된 〈바리에테의 등불Luci del Variet〉[43]이다. 이때부터 마시나는 본격적으로 영화배우로 활동하기 시작했고, 남편 펠리니 감독의 완벽한 뮤즈가 되었다.

〈바리에테의 등불〉에서 마시나가 연기한 '멜리나'는 유랑 극단의 극단주 '체코'의 약혼녀로 그를 헌신적으로 사랑한다. 하지만 체코가 운영하는 유랑극단은 점점 관객들의 외면을 받고 어려움에 처하고 멜리나는 어려움에 처한 극단을 안타까워하는데, 이때 늘씬한 각선미를 지닌 미모의 무용수 '릴리아나'가 등장한다. 릴리아나의 유혹에 넘어간 체코는 단원들의 반대에도 불구하고 그녀를 무대에 세운다. 관객의 반응은 역시나 싸늘하기만 한데, 이때 실수로 릴리아나의 치마가 벗겨지자 객석에서 뜨거운 환호성이 터져 나온다. 치마가 벗겨지는

---

43 한국어 제목은 〈펠리니의 청춘군상〉.

릴리아나의 공연은 날로 인기가 높아지고 부유한 변호사가 그녀에게 관심을 보인다. 변호사는 릴리아나의 호감을 얻기 위해 극단 단원들을 집으로 초대하여 저녁을 대접하고 그녀에게 목걸이를 선물하며 자신의 마음을 고백한다. 하지만 릴리아나에게 반한 체코는 오랜 시간 그의 곁을 지켜온 약혼녀 멜리나를 버려둔 채 변호사와 결투까지 벌인다. 하지만 유명 극단에서 스카우트 제의를 받은 릴리아나는 체코와 극단을 떠나고, 빈털터리가 된 체코는 극단을 다시 꾸릴 돈이 필요해지자 자신이 버린 멜리나를 찾아간다.

순정을 짓밟히고도 약혼자를 원망하기는커녕 지고지순한 사랑을 간직한 채 크고 가냘픈 눈동자 가득 눈물을 머금은 마시나의 연기는 펠리니의 영감을 끊임없이 자극했다. 그는 영화를 찍는 내내 '줄리에타 마시나'라는 배우가 가진 무궁한 능력을 확신했다. 펠리니는 오직 자신만이 그녀의 천재적인 연기를 담아낼 수 있음을 알았다. 마시나는 어떤 여배우와도 닮지 않았다. 얼굴이 달랐고, 몸매가 달랐고, 연기하는 방식도 달랐다. 배우로서 마시나의 매력은 유일무이한 것이었고, 대체 불가능한 것이었기 때문이다.

영화 〈길 La strada〉

펠리니는 끊임없이 시나리오를 썼다. 마시나의 연기를 보고 있노라면 하고 싶은 이야기들이 절로 떠올랐다. 펠리니가 구상한 남자주인공은 늙고 허풍이 세고 가난과 생활에 쪼들리는 유랑 배우였고, 여

영화 〈길〉에서 줄리에타 마시나의 모습들

자주인공은 그에게 모든 것을 바치는 가련한 소녀였다. 그리하여 오직 마시나만이 할 수 있는 연기, 마시나가 아닌 다른 배우는 상상조차 불가능한 캐릭터 '젤소미나'의 슬픈 이야기기 담긴 길작 〈길 La strada〉이 탄생했다.

〈길〉의 시나리오가 완성되기까지는 무려 4년의 시간이 걸렸다. 1954년, 영화사에 길이 남을 펠리니 감독, 마시나 주연의 〈길〉이 세상에 공개되었다. 마시나는 조금 모자란 듯하지만 천사 같은 마음씨를 지닌 소녀 '젤소미나'로 분했고, 안소니 퀸은 그런 젤소미나를 자신의 소유물로만 생각하는 짐승 같은 '잠파노'를 연기했다. 젤소미나의 어머니는 몇 푼 되지 않는 돈을 받고 그녀를 곡예사이자 차력사인 잠파노에게 판다. 잠파노는 푼돈(그에게는 거금이었을지도 모를)을 주고 사온 젤소미나를 사람처럼 여기지 않았다. 젤소미나는 낮에는 잠파노에게 얻어맞으며 조수노릇을 익혀나가고 밤에는 그의 성욕을 해소해주는 역할을 한다.

잠파노는 툭하면 폭력을 휘두르며 젤소미나에게 손찌검을 하고 학대하지만 그녀는 잠파노를 무서워하면서도 좋아한다. 잠파노가 사람들 앞에서 가슴에 묶인 쇠사슬을 끊는 차력을 선보이면 어릿광대처럼 우스꽝스러운 분장을 한 젤소미나는 그 옆에서 북을 치며 춤을 췄다. 그러던 어느 날 잠파노는 젤소미나를 데리고 규모가 있는 극단에 들어가게 되고 그곳에서 옛 친구이자 곡예사인 '마토'와 만나게 된다. 잠파노와 달리 젤소미나의 순수함을 알아본 마토는 그녀를 다정하게 대해주었고, 처음 받아보는 친절함과 따뜻함을 느낀 젤소미나도 그에게 사랑을 느낀다. 하지만 두 사람 사이의 미묘한 감정을 알아차린 잠파노는 마토와 큰 싸움을 벌이게 되고 결국 두 사람은 극단에서 쫓겨난다. 젤소미나는 마토와 함께 갈 수도 있었지만 결국 잠파노를 선택한다. 하지만 그날 이후 젤소미나의 마음속에는 마토에 대한 아련한 그리움이 자리를 잡고, 잠파노는 그게 눈에 거슬렸다.

그 후 길에서 우연히 마토를 다시 만난 잠파노는 홧김에 실수로 그를 죽이게 되고 이 광경을 목격한 젤소미나는 충격으로 정신이 이상해져 버린다. 젤소미나가 조수노릇을 제대로 하지 못하자 잠파노는 잠든 그녀를 홀로 남겨둔 채 도망친다. 버려진 젤소미나는 얼마 후 병으로 세상을 떠난다. 세월이 흘러 나중에서야 그 사실을 알게 된 잠파노는 자신을 사랑해준 유일한 사람을 버렸던 것에 대한 후회와 젤소미나가 이 세상에 없다는 것에 대한 슬픔으로 울부짖으며 통곡한다.

영화사에 길이 남을 여주인공, 젤소미나의 탄생

〈길〉은 시나리오의 구상단계부터 마시나를 위한 작품이었다. 하지만 제작자 카를로 폰티[44]는 마시나가 주인공을 맡는 것을 맹렬하게 반대했다. 흥행의 귀재였던 폰티는 〈길〉의 여주인공으로 여배우 실바나 망가노를 기용하라고 강력하게 요구했다. 하지만 펠리니 감독의 결사적인 반대에 부딪혔고 결국 마시나를 기용하는 것을 허락할 수밖에 없었다. 펠리니는 자신이 창조한 '젤소미나'를 연기할 수 있는 것은 오직 마시나밖에 없다고 확신했다. 아니, 마시나가 없었다면 '젤소미나'라는 캐릭터도 탄생할 수 없었다.

1954년, 〈길〉이 공개되자 전 세계는 마시나의 연기에 경배하듯 찬사를 바쳤다. 무성영화 시대의 전설적인 배우 찰리 채플린은 마시나에게 '내가 가장 존경하는 여배우'라고 극찬했다. 당시 마시나는 33살의 나이였으나 작고 가녀린 몸매와 천진하면서도 겁에 잔뜩 질린 큰 눈으로 마치 성장이 멈춰버린 소녀 같은 젤소미나를 완벽하게 소화했다. 전형적인 미모나 육감적인 몸매가 아니었기에 소년처럼 옷을 입고 어릿광대 분장을 한 마시나의 모습은 젤소미나 그 자체였다. 젤소미나를 통해 마시나는 여배우로서 제한된, 외모적인 한계를 완전히 뛰어넘었고 '여자 채플린', '외모조차 연기를 한다'는 등의 찬사가 쏟아졌다.

---

44 이탈리아 영화 전성기에 많은 배우들을 발굴, 관리했을 뿐 아니라 수많은 영화들을 제작하며 절대적인 영향력을 발휘했던 인물. 이탈리아 출신 영화배우 소피아 로렌의 남편이기도 하다.

펠리니 감독과 마시나는 〈길〉을 통해 수많은 상을 받았다. 베니스 영화제 은사자 상을 비롯하여 1956년에는 아카데미 최우수외국어영화상을 수상했고 연출, 시나리오, 연기 부문을 합쳐 국제영화제에서만 총 27개의 상을 받는 진기록을 세웠다. 이 영화로 마시나는 단숨에 감히 다른 여배우들이 넘볼 수 없는 영역을 개척한, 세계적인 연기파 배우로 자리매김했다. 한편의 영화가 이처럼 한 연기자를 스타덤에 올려놓고 하나의 신화의 경지로까지 자리매김한 것은 유례를 찾아보기 어려운 일이었다. 그만큼 〈길〉은 위대한 걸작이었고, 젤소미나를 연기한 마시나는 영화 역사상 위대한 여배우였다.

화려한 영광, 오랜 이별

1956년, 마시나는 펠리니 감독의 두 번째 연출작 〈카리비아의 밤 Le Natti di Caribia〉(1956)에 주인공으로 출연했다. 〈카리비아의 밤〉은 순수하게 사랑을 갈구하지만 계속해서 남자들과 세상에 배신당하고 버림받는 가련한 창녀의 이야기였다. 여주인공 카리비아를 연기한 마시나는 이 작품에서 절정의 연기력을 보여주며 오스카상과 뉴욕 비평가상, 영화제 여우주연상을 수상한다. 하지만 이 작품 이후 마시나는 오랜 시간 펠리니와 작업을 같이하지 않았다.

수년 동안 마시나를 위한 시나리오를 구상하고 마시나 주연의 영화를 만들어온 펠리니는 감독으로서 한계를 느꼈던 것이다. 이때 펠리니 앞에 영화배우 마스트로얀니가 등장한다. 그의 친구이자 페르소나가 된 마스트로얀니와 함께 작업을 하면서 펠리니는 감독으로서의 명성을 한껏 드높이게 된다. 1959년 개봉한 〈달콤한 인생 La Dolce Vita〉이 칸 영화제에서 황금종려상을 수상하며 작품성을 인정받았고 사회적인 신드롬을 일으키며 기록적인 흥행을 거두었다. 마스트로얀니와 함께한 〈8과 1/2〉(1962) 또한 엄청난 성공을 거두며 오스카상은 물론 모스크바 영화제에서 대상을 수상하는 영광을 안았다.

펠리니가 감독으로서 화려하게 비상하는 동안 마시나는 긴 슬럼프에 빠진 채 무기한 휴식에 들어갔다. 어떠한 감독도 펠리니보다 마시나의 연기를 빛나게 만들지 못했기 때문이다. 그녀는 펠리니가 아닌 다른 감독들과 함께 작업하며 연기를 계속했으나 '젤소미나'나 '카라비아'를 뛰어넘는 캐릭터는 존재하지 않았다. 아니, 존재할 수가 없었다. 이미 마시나에게 절정의 감동을 느낀 관객들은 평범한 연기를 하는 그녀의 작품에 흥미를 느끼지 못했던 것이다.

펠리니와의 재회 〈영혼의 줄리에타〉

마시나가 없는 촬영장에서 펠리니는 화려한 스캔들의 주인공이었다. 그의 사생활은 언론의 뜨거운 먹잇감이었다. 수년 동안 계속된 성공과 매스컴의 집요한 관심에 넌더리가 난 펠리니는 영혼의 안식처인 마시나에게 돌아갔다. 〈카리비아의 밤〉 이후 함께 작업을 하지 않았던 펠리니와 마시나는 10년 만에 부부가 아닌 감독과 배우로 다시 만났다. 마시나의 연기를 지켜보는 것만으로도 펠리니는 혹사당하며 고

갈되었던 재능이 다시 차오르는 기분이 들었다. 마시나는 펠리니의 뮤즈이자 치유이며 마르지 않는 사랑과 영감의 원천이었다.

1965년, 펠리니는 〈8과 1/2〉의 대칭점에 있는, 혹은 〈8과 1/2〉의 여자 버전이라고도 불리는 〈영혼의 줄리에타〉(1965)를 만들었다. 영화의 제목이 말해주는 것처럼 마시나를 위한 영화였다. 하지만 환상과 감동이 공존하는 펠리니의 영화를 기다려온 팬들은 〈영혼의 줄리에타〉가 개봉하자 실망을 감추지 못했다. 〈영혼의 줄리에타〉는 펠리니의 첫 컬러영화였으나 이탈리아에서 기대에 못 미치는 흥행성적을 거두었다. 하지만 해외에서는 많은 사랑을 받았고 골든 글로브 상과 뉴욕 비평가 상을 수상하기도 했다.

〈영혼의 줄리에타〉 이후 펠리니 감독은 오랜 휴식에 들어갔다. 피로 누적으로 인한 늑막염으로 요양원에 들어가야 했기 때문이다. 수개월 동안 요양원 신세를 지며 건강을 되찾은 펠리니는 그의 주특기인 서커스, 광대, 유랑극단이 등장하는 자전적이면서도 지금까지와는 전혀 다른 형식의 작품을 선보였다. 특별한 캐릭터가 등장하지 않고 도시 자체가 주제인 〈로마Roma〉(1972), 고향 리미니에서의 추억을 소재로 한 〈아마코드Amarcord, I Remember〉(1974)로 그는 '역시 펠리니'라는 찬사를 받았다.

뮤즈와 페르소나의 만남, 〈진저와 프레드〉

1980년대에 들어서자 TV가 영화의 자리를 차지했다. 영화 산업은 위기를 맞았다. 이미 거장이라는 소리를 듣고 있던 펠리니는 1985년, 다시 영화 현장으로 향했다. 그는 한 시대를 풍미했으나 이제는 퇴물이 된 영화배우들이 TV쇼에서 만나 서로의 처지를 확인하는 내용의 시나리오를 구상했고 이를 스크린으로 옮겼다.

펠리니 감독의 영원한 뮤즈 마시나는 나이가 든 여배우 '아멜리아' 역을 맡았고, 펠리니 감독의 영원한 페르소나 마스트로얀니는 한물간 남배우 '피포' 역을 맡았다. 1985년 발표된 〈진저와 프레드〉는 마시나와 마스트로얀니가 처음 만난 작품이자 각각 펠리니와 함께한 다섯 번째 작품이기도 했다. 영화팬들은 마시나와 마스트로얀니를 한 화면에서 만날 수 있다는 것에 감동했다.

64살의 마시나는 65살의 펠리니가 쓴 시나리오 속 여주인공을 완벽하게 연기했다. 독특하면서도 유머러스하고, 코믹하면서도 신비로운 성격을 지닌 아멜리아는 마시나 그 자체였다. 마시나는 〈진저와 프레드〉로 이탈리아 내셔널 영화제 여우주연상을 수상했다. 영화를 보기 위해 극장을 찾은 사람들은 〈진저와 프레드〉 속 마시나를 보며 젤소미나를, 카리비아를, 아멜리아를 추억했다.

사랑과 영광을 함께한 두 사람

1985년, 마시나는 다비드 디 도나텔로 영화제 특별상과 제36회 베를린영화제 공로상을 수상했다. 배우로서 누릴 수 있는 최고의 영광을 모두 가진 셈이었다. 1987년, 펠리니는 이탈리아 공화국 Cavaliere

펠리니와 마시나 부부

di Gran Croce 훈장(1등급)을 받았고 같은 해 칸 영화제에서 40주년 기념상을 수상했다. 감독으로서 펠리니 또한 모든 것을 다 이룬 셈이었다.

노년에 접어든 마시나와 펠리니는 로마의 소박한 아파트에서 여생을 함께했다. 마시나는 종종 영화에 출연하였고, 가끔씩 유엔아동기금UNICEF 행사에 이름을 빌려주거나 직접 참석하기도 했다. 1993년 아카데미 영화제에서 평생 공로상을 받은 펠리니 감독은 50년 동안 자신과 인생을 함께한 아내 줄리에타 마시나에게 상을 바쳤다. 그해 10월 30일 펠리니는 병상에서 마시나와 함께 결혼 50주년 기념식인 금혼식을 치렀다. 그리고 그다음 날 마치 자신의 소임을 다했다는 듯 편안한 얼굴로 세상을 떠났다. 이듬해인 1994년 3월 23일, 마시나도 로마의 콜럼버스 병원에서 눈을 감았다.

두 사람이 세상을 떠난 후, 유엔교육과학문화기구UNESCO는 1995년부터 인권 보호와 인류애에 관한 작품을 만들어온 작가주의 영화감독에게 페데리코 펠리니의 이름을 딴 '펠리니 메달'을 매년 수여하고 있다. 펠리니가 없었더라면 '줄리에타 마시나'라는 배우가 세상에 등장하지 않았을지도 모른다. 반면 마시나가 없었더라면 페데리코 펠리니 감독의 걸작들 또한 탄생하지 못했을 것이다. 평생을 부부로 함께하며 스튜디오와 가정을 함께 일구며 죽는 날까지 함께한 줄리에타 마시나와 페데리코 펠리니는 그야말로 영혼의 한 쌍이라고 할 수 있다. 이런 행운을 누린 영화배우는, 영화감독은 결코 흔하지 않다. 그렇기 때문에 마시나와 펠리니가 남긴 작품들은 수십 년이 지난 지금까지도 수많은 영화들을 제치고 영화팬들의 사랑을 받고 있는 것이 아닐까.

마르그리트 뒤라스,
세상의 모든 고통을 끌어안은 작가

Great women

"나는 사랑을 사랑했고 사랑하기를 사랑했다."

- 마르그리트 뒤라스

마르그리트 뒤라스는 프랑스 문학사에서 가장 중요한 작가 중 한 사람이다. 1943년 첫 소설을 발표한 뒤라스는 죽는 날까지 글을 썼다. 글쓰기와 작품은 그녀의 삶과 긴밀하게 연결되어 있었고, 그래서 많은 비난을 받기도 했다. 뒤라스는 첫 소설을 출간한 후 쉬지 않고 꾸준히 작품을 썼고, 장장 수십 년 동안 평단의 찬사와 혹평을 동시에 받은 문제적 작가였다. 하지만 오늘날 뒤라스는 베스트셀러 작가로 알려져 있다. 하지만 그녀의 작품이 대중적인 인기를 얻게 된 것은 뒤라스의 나이 일흔이 넘어서였다. 뒤라스의 삶은 상식적인 기준에서 바라보았을 때 참으로 이해하기 어렵다. 그중 가장 많은 이들을 당혹시킨 것은 예순이 훨씬 넘은 나이에 뒤라스가 이십대의 젊은 남성과 사랑에 빠졌다는 것이다. 놀랍게도 뒤라스의 작품 중에서 대중적으로 가장 큰 사랑을 받은 소설들은 바로 이 시기에 탄생했다.

인도차이나에서 태어난 백인소녀

마르그리트 뒤라스는 1914년 프랑스의 식민지였던 인도차이나에서 태어났다. 뒤라스의 진짜 이름은 마르그리트 도나디외인데 그녀는 자신의 아버지가 남겨준 이 성性을 싫어하였고, 작가가 된 후 스스로 '뒤라스'라는 이름으로 바꿨다. 사실 뒤라스에게 아버지의 존재는 희미했다. 그녀가 고작 5살이었을 때 세상을 떠났기 때문이다.

뒤라스의 아버지 앙리 도나디외는 인도차이나에서 근무하던 수학교사였다. 그는 원주민학교에서 프랑스어 교사로 일하던 마리 르그랑을 만나 결혼을 했다. 두 사람은 슬하에 세 자녀를 두었는데 큰아들 피에르와 작은 아들 폴 그리고 1914년에 태어난 막내딸 마르그리트였다. 앙리와 마리는 인도차이나의 원주민 아동들을 가르치는 성실하고 모범적인 부부였다. 평교사에서 출발한 앙리는 그 성실함을 인정받아 교육책임자로 승진하였고 프놈펜 현지학교의 교장으로 발령을 받았다. 부부는 세 아이를 데리고 학교에 딸린 관저로 이사를 하였고 행복한 나날을 보냈다. 장밋빛 미래를 꿈꾸며 온 가족이 함께 보냈던 유일한 시절이었다. 하지만 1918년, 앙리 도나디외가 풍토병으로 세상을 떠나면서 뒤라스는 엄마 그리고 두 오빠와 함께 가난한 삶을 살아야 했다.

식민지로 발령을 받은 공무원들은 원주민들을 짓밟고 군림하며 고액의 월급을 받으면서도 편법을 사용해 온갖 돈벌이를 하면서 부유하고 귀족적인 생활을 했다. 하지만 식민지에서 살아가는 모든 프랑스인이 그런 것은 아니었다. 앙리와 마리 같은, 프랑스에서도 가난했던, 그래서 식민지에서 일을 해서 먹고살아야만 했던, 이를테면 원주민 학교에서 일하는 프랑스인 교사는 식민지 공무원 중 가장 낮은 신분이었다. 월급 또한 박봉이었다. 그래도 프랑스로 돌아가는 것보다는 식민지에서 일을 하며 사는 것이 좀 더 나았기 때문에 마리는 남편이 세상을 떠난 후에도 세 아이를 데리고 인도차이나에 남았다.

불행한 가족사

세 아이와 함께 덩그러니 세상에 남겨졌을 때, 뒤라스의 어머니는 38살이었다. 그녀는 아이들을 건사하기 위해 닥치는 대로 일했고 여자로서의 삶은 아예 포기했다. 그녀는 계속 교사로 일하고 개인교습도 하면서 꿋꿋하게 세 아이를 키웠다. 극장에서 피아노 반주를 하기도 했다. 돈을 벌 수 있는 일이라면 무엇이든 했다. 아무 연고도 없는 인도차이나에서 남편 없이 자식을 키우려면 강해져야 했다. 하지만 6

년 후, 결국 그녀는 생활고를 이기지 못해 프놈펜 생활을 정리하고 도시를 떠나 시골로 내려갔다.

생활은 점점 가난해져갔지만 뒤라스의 어머니는 꿈을 잃지 않았다. 그녀는 10년 동안 악착같이 일하며 절약한 돈으로 토지불하[45] 신청을 했다. 그리고 2년을 기다려 100헥타르(약 30만평)의 땅을 불하받는다. 이 땅에는 그녀와 자식들의 미래가 달려 있었다. 하지만 부패한 토지 관리국 직원들이 배분해 준 땅은 우기가 되면 바다에 잠기는 땅이었다. 제대로 된 땅을 받으려면 뇌물을 바쳐야 했지만 그녀는 이를 알지 못했고, 알았다 해도 뇌물로 줄 돈이 있을 리가 없었다. 땅을 받은 첫 해, 뒤라스의 어머니는 풍작을 꿈꾸며, 부자가 되기를 꿈꾸며 농작물을 심었다. 하지만 우기가 오자 거센 파도에 모든 것이 사라졌다. 아무리 항의를 해도 토지 관리국 직원들은 나 몰라라 할 뿐이었다.

이듬해에도 이런 상황이 반복되자 뒤라스의 어머니는 밀려오는 파도를 막기 위해 방파제를 쌓기로 결심한다. 비슷한 상황에 처한, 프랑스인들에게 쓸 만한 땅을 모조리 빼앗긴 채 그곳으로 밀려난 원주민들이 그녀의 계획에 동참했다. 뒤라스의 어머니는 원주민들과 함께 몇 개월에 걸쳐 방파제를 쌓는 데 성공한다. 하지만 우기가 되자 방파제는 하룻밤 사이에 무너져 내리고 말았다. 그녀는 이 충격으로 죽을 고비를 넘겼다. 결국 뒤라스의 가족에게 남은 전 재산은 바닷물이 닿지 않는 5헥타르(약 1만 5천 평)의 땅이 전부였다.

---

45 국가 또는 공공 단체의 재산을 개인에게 팔아넘기는 일.

뒤라스는 허허벌판이나 다름없는 이곳에서 어머니 그리고 두 오빠들과 함께 살았다. 방파제를 쌓아도 태평양을 막을 수 없다는 것을 깨달은 뒤라스의 어머니는 삶의 목표를 잃었고, 장남 피에르에게 그녀의 모든 희망을 걸었다. 하지만 피에르라고 뾰족한 수가 있을 리 없었다. 암울하고 절망적인 상황 속에서 그는 자신보다 약한 동생들을 괴롭히는 것을 유일한 낙으로 삼았다. 아버지가 없는 집안에서 어머니의 절대적인 사랑을 받은 피에르는 폭군이 되어갔다. 어머니의 편애를 받는 포악한 큰 오빠의 횡포를 견뎌야 했던 뒤라스는 작은 오빠에게 의지하며 그 시절을 견뎌냈다.

시간이 흐르면서 큰오빠에 대한 분노는 커졌고 이를 방관하는 어머니에 대한 불만도 높아졌다. 뒤라스가 겪고 있는 모든 부당함의 원인은 큰 오빠만을 편애하는 어머니 때문이었다. 하지만 뒤라스가 어머니를 싫어하거나 증오한 것은 아니었다. 사실 뒤라스가 간절하게 바란 것은 어머니의 사랑이었다. 하지만 어머니는 말이 통하지 않는 사람이었고 오직 큰아들에게 집착할 뿐이었다. 한창 예민했던 사춘기 시절, 불의와 외로움을 혹독하게 겪어야 했던 뒤라스는 반항심으로 똘똘 뭉친 냉소적인 소녀로 성장했다. 자존감은 한없이 강했지만 자신의 감정을 존중하거나 사랑하는 방법은 모르는 아이가 된 것이다.

가슴 아픈 첫사랑

1928년, 14살의 뒤라스는 가족들과 떨어져 이제까지 그녀가 지내왔던 빈 롱이나 사덱보다 훨씬 큰 도시 사이공으로 갔다. 뒤라스의 어머니는 큰아들을 향해 무조건적인 애정을 보여주었으나 자신의 아이들 중 막내딸이 가장 똑똑하다는 것을 알고 있었다. 그래서 뒤라스가 14살이 되자 자신이 아는 인맥을 총동원하여 그녀를 사이공에 있는 기숙학교에 보낸 것이다. 그곳에서도 뒤라스는 이방인이었다. 그녀는 고독하고 외로웠다.

어린 시절, 뒤라스는 밀림이 가까운 곳에 살면서 뱀과 벌레들이 우글거리는 숲을 맨발로 뛰어다니며 성장했다. 피부가 하얀 프랑스인들은 원주민들을 착취하고 그들 위에 군림하는 존재였으나 뒤라스의 가족들은 피부만 하얀색일 뿐 생활은 원주민들과 크게 다르지 않았다. 어린 뒤라스의 주변에는 거지와 문둥이[46]들이 흔했다. 반면 사이공의 기숙학교에서 만난 또래의 프랑스 소녀들은 부유하고 깨끗했다. 뒤라스는 이들과 어울리지 못했다. 다른 소녀들은 주말이면 가족과 함께 시간을 보냈지만 뒤라스에게는 주말마다 사덱으로 돌아갈 배표나 차표를 살 돈이 없었다. 그녀의 가족 또한 돈이 없기는 마찬가지였다. 즉, 사이공의 기숙학교에서 홀로 지내고 있는 뒤라스를 보러 오지 않았다.

뒤라스는 방학이 되어서야 사덱으로 돌아갈 수 있었다. 방학 동안 가족들과 함께 지내고 다시 사이공으로 돌아가기 위해 뒤라스는 메콩강을 가로지르는 배에 올랐다. 그리고 그곳에서 아프고도 아름다운 기억으로 남게 될 첫사랑을 만났다. 그는 베트남 부동산을 장악하고

---

46 나병(한센병)을 앓고 있는 환자들을 낮잡아 부르는 말.

있는 소수의 부유한 중국인 중 한 명으로 파리에서 공부를 마치고 돌아오는 길이었다. 남자는 15살의 백인소녀 뒤라스에게 한눈에 반했고, 뒤라스는 담담하게 그의 사랑을 받아들였다. 인종과 나이, 집안과 배경을 뛰어넘는 사랑이었다.

부유한 중국남자와 연애를 하고 잠을 자는 뒤라스는 동급생들과 프랑스인들로부터 비난을 받으며 '어린 창녀'로 불렸으나 개의치 않았다. 오히려 이 시기 뒤라스는 육체적인 사랑에 탐닉했다. 나중에야 딸이 중국남자와 연애를 하고 있다는 것을 알게 된 뒤라스 어머니는 당황하였고 뒤라스를 만날 때마다 욕을 하고 때렸지만 이 관계를 말릴 수 없었다. 뒤라스와 그녀의 첫사랑이 된 중국인 남자와의 관계는 그가 집안에서 정해준 여자와 결혼을 하면서 끝이 났다. 1932년, 18살의 뒤라스는 가족과 함께 파리로 떠났다. 뒤라스는 첫사랑 중국인 남자와 헤어지면서 그녀가 파리에 도착하면 쓸, 상당한 액수의 돈을 받았다.

식민지에서 프랑스인들로부터, 상류사회로부터 배척당하는 삶은 뒤라스에게 조금도 상처를 주지 않았다. 이때부터, 아니 태어났을 때부터 죽을 때까지 주류사회로부터 배척당하고 기존 질서에 도전하는 것은 그녀의 삶 자체였다. 졸업 후 인도차이나를 떠나 프랑스로 간 뒤라스는 파리대학에서 국가장학금을 받으며 대학생활을 시작했다. 뒤라스가 대학에 입학하면서 온 가족이 함께 잠시 프랑스로 귀국하긴 했으나 그녀의 어머니는 낯설어진 조국에 적응하지 못하고 작은 아들만을 데리고 인도차이나로 돌아갔다.

파리에서의 새로운 출발

뒤라스는 12살 때부터 작가가 되고 싶었다고 한다. 그리고 자신의 꿈을 어머니에게 이야기했으나 번번이 무시당했다. 어머니는 뒤라스가 수학교사나 공무원 등 안정적인 직업을 갖게 되기를 바랐다. 그것이 그녀가 아는 최고의 직업이었고, 최상의 생활이었기 때문이다. 그래서였을까. 뒤라스는 대학에서 법학과 수학을 전공했다. 하지만 공부보다 그녀를 더 매료시킨 것은 문학이었다. 인도차이나에서의 독서 경험은 보잘것없는 수준이었으나 파리는 달랐다. 뒤라스는 친구들과 어울리는 대신 커다란 대학 도서관에서 마음껏 책을 읽었고, 아예 극장에 고정관람권을 끊어놓고 공연되는 모든 연극을 보았다. 인도차이나와는 다른, 완전히 새로운 생활이 시작되었으나 역시나 뒤라스는 고독했다. 이는 스스로 선택한 고독이기도 했다. 인도차이나에서의 삶과 파리에서의 모든 경험은 훗날 그녀가 작가가 되는 데 토양이 되었다.

1937년, 23살의 뒤라스는 대학을 졸업하고 식민성 공무원으로 취직했다. 어머니가 바라던 대로 안정적인 직업을 얻은 것이다. 식민지에서 나고 자란 뒤라스는 유능한 직원이 되었고 2년 사이 월급도 두 번이 인상되었다. 2년 후에는 법대에서 만난, 3살 연하의 로베르 앙텔므와 결혼했다. 뒤라스의 인생에서 남들이 보기에도 딱히 비난할 거리가 없는 지극히 정상적인 생활을 했던, 지극히 드물게 모든 것이 안정적이었던 시기였다.

1940년, 뒤라스는 필립 로크와 함께 갈리마르 출판사[47]에서 식민지 정책을 실천에 옮긴 인물들에 대한 찬사와 프랑스 식민지 정책에 대한 찬양과 경의로 가득 찬 〈프랑스 제국〉을 출간했다. 어려서부터 줄곧 식민지 체제 자체를 거부하고 인종차별과 백인우월주의를 경멸해왔던 뒤라스의 이러한 행보는 고개를 갸우뚱하게 만든다. 〈프랑스 제국〉은 '뒤라스'라는 이름이 아니라 아버지의 성(姓)인 '마르그리트 도나디외'라는 이름을 걸고 나온 책이긴 했으나 어쨌거나 뒤라스가 세상에 내놓은 첫 번째 책이었다. 훗날 그녀의 전기를 쓴 작가 알랭 비르콩들레는 이에 대하여 '아버지의 이름(도나디외)을 완전히 던져버리기 전, 마지막으로 용서를 구하는 행위였다'고 이해했다.

전쟁의 상처 그리고 작가 데뷔

1940년, 뒤라스가 프랑스와 정부를 찬양하는 〈프랑스 제국〉이라는 책을 출간한 바로 그해, 그녀는 해고를 당했다. 전쟁[48]으로 새로운 정부가 들어서면서 일자리를 잃은 것이었다. 짧게나마 어머니가 원하는 삶을 살았던 뒤라스는 이로써 안정적인 삶과 완전히 작별하였다. 같은 시기, 프랑스를 점령한 독일 군인들이 파리 시내를 활보하고, 유

---

47 프랑스의 대표적인 문학 전문 출판사로, 1919년 가스통 갈리마르(Gaston Gallimard, 1881~1975)가 창립하였다. 카뮈의 〈이방인〉, 생텍쥐페리의 〈어린 왕자〉, 프루스트의 〈잃어버린 시간을 찾아서〉를 포함해 세계적인 유명 작가 대부분의 작품을 발행하였다.

48 제2차 세계대전.

마르그리트 뒤라스

태인들은 가슴에 노란 별을 달고 불안한 하루하루를 보내고 있었다.

그러던 중 1942년, 뒤라스는 첫 아이를 잃었다. 전쟁 중이라 차량들이 독일군의 통제를 받고 있었기 때문에 의사가 너무 늦게 도착한 것이었다. 뒤라스는 절망하였고 슬픔에 잠겼다. 설상가상 그녀가 가장 사랑했던 가족, 작은 오빠가 인도차이나에서 세상을 떠났다는 소식이 전해졌다. 일본군이 점령한 사이공에서 폐렴에 걸린 뒤라스의 작은 오빠는 약품 부족으로 목숨을 잃었다. 첫 아이와 작은 오빠의 죽음으로 뒤라스는 엄청난 상실감을 느꼈고, 이 사건은 그녀에게 평생의 상처로 남았다.

아들과 오빠의 죽음이라는 어마어마한 고통과 슬픔을 견디기 위해 뒤라스는 글을 썼다. 1942년, 뒤라스는 피를 토하는 심정으로 '타네랑 가족'이라는 제목의 첫 번째 소설을 완성했다. 그녀의 자전적인 이야기가 담긴 소설이었다. 뒤라스는 이 소설을 갈리마르 출판사에 보냈다. 출판사에서는 뒤라스의 역량은 인정하였으나 소설의 출판은 거부했다. 그러자 뒤라스의 남편 로베르 앙텔므는 자신이 아는 출판사의 지인에게 이 원고를 가져갔다. '만약 이 책이 출판되지 못하면 나의 아내는 아마 자살을 할 것'이라며 아내의 출판을 위해 애쓴 앙텔므 덕분에 1943년, 뒤라스의 첫 번째 소설이 이 세상에 나올 수 있었다. 제목은 '타네랑 가족'에서 〈철면피들〉로 수정되었다.

　　두 번째 소설 〈평온한 삶〉은 1944년 갈리마르사에서 출판되었다. 이 시기 뒤라스는 그녀의 인생에서 중요한 한 남자를 만난다. 바로 갈리마르사의 원고 선정인인 디오니스 마르콜로가 그 주인공이다. 같은 해, 뒤라스와 그녀의 남편 로베르 앙텔므 그리고 디오니스 마르콜로 세 사람은 프랑수아 미테랑[49]이 창설한 레지스탕스 운동에 가담했다. 그로부터 얼마 지나지 않은 1944년 6월 1일, 로베르 앙텔므는 게슈타포[50]에 의해 체포된다.

　　뒤라스는 또다시 사랑하는 사람을 잃은 상실과 고통, 분노와 공포에 시달렸다. 그녀는 남편의 생사를 알아내기 위해 사방을 헤맸으나 헛수고였다. 노르망디 상륙작전[51]의 성공으로 프랑스 국민들과 파리 시민들이 환호하고 있을 때, 뒤라스는 남편의 실종으로 인해 정신이 반쯤 나가 있었다. 패배가 확실해지면서 초조해진 독일군이 포로들을 어떻게 처리할지 알 수 없었기 때문이다. 1945년 4월, 연합군의 승리

49　프랑스의 정치가. 1981년 사회당 출신으로는 최초로 대통령에 당선되었다. 우파 정당의 시라크를 총리로 임명, '좌우동거체제'를 만들어냈다. 유럽연방구상, 독·프 통합군 창설 구상을 발표했다. 1993년 유럽연합 발족을 성사시켰다.

50　독일 나치(Nazi) 정권의 비밀국가경찰이다. 독일은 물론이고 독일이 점령한 지역에서 공산주의자와 사회주의자를 포함한 나치 반대 세력을 잔인하게 탄압하고 유대인을 학살하는 등 공포 분위기를 조성하면서 나치 체제를 확립하는 활동을 했다.

51　1944년 6월 6일, 미국과 영국군이 주력이 되고 캐나다, 자유 프랑스, 오스트레일리아, 폴란드, 노르웨이 등 8개국이 참여한 연합군이 독일이 점령하고 있던 프랑스령 노르망디 해안에 기습적으로 상륙한 작전. 노르망디 상륙작전의 성공을 발판으로 연합군은 1944년 8월 25일 파리를 탈환하였고 제2차 세계대전에서 연합군이 승리하는 결정적인 계기를 마련했다. 제2차 세계대전에서 유럽 대륙의 해방을 가져다준 기념비적인 사건이다.

로 전 유럽이 기쁨에 휩싸였을 때도 뒤라스는 여전히 남편의 생사를 알지 못해 넋이 나가 있었다. 독일군들이 포로수용소에서 자행한 끔찍한 학살이 세상에 드러나고 있었다.

다행히 프랑수아 미테랑의 도움으로 뒤라스는 남편이 독일의 다하우 수용소[52]에 있다는 것을 알게 되었다. 당시 다하우 수용수는 미국 군대가 점령하고 있었는데 장티푸스가 만연하여 철저하게 고립되어 있었다. 시체더미 사이에서 시체와 다름없는 몰골을 하고 겨우 숨만 붙어 있던 로베르 앙텔므를 발견한 미테랑은 미군들의 눈을 피해 그를 극적으로 구출해냈다. 파리로 돌아온 남편을 본 뒤라스는 경악했다. 178cm의 키에 건장했던 앙텔므는 몸무게가 40kg도 나가지 않는, 해골과 같은 모습이었던 것이다.

이혼 그리고 왕성한 활동

뒤라스는 정성을 다해 사경을 헤매는 남편을 간병했고 그의 회복을 도왔다. 그리고 마침내 앙텔므가 죽음의 고비를 넘기자 이혼을 요청했다. 그를 사랑하지 않는 것은 아니었다. 앙텔므는 뒤라스와 이혼한 후에도 평생 우정을 유지했다. 뒤라스에게 그는 기억에 없는 아버지이자 든든한 보호자였고 도덕적으로 완벽한 인물이었다. 하지만 뒤라스가 남자로서 원하는 사람은 앙텔므가 아니라 디오니스 마르콜로

---

52 나치 독일의 강제 수용소로서 독일에 최초로 개설된 곳이다.

였다. 누구보다 뒤라스를 잘 알았던 앙텔므는 뒤라스의 이혼선언을 받아들였다. 1946년, 뒤라스는 앙텔므와 정식으로 이혼하였고 이듬해 디오니스 마르콜로와의 사이에서 아들 장 마르콜로를 낳았다.

1950년, 뒤라스는 자신의 어머니를 모델로 한 소설 〈태평양을 막는 방파제〉를 발표했다. 소설은 발간 즉시 화제가 되었고 발간 첫 주에 5천부가 판매되는 기록을 세웠다. 그녀는 이 소설을 통해 프랑스가 식민지에서 자행한 온갖 만행들을 고발했다. 그런데 공교롭게도 같은 해, 프랑스는 인도차이나 전쟁[53]을 시작했다. 뒤라스는 강력하게 정부를 비난하면서 왕성한 작품 활동을 이어갔다. 1952년부터 1955년까지 〈지브롤터의 뱃사람〉, 〈타르키니아의 망아지들〉, 〈나무 위에서의 나날들〉, 〈왕뱀〉, 〈도댕부인〉, 〈공사장〉, 〈길가의 작은 공원〉 등의 작품들을 발표했다. 문단에서의 입지도 점점 단단해져갔다.

1954년, 인도차이나 전쟁에서 패배한 프랑스는 알제리 전쟁을 시작했다. 식민지 체제의 몰락을 인정하지 않으려는 발악이었다. 이번에도 뒤라스는 정부를 비난하며 알제리 독립군 게릴라들을 도왔다. 1955년 가을, 뒤라스는 '알제리 전쟁 반대를 위한 지식인들의 모임'을 창립했다. 뒤라스를 비롯한 의식 있는 지식인들과 학자, 예술가들이 대거 참여한 이 모임은 '프랑스 국내 및 해외 영토에서의 인

---

53 프랑스가 식민지이던 인도차이나 3국의 재지배를 위하여 일으킨 전쟁(1946∼1954). '인도차이나'는 프랑스령 인도차이나를 가리키며 지금의 베트남, 캄보디아, 라오스에 해당한다. 베트남은 1954년부터 1979년까지 벌어진 전쟁, 즉 1954년 프랑스와의 사이에 벌어진 제1차 인도차이나 전쟁, 1964년 미국 등 연합국과 싸운 제2차 인도차이나 전쟁, 1979년 중국과 싸운 제3차 인도차이나 전쟁 등 강대국과의 전쟁에서 모두 승리를 거둔다.

종차별 금지'를 주장하였고 폭발적인 효과를 거두었다. 뒤라스는 예리한 관찰력과 풍부한 감수성을 바탕으로 〈프랑스 옵세르바퇴르〉지에 인종차별을 하는 사람과 이를 당하는 사람들의 이야기를 생동감 넘치는 소설로 써냈다. 문학은 실로 큰 힘이 있었다. 독자들은 뒤라스의 글을 통해 차별에 대한 생각을 다시 하게 되었기 때문이다.

이별 그리고 휴식

1957년, 뒤라스는 그녀의 인생에서 가장 중요했던 두 사람과 헤어졌다. 그녀의 어머니가 세상을 떠났고, 디오니스 마르콜로와 이별했다. 어머니의 죽음으로 뒤라스는 가족으로부터 자유로워질 수 있었다. 이는 그녀의 글쓰기에도 영향을 미쳤다. 그녀는 세상을 조금 더 너그럽고 포용력 있는 시선으로 바라보게 되었다. 마르콜로와의 이별은 전 남편 앙텔므와의 이혼과 마찬가지로 연인으로서의 헤어짐이었다. 남녀로서의 관계는 끝이 났지만 세 사람은 평생 우정을 유지했다. 하지만 세상은 이들의 관계를 이해하지 못했고 그래서 뒤라스는 언제나 도덕적으로 비난과 지탄의 대상이 되었다. 하지만 뒤라스는 언제나처럼 세간의 비난에 조금도 개의치 않았고 앙텔므와 마르콜로와의 인연을 평생 소중하게 이어갔다.

오랜만에 혼자가 된 뒤라스는 작품에 몰두했다. 1958년, 새로운 소설 〈모데라토 칸타빌레〉가 탄생하였고 이 작품으로 뒤라스는 그녀의 글을 무조건적으로 추종하는 팬덤을 갖게 되었다. 물론 뒤라스 자체를 싫어하고 그녀의 문학을 인정하지 않는 안티팬도 여전히 존재했다. 10년 넘게 쉴 새 없이 작품을 발표하고, 열렬하게 사회적 활동을 해온 뒤라스는 피로를 느꼈다. 〈모데라토 칸타빌레〉 이후 뒤라스는 잠시 휴식을 가졌고, 파리를 떠나 조용하고 한적한 농촌 마을로 이사를 했다. 넓은 정원과 연못이 있는 농가의 전원주택에 혼자 머물며 뒤라스는 글을 쓰고 술을 마셨다.

1963년, 뒤라스는 노르망디 해변가에 아파트를 샀다. 이곳에서 뒤라스는 〈부영사〉를 썼다. 이 작품을 세상에 내놓은 뒤 뒤라스는 〈부영사〉를 쓰는 것도, 읽는 것도 고통스러웠다고 고백했다. 이 소설에는 뒤라스가 어린 시절 목격하고 충격을 받았던 경험이 독특한 방식으로 녹아 있었기 때문이다. 인도차이나에서 보낸 어린 시절을 다시 떠올리는 것은 뒤라스에게 언제나 황홀한 괴로움이었고 동시에 그녀가 가진 작가적 영감의 원천이었다. 인도차이나에서 보낸 어린 시절, 뒤라스는 한 원주민 거지 여인이 그녀의 어머니에게 죽어가는 아기를 맡기고 떠난 것을 본 적이 있었다. 반대로 백인 사회에서 최고의 위치에 있는, 총독 부인을 만난 적이 있었다. 우아한 품위를 지닌 총독부인은 어린 뒤라스를 매료시켰다.

뒤라스는 〈부영사〉를 쓰면서 소설 속에서 인도차이나에 부임한 부영사의 부인과 가난한 거지여인을 등장시켰고 원주민과 백인, 피지배계급과 지배계급, 빈곤함과 부유함, 추함과 아름다움, 치욕스러움과 명예를 극도로 대조하며 보여주었다. 하지만 뒤라스가 이 소설에서 이야기하고자 한 것은 프랑스나 백인사회에 대한 비난이 아니었다. 그녀가 말하고 싶은 것은 원주민 거지여인에서 죽어가는 아기를 받아 든 부영사 부인의 변화였다. 뒤라스는 아이로 말미암아 그녀의 마음속에 있던, 굳건한 차별의 장벽이 무너지는 것을 아름답게 그려냈고 독자들은 열광했다.

소설, 희곡, 영화의 경계를 허물다

1955년 〈길가의 작은 공원〉을 발표한 후, 뒤라스는 이 작품을 연극으로 각색해달라는 요청을 받았다. 1956년 〈길가의 작은 공원〉은 샹젤리제 스튜디오 극장에서 공연되었고 많은 화제를 모았다. 찬사도 있었으나 비난과 조롱도 혹독했다. 그로부터 8년 후인 1963년, 뒤라스는 희곡작가로서 첫 작품 〈강과 숲〉을 발표했고 1965년 5월, 무프타르 극장에서 첫 공연이 열렸다. 공연은 대성공이었다. 관객들이 너무 많이 몰려오는 바람에 극장임대 만료일까지 하루 2회 공연이라는 진기록이 이어졌다. 그러자 8년 전, 그녀에게 굴욕을 안겨주었던 샹젤리제 스튜디오에서는 뒤라스의 새 작품을 무대에 올리고 싶다고 요청했다.

1965년 10월, 이미 호평을 받은 〈강과 숲〉과 뒤라스의 새로운 희곡 〈라 뮤지카〉가 샹젤리제 스튜디오 극장에서 공연되었다. 이번에도 대성공이었고 120회 공연 기록을 세웠다. 이제 뒤라스는 극작가로서의 명성도 얻게 되었다. 특히 〈라 뮤지카〉는 이듬해 영화로도 제작되어 큰 호응을 받았다. 언어가 배우들의 입을 통해 대사로 살아나고,

배경과 음악을 통해 관객에게 전달되는 과정을 경험한 뒤라스는 새로운 영감을 얻었고, 계속해서 희곡을 써 나갔다.

여기에 만족하지 않은 그녀는 희곡을 쓰는 과정에서 파격적인 시도를 했다. 완성된 형태의 희곡을 그대로 감독이나 배우에게 전달하는 것이 아니라 배우들이 연습하는 것을 직접 보면서 배우들의 언어, 습관 등을 녹여내며 대본을 쓴 것이다. 마치 날마다 시나리오가 달라지는 홍상수 감독의 영화처럼 말이다. 또한 뒤라스는 연극뿐 아니라 영화 작업도 해 나갔다.

뒤라스의 이름이 영화계에 알려지게 된 것은 1958년, 뒤라스가 쓴 〈태평양을 막는 방파제〉가 개봉하면서였다. 이듬해 뒤라스가 시나리오를 쓴 〈히로시마 내 사랑〉이 화제 속에 개봉하여 흥행을 기록했다. 1960년에는 〈모데라토 칸타빌레〉가 영화로 만들어졌고, 여주인공을 연기한 잔느 모로[54]가 칸 영화제에서 최우수상을 수상했다. 이처럼 꾸준히 영화작업을 해 왔던 뒤라스는 영화에도 많은 관심을 가졌고 글쓰기와 영상이 혼합된, 그녀만의 독특한 예술세계가 담긴 영화를 직접 만들었다. 그렇게 만들어진 영화 중 하나이자 그녀의 대표작이 된 〈인디아 송〉을 통해서 뒤라스는 그녀 생애 마지막 사랑이 될 남자, 얀 안드레아를 만나게 된다.

---

54 누벨바그('새로운 물결'이란 뜻의 프랑스어로 1958년경 부터 프랑스 영화계에서 일어난 새로운 풍조를 지칭)의 여신으로 불린 프랑스 최고의 여배우. 1949년 데뷔하였고, 2017년 89세의 나이로 사망했다.

영화 〈인디아 송〉 그리고 마지막 사랑

1975년, 뒤라스는 캉[55]에 있는 뢱스 극장에서 〈인디아 송〉의 상영 회를 가졌다. 이때 오랫동안 뒤라스를 동경했던, 23살의 청년 얀 르 메도 참석했다. 철학교수시험을 준비 중이던 얀은 친구의 집에서 우 연히 뒤라스의 책 〈타르키니아의 망아지들〉을 읽고 그녀의 글에 빠 져든 뒤라스의 팬이었다. 그 후 얀은 뒤라스의 모든 책을 찾아 읽었 고 마침내 뒤라스를 직접 만날 기회가 오자 〈인디아 송〉 상영회에 참 석한 것이었다. 상영회가 끝나고 원작자인 뒤라스와 감독은 관객들과 대화의 시간을 가졌다. 수줍음이 많던 얀 르메는 뒤라스의 책 〈파괴, 라고 그녀가 말했다〉의 문고판을 내밀고 사인을 청한 뒤 일생일대의 용기를 내어 그녀에게 말했다.

"팬레터를 보내고 싶은데 혹시 주소를 가르쳐 주실 수 있나요?"

뒤라스는 그에게 파리에 있는 아파트 주소를 가르쳐주었다. 스치 듯 짧은 만남이었다. 하지만 얀 르메는 그날 이후 장장 5년 동안 뒤라 스에게 날마다 편지를 보냈다. 뒤라스는 답장을 보내지 않았지만 다 른 독자들이 보내는 편지와 함께 얀이 보내는 편지도 빠짐없이 읽었 다. 그의 편지를 읽는 것은 차츰 뒤라스에게 일상이 되었다. 1980년, 뒤라스는 자신의 신작 〈복도에 앉은 남자〉를 얀에게 보냈다. 하지만

---

55 프랑스 노르망디 지방의 도시.

그날 이후 얀으로부터 편지가 오지 않았다. 걱정이 된 뒤라스는 그에게 편지를 보내기 시작했다. 뒤라스는 편지에 자신의 건강상태를 이야기하기도 했고 작품에 대한 이야기도 했다. 또한 〈야간 항해〉, 〈오렐리아와 슈테네르〉, 〈부정적인 손〉 등의 신작이 나올 때마다 얀에게 보내 주었다.

1980년, 28살이 된 얀은 함께 살던 친구의 집에서 나가야 하는 처지가 되었다. 수험 공부는 이미 그만두었기에 직장도 없었고 갈 곳도 없었다. 막다른 골목에 몰린 기분에 질식할 것 같았던 얀은 수년 동안 그가 간절히 바랐지만 하지 못했던 일을 시도했다. 뒤라스를 만나러 간 것이었다. 1980년 7월 29일, 포도주 한 병을 들고 뒤라스의 아파트에 간 얀은 그날부터 그녀와 함께 살기 시작했다.

소설 〈연인〉으로 대중적 인기와 문학적 명성을 얻다

10년 가까이 홀로 지내왔던 뒤라스는 얀을 만난 후 잊었던 옛 감정들이 되살아나기 시작했다. 그녀는 세상과 소통을 단절한 채 얀과 함께 술을 마시고, 산책을 하고, 글을 쓰며 지냈다. 얀과 함께 살면서 뒤라스는 글 쓰는 방법을 바꿨다. 그녀는 얀에게 자신의 구술을 타자기로 받아 치도록 시켰다. 뒤라스가 구술을 멈추면 얀은 그가 친 글들을 소리 내어 읽었다. 그러면 뒤라스는 이를 듣고 글을 수정했다. 때때로 감정이 격해지면 눈물을 흘리기도 했다.

얀은 뒤라스가 울고 싶을 때, 웃고 싶을 때, 화를 내고 싶을 때, 슬퍼하고 싶을 때 마음껏 감정을 발산하도록 하면서 그녀가 무사히 작품을 완성하도록 도왔다. 그렇게 얀은 자기 자신이라는 존재를 완전히 없애고 뒤라스와 그녀의 작품을 위해 살았다. 얀과 만난 후 탄생한 뒤라스의 또 다른 걸작 〈대서양의 사나이L'homme atlantique〉(1982) 역시 그런 과정을 통해 완성되었다. 얀의 등장으로 뒤라스는 다시 왕성하게 작품 활동을 했다. 그녀는 더 이상 사람들에게 잊힌, 추억을 되새기며 노년을 보내는 노老작가가 아니었다.

뒤라스는 얀에게 그의 본명인 '얀 르메' 대신 '얀 안드레아'라는 이름을 지어주었다. 얀은 뒤라스의 뮤즈이자 보조작가였으며 시중을 들어주는 집사이자 연인이었다. 뒤라스의 작품은 삶과 별개가 아니었다. 뒤라스는 1987년까지 작품에서 'Y.A.'라는 이니셜로 얀의 존재를 등장시켰다. 뒤라스는 〈속된 인생〉에서 얀과의 만남을 이렇게 표현했다.

"내 인생에 어마어마한 일이 있어났다. Y.A., 그는 한 남자이다. 예순다섯의 나이에 그런 사건이 일어났다. 동성연애자인 Y.A. 때문에."

뒤라스에게 인생은 아름다우면서도 고통스러운 것이었다. 그 고통을 견디기 위해 뒤라스는 술을 마셨고 나이가 들면서 점차 중독 증세를 보였다. 술을 마시지 않을 때면 몸을 심하게 떨었으며 가구에 의지하지 않으면 한 발짝도 제대로 걸을 수 없을 지경이 된 것이다. 그럼에도 불구하고 뒤라스는 병원치료를 거부한 채 하루에 5리터씩 포도주를 마셨다. 그러다 잠시 정신이 들면 다시 글을 썼다. 얀은 병원에 입원하는 것도, 최소한의 치료를 받는 것도 거부한 뒤라스를

영화 〈연인〉 포스터

돌보며 그녀의 글쓰기를 도왔다.

뒤라스는 알코올 중독으로 인해 짙게 드리워진 죽음과 싸우면서 〈죽음에 이르는 병〉이라는 작품을 완성했고, 이 작품을 끝내자마자 병원에 입원했다. 얀은 뒤라스가 치열하게 죽음과 사투를 벌이는 과정을 일기로 기록했고 이 글은 뒤라스가 무사히 퇴원을 하고 난 후 〈M.D〉라는 제목으로 발표되었다. 간신히 건강을 회복한 뒤라스는 세상을 보는 눈이 다시 한 번 달라졌다.

1984년, 70살의 뒤라스는 자신의 가장 찬란했던 시기를 떠올렸다. 그리고 그 시절의 이야기를 담은 자전적 소설 〈연인〉을 발표했다. 그녀는 작품 속에서 솔직하게 자신을 드러냈고 15살 소녀 시절에 만난, 진정한 의미에서 자신의 첫사랑이었던 중국인과의 만남과 연애, 헤어짐을 담아냈다. 소설 〈연인〉은 출판 즉시 서점가에서 선풍적인 인기를 모으며 단 몇 주 만에 베스트셀러가 되었다. 또한 이 작품으로 뒤라스는 공쿠르 상[56]을 수상했다. 소설 〈연인〉은 1994년 영화로도 만들어져 흥행을 기록했다.

---

56 Le Prix de Goncourt. 1903년에 10명의 회원으로 된 '아카데미 드 공쿠르'가 발족하면서 창설된 프랑스의 문학상. 해마다 12월 첫째 월요일에 파리의 가이용 광장에 있는 레스토랑 드 루앙에서 오찬회(午餐會)를 가진 후, 지난 1년 동안에 발표된 우수한 산문작품, 특히 소설 중에서 알맞은 작품을 선정하여 이 상을 수여한다. 프랑스의 가장 권위 있는 문학상으로 알려져 있다.

〈연인〉의 성공 이후로도 뒤라스는 계속해서 글을 썼다. 〈파란 눈, 검은 머리〉(1986), 〈노르망디 해안의 매춘부〉(1986), 〈에밀리. L〉(1987) 등을 연달아 발표한 뒤라스는 이 작품들을 얀에게 헌정했다. 하지만 1988년, 뒤라스는 갑자기 정신을 잃고 쓰러져 중환자실로 옮겨졌다. 병원생활은 이듬해 6월까지 계속되었고 혼수상태는 6개월이 넘게 지속되었다. 모두가 이번에는 뒤라스가 회복하기 어려울 것이라고 말했고, 언론사에서는 그녀의 사망을 대비해 추도문까지 미리 작성해 두기도 했다. 하지만 뒤라스는 기적적으로 다시 눈을 떴다.

퇴원 후, 한층 쇠약해진 뒤라스는 더욱더 얀에게 의지했다. 그녀는 얀에게 기대어 산책을 하면서 가난한 환경 속에서 자라나는 어린 아이들을 관찰했다. 전혀 알지 못하는, 지나가는 사람들의 얼굴을 관찰하며 이야기의 소재를 찾아내는 것은 뒤라스의 방식이었다. 1990년, 그 느린 산책의 결과물이 탄생했다. 12살짜리 소년을 주인공으로 한 뒤라스의 신작 〈여름 비〉가 발표된 것이다. 몸은 점점 쇠약해져 갔으나 뒤라스는 이미 삶과 죽음의 경계를 벗어난 사람 같았다.

1990년 5월, 76살의 뒤라스는 〈연인〉에도 등장했던 그녀의 첫사랑인 중국인 연인이 죽었다는 소식을 듣게 되었다. 그녀는 옛 사랑을 떠올리며 1991년, 그를 주인공으로 한 소설 〈북중국의 연인〉을 발표했다. 〈북중국의 연인〉은 다시 한 번 베스트셀러에 오르며 뒤라스에게 대중적인 인기를 안겨 주었다. 1993년, 작가가 된 지 50년을 맞은 뒤라스는 자신의 인생과 자신의 글쓰기를 돌아보며 〈글쓰기〉라는 작

노년의 마르그리트 뒤라스

품을 세상에 발표했다. 서점가에서는 다시 뒤라스 열풍이 불었고 〈글쓰기〉는 몇 달 사이에 수십만 부가 팔려나갔다.

두 번이나 삶과 죽음을 넘나들며 끊임없이 글을 썼던 뒤라스는 어느덧 여든이 넘었다. 뒤라스가 65살 때 28살이었던 얀도 어느덧 44살이 되었다. 두 사람이 함께한 16년의 세월은 결코 짧지 않았다. 뒤라스는 그 어떤 남자보다 얀과 오랫동안 함께 살았고, 그와 함께 살면서 가장 눈부신 작품들을 완성했다. 평생을 체제와 싸우고 언제나 평단의 혹독한 비난을 받아오던 뒤라스는 노년이 다 되어서, 죽음이 가까워지면서 대중들의 사랑을 받았다. 뒤라스의 글은 언제나 형식을 파괴했고, 파격적이었고 불친절했다. 하지만 그녀가 담담하게 써내려간 〈글쓰기〉는 오히려 사람들의 감정을 움직였다.

"글쓰기, 그것만이 나의 인생을 채워 주고 나를 황홀하게 해준다. 문학은 결코 나를 저버리지 않았다. 나의 글쓰기와 함께, 나는 모든 것으로부터 아주 멀리 떨어져 홀로 있는 사람임을 알게 되었다. 글쓰기에서의 고독은 그것 없이는 글이 쓰일 수 없는 그런 고독이다. 작가의 고독. 글쓰기의 고독.

절망을 무릅쓰고 그래도 글을 써야 한다. 아니다. 절망과 함께 글을 써야 한다."

평생 70편이 넘는 작품을 쓰고, 희곡을 쓰고, 영화 시나리오를 쓰고, 영화를 만들며 장르의 경계를 허물어 왔던 뒤라스의 마지막 고백에 많은 사람들은 감동했다. 하지만 기쁨도 잠시였다. 뒤라스는 노쇠한 자신의 몸에 드리워진 죽음의 그림자를 느꼈다. 이미 두 번이나 죽음의 고비를 넘긴 그녀였지만 이번에는 진짜였다. 최후가 다가오는 것을 느낀 뒤라스는 마지막 힘을 모아 마치 유서와도 같은 마지막 작품 〈이게 다예요〉를 완성했다. 얀은 언제나처럼 뒤라스 옆에서 그녀를 돌보며 그녀의 구술을 타자기로 받아 쳤다. 뒤라스는 〈이게 다예요〉에서 마침내 얀에 대한 사랑을 고백했다.

"나는 당신에게 말하고 싶었어요. 당신을 사랑한다고.
그렇게 외치고 싶었어요.
이게 다예요."

뒤라스는 일생 동안 글을 썼고 그녀의 삶은 그녀의 작품과 한 몸이었다. 여든이 되어서도, 죽음을 눈앞에 두고서도 뒤라스는 글쓰기를 사랑하고, 사랑을 사랑하고, 사랑하기를 사랑했다. 〈이게 다예요〉를 완성한 지 얼마 지나지 않은 1996년 3월 3일, 뒤라스는 그녀가 그토록 사랑했던, 그녀가 그토록 고통스러워했던 삶을 마감했다.

끝까지 뒤라스의 곁을 지켰던 얀은 뒤라스의 뜻에 따라 장례 절차를 밟았다. 수많은 이들의 애도 속에 뒤라스는 몽파르나스 묘지에 안장되었다.

뒤라스가 세상을 떠나고 3년 후, 얀의 이름으로 책이 한 권 나왔다. 책의 제목은 〈이런 사랑〉[57]이었다. 뒤라스가 세상을 떠난 후, 3년의 시간 동안 자살과 우울증에 시달리던 그는 뒤라스와 함께한 16년간의 세월에 대한 온갖 감정을 이 글에 담았다. 그 글 속에 얀은 뒤라스와의 시간을 '사랑'이었다고 말했다. 인생의 산전수전을 다 겪은 노년의 여성작가와 그녀의 팬이었던 젊은 남자, 그것도 동성애자였던 얀과 뒤라스의 관계는 스캔들이 아닌 '사랑'으로 이 세상에 남았다. 두 사람의 이야기는 2001년, 잔느 모로 주연의 영화 〈마그리트 뒤라스의 사랑〉으로 만들어졌다.

자신이 겪은 모든 고통을 작품으로 승화시킨 마르그리트 뒤라스는 세상의 모든 고통을 끌어안은 작가이자 가진 것 없고 소외된 사람들의 아픔을 끌어안아준 작가였다. 그녀는 때때로 너무나 난해하고 파격적인 이야기로, 시대를 앞서나간 도전으로, 예측할 수 없는 행보로, 입이 떡 벌어지는 스캔들로 비난을 받곤 했다. 수많은 비난 속에서도 뒤라스는 결코 자신의 욕망을 외면하지 않았다. 난해하고 파격적이고 입이 떡 벌어지는 스캔들로 채워진 뒤라스의 삶이 곧 그녀의 작품이었다. 고통을 마주 볼 용기가 있었던, 고통 속에 가려진 이야기를 들을 줄 알았던 그녀는 인기를 누리거나 사랑을 받은 작가는 아니

---

57 국내에서는 조선일보사에서 〈나의 연인 뒤라스〉라는 제목으로 출간되었다.

었다. 하지만 뒤라스는 작품을 통해 언제나 사랑을 이야기했고, 그녀의 나이 일흔이 넘어서 완성한 작품으로 끝내 대중들의 사랑을 받았다. 뒤라스는 고통이 아무리 길고, 끝없이 깊더라도 그것을 견뎌내면 결국 행복이 찾아온다는 것을 스스로의 삶을 통해 증명했다.

판위량,
시대와 운명을 극복한 화가

청나라 말, 중국 곳곳에는 부정부패가 만연
하였다. 안후이 성에서 가까운 우후현도 예외는 아니었다. 번화한 항
구 우후항이 위치한 우후현은 부유한 지역이었다. 그만큼 상인들과
관리들 사이에는 뇌물이 오랜 관습으로 자리를 잡고 있었다. 1909년,
판찬화가 우후현에 신임 세관 감독으로 부임했을 때, 상인들은 그를
매우 얕잡아 보고 있었다. 관리들을 오랫동안 상대해온 노련한 상인
들이 보기에 이제 갓 부임한 판찬화는 아주 손쉬운 상대였다. 상인들
은 먼저 부임 축하 연회를 빌미로 판찬화를 고급 요릿집으로 초대하
여 거나한 만찬을 대접했다. 연회가 끝나자 관사로 돌아간 판찬화에

게 젊고 아리따운 기생을 붙여주었다. 이날 판찬화에게 보내진 기생의 이름은 '장위량', 그녀의 인생을 바꾼 만남이었다. 훗날 장위량은 세계적인 화가가 되어 그야말로 인생역전을 이룬다. 화가가 된 그녀는 자신의 이름을 '판위량'으로 바꿨는데 이는 그녀의 연인이자 남편이었던 '판찬화'의 성을 따른 것이었다.

불행한 어린 시절

장위량은 중국의 가난한 기생 출신으로 세계적인 화가가 된 여인이다. 여자의 사회적 활동에 제약이 많았던 20세기 초, 장위량이 거둔 예술가로서의 성공은 실로 놀라운 일이었다. 화가가 된 후에도 부유한 삶을 누리지는 못했으나 그러한 역경 또한 장위량의 예술혼을 꺾지는 못했다. 어린 시절 비참한 삶을 살면서 혹독한 고생을 해온 장위량에게 가난은 장애가 되지 않았다.

장위량에게는 세 개의 이름이 있다. 장위량의 고향은 양저우로 그녀는 그곳에서 가난한 모자장수의 둘째로 태어났다. 이때 부모님이 지어주신 그녀의 이름은 천수칭이었다. 하지만 그녀가 첫 돌이 되기도 전, 집안의 기둥이었던 아버지가 세상을 떠났다. 아버지의 죽음으로 가세는 급격히 기울기 시작했다. 빈곤은 그녀의 어린 동생을 앗아갔다. 장위량은 고작 2살 때 동생을 잃었고, 8살이 되었을 때는 세상에 하나밖에 남지 않은 보호자였던 어머니마저 세상을 떠났다. 그렇게 장위량은 채 10살이 되기도 전 천애고아가 되었다.

판위량

다행히 외삼촌들이 어린 그녀를 돌보아주었으나 그것도 잠시였다. 도박 빚이 있던 외삼촌 중 한 명이 아무도 모르게 그녀를 우후현의 기방에 팔아버린 것이다. 당시 장위량은 나이가 너무 어려 기생이 될 수 없었다. 그래도 몸값을 벌어야 했기에 당시 기방에서 제일 잘나가는 '아홍'이라는 기생의 몸종으로 일을 하기 시작했다. 아홍은 기방 이춘원에서 가장 인기 있는 기생이었다. 하지만 그 인기 때문에 비극이 벌어졌다. 자신을 두고 다투던 남자손님들의 싸움에 휘말린 끝에 비참한 죽음을 맞은 것이다.

어린 장위량이 받은 충격은 컸다. 더 슬픈 것은 아홍의 죽음을 애도하는 사람도 없었고 아홍의 시신을 수습하러 오는 가족도 없었다. 이춘원은 아홍의 죽음과 상관없이 영업을 계속했다. 날마다 꽃처럼 예쁘게 치장을 하고 웃음을 짓던 아홍은 마치 처음부터 존재하지 않았던 것처럼 사람들의 기억에서 사라졌다. 아홍이 죽던 날에도 이춘원은 문을 활짝 열고 손님을 받았고, 기녀들의 웃음소리와 교성이 밤새 끊이지 않았다.

어린 장위량은 아홍의 시신을 보면서 자신의 미래를 그릴 수 있었다. 젊은 시절의 한때 육체를 팔아 오직 남자들의 사랑을 갈구하면서, 죽을 때까지 평생의 기방에 묶여서 살아야 하는 것이 기생이었다. 그것이 장차 장위량이 앞으로 살아야 할 삶이었다. 외삼촌의 손에 팔려 기방에 온 장위량에게는 다른 선택의 여지가 없었다. 시간이 흘러 나이가 찬 그녀는 기적에 이름을 올렸다. 이때 그녀는 부모님이 지어주신 '천수칭'이라는 이름 대신 '장위량'이라는 이름을 사용하기 시작했다.

판찬화와의 만남

장위량의 연인이자 그녀를 미술의 세계로 인도한 판찬화는 1883년, 안후이성 둥청桐城에서 태어났다. 그는 일찍 고향을 떠나 새로운 문화가 넘실거리는 베이징으로 갔다. 베이징은 중국의 오랜 전통과 서구에서 밀려들어온 다양하고 새로운 문화가 공존하는 도시였다. 그곳에서 판찬화는 낡은 관습을 타파하고 새로운 중국을 건설해야 한다는 사고방식을 지닌 청년들과 교류하며 신학문을 공부하였다. 그후 18살이 된 판찬화는 일본으로 유학을 떠났다. 조국을 위해 무언가를 하고 싶다는 열망에 사로잡혀 있던 젊은 유학생 판찬화는 일본에서 그의 인생을 바꿔놓은 중요한 인물을 만났다. 바로 쑨원[58]이었다. 판찬화는 쑨원이 일본에서 설립한 중국혁명동맹회[59]에 가입하며 정치세계에 발을 들여놓게 되었다.

---

58 중국의 정치가이며 혁명가로서 신해혁명을 통해 새로운 공화국인 중화민국 정부를 수립한 인물이다. 민족주의, 민권주의, 민생주의, 이른바 삼민주의를 주장한 그는 중국의 국부(國父)로 불리며 존경을 받는다.

59 1905년 쑨원이 신해혁명 준비공작을 수행하기 위해 설립한 중국의 혁명 단체. 중국 최초로 명확한 강력을 가진 혁명단체로서 특히 유학생을 중심으로 세력을 키우고 결속력을 다졌다. 1905년 8월 20일, 도쿄에서 결성대회를 열어 쑨원을 대표로 선출하였고, 후에 중화민국이 성립되자 국민당으로 개편되었다.

판찬화는 신학문을 통해 중국을 개혁하고 싶다는 생각을 하는 젊은 청년이었지만 의외로 보수적이고 고지식한 부분도 있었다. 그것은 바로 젊은이들 사이에서 유행처럼 번지고 있던 자유연애에 대한 회의였다. 당시 신교육을 받은 많은 남성들은 구시대의 관습에 따라 부모님이 골라 준 여성을 정실부인으로 맞은 상태에서 마음에 맞는 여성과 교제를 하는 자유연애를 즐겼다. 하지만 판찬화는 자유연애를 축첩제도만큼 부정적으로 생각했다. 결국 그는 유학생활 중 잠시 귀국하여 부모님이 정해준 여인과 고향에서 결혼식을 올렸다. 그리고 다시 일본으로 돌아가 공부를 계속하였다.

1909년, 마침내 일본에서 공부를 마친 판찬화는 고향 안후이 성에 가까운 우후현에 세관 감독으로 부임했다. 그때 그의 나이 스물여덟이었으니, 상당히 젊은 나이에 높은 자리에 오른 셈이었다. 신임 세관 감독으로 부임한 첫날, 상인들은 그를 위해 우후현에서 가장 이름난 기방 이춘원에서 취임 축하 연회를 열어주었다. 이는 전임 세관 감독들처럼 자신들의 부정과 탈세 행위 등을 눈감아 봐달라는 뇌물이었다. 여기에 더해 상인들은 판찬화가 고향에 가족을 두고 단신으로 부임한 것을 알고 그날 밤, 그의 집에 기생까지 보내주었다. 이른바 성상납을 통해 판찬화를 옭아매려는 수단이었다. 이날 판찬화가 만난 기생이 바로 장위량이었다.

상인들의 속셈을 미처 파악하지 못했던 판찬화는 한밤중에 느닷없이 나타난 기생 장위량을 보고 몹시 당황했다. 그는 좋은 말로 장위량을 타일러 기방으로 돌려보내 했다. 하지만 오히려 장위량이 그에게 매달렸다. 정중하지만 단호한 판찬화의 태도에 당황한 것은 장위량도 마찬가지였다. 그녀는 아무 소득 없이 기방으로 돌아가게 된다면 '아홍'처럼 쥐도 새도 모르게 죽을지도 모른다는 불안함에 몸을 떨었다. 판찬화는 그냥 돌아갈 수는 없다고 애원하는 장위량의 모습에서 의아함을 느꼈다. 그날 밤, 장위량은 기방으로 돌아가는 대신 판찬화의 집에 머물렀고 그에게 우후현 상인들과 관리들의 오랜 관습에 대하여 상세히 말해주었다.

장위량의 이야기를 들은 판찬화는 실망을 넘어 분노를 느꼈다. 유학을 마치고 세관 감독으로 부임했을 때 판찬화는 새로운 중국을 건설할 이상에 부풀어 있었다. 하지만 중국은 여전히 부정부패와 뇌물이 노골적으로 성행하고 있었던 것이다. 장위량이 용기를 내서 상인들의 술수를 고백하지 않았다면 자칫 관직 생활의 첫발부터 뇌물수수의 당사자가 될 뻔했다고 생각하자 아찔했다. 판찬화는 이번 일을 악습 타파의 계기로 삼기로 결심했다.

결혼 후 사랑에 빠지다

그날 밤 판찬화는 신문사에 연락해 자신과 장위량의 혼인 소식을 알려주었다. 다음 날 아침, 신문에 난 판찬화의 혼인 기사를 본 상인들은 깜짝 놀랐다. 그들은 판찬화가 일개 기생과 정식 혼인을 할 것이라고는 전혀 예상하지 못했기 때문이다. 또한 판찬화는 이춘원에 장위량의 몸값을 지불하여 그녀를 자유의 몸으로 만들어 주었다.

장위량을 이용해 신임 세금 감독 판찬화의 약점을 쥐려 했던 상인들은 하룻밤 사이에 기생에서 사모님이 된 장위량의 얼굴을 어떻게 봐야 할지 몰라 당황했다. 장위량이 이춘원에서 은밀하게 진행되어 온 상인들과 관리들의 비리와 부정부패를 누구보다 잘 알고 있다는 것까지 생각이 미치자 더욱 안절부절못했다. 바로 어제까지만 해도 판찬화의 약점을 틀어쥘 생각에 희희낙락했던 상인들은 이제 그의 눈치를 보며 전전긍긍했다. 그동안 뇌물로 공무원들을 주물러온 상인들을 상대로 신임 세관 감독 판찬화가 멋진 승리를 거둔 것이다.

외삼촌에 의해 기생집에 팔려온 지 10여 년 만에 장위량은 자유의 몸이 되었다. 하지만 천애고아인 그녀는 갈 곳도 없었고, 아는 것이라고는 기방에서 배운 재주가 전부였다. 기방에서 풀려났다 해도 자립하여 혼자 살아가기란 불가능에 가까웠다. 이러한 사정을 알게 된 판찬화는 장위량을 자신의 집에 머물게 하였다. 비록 사랑으로 시작된 인연은 아니었으나 장위량은 판찬화에게 깊은 고마움을 느꼈다. 판찬화 또한 장위량이 살아온 이야기를 들으며 그녀에게 깊은 인상을 받았다.

하지만 판찬화는 이미 유부남이었고 고향에 정실부인이 있었다. 당시 남자들이 정실부인을 두고 첩을 들이는 것은 흔한 일이었다. 하지만 판찬화는 축첩제도 역시 장차 타파해야 할 악습이라고 생각하고 있었기에 장위량과의 결혼은 그의 계획에 없던 일이었다. 하지만 더 큰 악습인 뇌물과 부정부패를 해결하기 위해 기생 장위량과 결혼을 한 것이었다. 비록 뜨거운 연애나 사랑을 나눈 것은 아니었으나 장위량과 판찬화는 그렇게 부부가 되었고, 차츰 서로에게 애틋한 감정을 키워나가기 시작했다.

상하이에서 시작된 새로운 생활

우후현에서 임기를 마친 판찬화는 장위량과 함께 상하이로 갔다. 판찬화가 상하이를 선택한 이유는 여러 가지였다. 당시 상하이는 우후현보다 훨씬 발달한 곳으로 중국 최고의 대도시 중 하나였을 뿐 아니라 일본에서 함께 공부한 판찬화의 친구들도 많았다. 그중에는 판찬화와 동향인 안후이성 출신의 천두슈[60]도 있었다. 상하이에서의 생활은 지켜보는 눈이 많았던 우후현보다 훨씬 여유로웠다. 장위량에게도 대도시 상하이는 과거의 불행을 모두 떨치고 새로운 인생을 시작하기에 더할 나위 없는 곳이었다. 장위량은 기생 출신이었던 자신을 항상 존중해주는 판찬화에게 고마움을 넘어 사랑을 느꼈다. 두 사람은 그렇게 진짜 부부가 되어갔다.

판찬화는 중산층 지식인들이 많이 살고 있는 위양리에 장위량과 자신을 위한 방을 얻었다. 그리고 친한 친구 몇 명을 불러 조촐하게 밥을 먹으며 장위량을 자신의 아내라고 소개했다. 판찬화의 배려 깊은 행동에 장위량은 몹시 감동했다. 그녀는 감히 자신이 그의 아내라고 생각하지 못했다. 기방에서 몸이 풀려난 것만으로도 감지덕지였다. 하지만 판찬화는 친구들 앞에서 당당하게 장위량을 소개한 것이었다. 장위량은 조금이라도 판찬화에게 도움이 되고 싶었다. 하지만 배운 것도, 기술도 없는 그녀가 판찬화를 위해 할 수 있는 일은 얼마

---

60 중국의 사상가, 혁명가, 정치가. 부유한 집안에서 태어나 일본 및 프랑스에 유학하고, 1916년 상하이(上海)에서 《신청년》 잡지를 발간, 문학혁명을 주창했다. 베이징대학 문과대학장 역임했으며 1921년 중국공산당 제1차 전국대회를 개최하고 중앙서기에 피선되었다. 하지만 1927년 국공합작이 깨지자 총서기직에서 축출되었다.

없었다.

이러한 장위량의 마음을 아는 판찬화는 그녀를 위해 가정교사를 붙여주었다. 그는 여성도 배워야 한다는 사고방식을 지니고 있었고, 내색한 적은 없지만 장위량이 배움을 갈망하고 있다는 것을 익히 알고 있었기 때문이다. 판찬화의 속 깊은 마음에 장위량은 다시금 감동할 수밖에 없었다. 기생이 되기 위한 기술과 지식을 배우기는 했지만 제대로 된 교육은 처음 받아보게 된 장위량은 가정교사가 놀랄 만큼 빠르게 학문을 익혀나갔다. 판찬화는 공부를 시작한 후 한층 밝아진 장위량을 보며 흐뭇함을 느꼈다.

당시 상하이는 신문물의 창구이자 보고였다. 신학문을 공부하는 지식인은 물론 일반 대중 사이에서도 새로운 문화를 받아들이려는 바람이 뜨겁게 불고 있었다. 공부를 시작한 장위량 또한 문학과 예술에 눈을 떴다. 그녀는 특히 시나 그림 같은 예술에 뛰어난 재능을 보였다. 어느 날 장위량은 판찬화와 함께 이웃집에 살고 있던 상하이 미술대학 교수 '홍예'의 아틀리에를 방문하게 되었다. 그곳에서 장위량은 그림과 운명적으로 만났다. 그날 이후 장위량은 그림의 세계에 흠뻑 빠져들기 시작했다.

미술 공부를 시작하다

장위량이 그림에 관심이 있다는 것을 알게 된 판찬화는 홍예에게 그녀의 그림 선생님이 되어줄 것을 부탁했다. 장위량의 재능에 관심

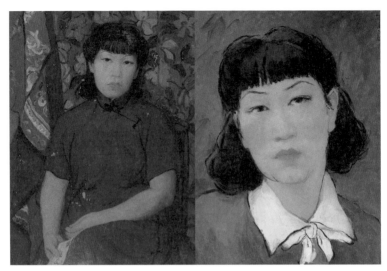

판위량 자화상

이 있던 홍예는 판찬화의 부탁을 흔쾌하게 들어주었다. 그리하여 장
위량은 홍예로부터 그림을 배우기 시작했다. 장위량에게 그림을 가
르치면서 홍예는 그녀에게 남다른 감각이 있음을 알고 정식으로 그
림을 배워볼 것을 추천하였다. 장위량은 처음에 머뭇거렸으나 홍예의
응원과 격려에 용기를 얻어 1918년, 상하이 미술대학 입학시험을 치
렀다. 이때 장위량의 나이 25살이었으니 대학생이 되기에는 많은 편
이었다.

그러나 결과는 낙방이었다. 나이가 많아서도 아니었고 실력이 부
족해서도 아니었다. 다만 기생이었던 과거가 발목을 잡은 것이었다.
상하이는 개방된 도시였으나 기생이 대학생이 된다는 것을 반기는 사
람은 없었다. 그림을 그리기 시작하면서 삶의 기쁨과 희망을 찾아가
던 장위량은 크게 낙담했다. 하지만 과거에 기생이었던 것은 사실이

었기에 낙방이라는 결과를 받아들일 수밖에 없었다. 그런데 뜻밖에 소식이 들려왔다. 장위량의 그림을 보고 잠재력을 알아본 상하이 미술 대학의 교장 류하이쑤[61]가 그녀의 입학을 찬성한 것이다. 여기에 판찬화의 친구이자 당시 문학과 예술 분야에서 가장 큰 영향력을 행사하고 있던 천두슈의 강력한 추천이 더해진 끝에 마침내 장위량은 꿈꿔왔던 상하이 미술 대학 입학을 하게 되었다. 판찬화는 장위량의 입학을 자신의 일처럼 기뻐하며 그녀를 응원해주었다.

만약 장위량이 이춘원의 기생으로 남았더라면 대학생활은 꿈조차도 꾸지 못했을 일이었다. 혹시 운 좋게 그녀의 재능을 알아본 사람이 생겨 그림을 그릴 수 있게 되었다 해도 서양화를 전공하기란 어려웠을 것이다. 지금도 그렇지만 미술을 공부하려면 돈이 많이 필요했다. 특히 서양미술은 유화물감과 같은 값비싼 재료들이 필요했다. 하지만 늦깎이 대학생이 된 장위량은 판찬화 덕분에 학비나 생활비는 물론 돈 걱정 없이 공부를 할 수 있었다. 그렇다고 판찬화의 집안이 부유하거나 그의 재산이 많은 것은 아니었다. 다만 그는 뒤늦게 재능을 찾은 장위량이 마음껏 역량을 펼칠 수 있도록 최선을 다해 옆에서 도와주었다. 덕분에 장위량은 같이 공부하는 학생들보다 훨씬 여유롭게 그림에 집중할 수 있었고 나중에는 아예 판찬화와 함께 살고 있는 집을 작업실 삼아 미술에 몰두했다.

대학 생활을 하며 그림을 정식으로 공부하기 시작한 장위량은 진

---

61 1895~1994.8.7. 중국의 서양화가로서 중국현대미술의 대표작가. 중국화단에서는 '미전파(美專派)' 지도자로서 큰 영향력을 행사했음.

심으로 행복했다. 태어나서 처음으로 하고 싶은 공부를 마음껏 하면서 안정된 삶을 꾸려간다는 것이 꿈만 같았다. 하지만 장위량의 행복과 별개로 시대는 빠른 속도로 변화를 맞이하고 있었다. 시대의 변화는 공무원이자 정치가였던 판찬화의 삶에 큰 영향을 주었다. 1913년 7월, 판찬화는 중국혁명동맹회 동지들과 함께 위안스카이를 몰아내는 2차 혁명에 참여했으나 실패했다. 쑨원은 다시 일본으로 망명하였고, 혁명에 참여했던 동지도 일본으로 도피했다.

혁명가이자 공무원이었던 판찬화는 크게 좌절하였으나 도피하는 대신 중국에 남았다. 그는 망명자의 신분으로 해외에서, 지하에서 혁명 활동을 이어가는 동지들을 위해 윈난의 차이어, 탕지샤오 조직의 호국군에 가담하여 최선봉에 섰다. 1915년 제3차 혁명 후 1919년 5.4운동이 일어나자 중화혁명당은 상하이로 본부를 옮기고 중국국민당으로 명칭을 바꿨다. 혁명에 투신했던 판찬화도 상하이 중국국민당에서 새롭게 활동하게 되었다.

이러한 불안한 시기에 판찬화는 장위량을 자신의 정식 첩으로 맞았다. 부부로 살아온 지 10년이 넘었지만 아직까지 장위량은 판씨 집안에 정식으로 이름을 올리지 못한 상태였다. 하지만 판찬화가 목숨을 걸고 혁명에 투신하는 것을 보면서 그녀는 첩이 되기로 결심했다. 앞으로 무슨 일이 있더라도 판찬화의 곁에 있겠다는 굳은 의지였다. 판찬화는 기생이라는 꼬리표를 달고 살아야 하는 장위량에게 '첩'이라는 또 하나의 꼬리표를 주고 싶지 않았다. 하지만 결국 그녀의 마음을 받아들이기로 했다.

혁명은 실패를 거듭하고 시국은 끝을 알 수 없이 불안하고 뒤숭숭

하던 시기, 장위량은 마침내 판씨 가문의 사람이 되었다. 그 후 장위량은 '판위량'이라는 이름으로 불리게 되었다. 장위량은 '판위량'이라는 이름을 가장 좋아하고 사랑하였다. 그녀는 훗날 등단하여 정식으로 화가가 된 후에도 언제나 '판위량'이라는 이름을 사용하였다. 장위량에게 '판위량'의 이름은 단순한 이름이 아니었다. 그 안에는 판찬화에 대한 사랑이 담겨 있었다.

본처와의 동거

배움이 쌓여갈수록 장위량의 그림 세계는 점점 깊어져갔다. 그러던 어느 날 졸업 작품을 그리던 장위량은 공중목욕탕에서 여인들의 나체를 크로키 하다 발각되어 쫓겨나고 말았다. 여자 누드모델을 구할 길이 없어 궁여지책으로 목욕탕에 갔다가 사단이 난 것이었다. 목욕탕 주인도, 목욕탕에 온 여인들도 불쾌함을 감추지 못하고 장위량을 욕했다. 성난 사람들 앞에서 장위량은 해명을 할 수가 없었다. 사실 여인의 나체는 장위량에게 단순한 눈요깃거리가 아니었고, 돈을 벌기 위해 그리는 대상도 아니었다. 여인의 나체는 장위량에게 영원한 화두였다. 또한 기방에서 지냈던 불행한 과거에 대한 치유이자 그녀의 작품세계를 차지하는 중심이었다. 하지만 이를 이해하는 사람은 없었다.

결국 모델을 구할 수 없었던 장위량은 거울을 보며 자신의 몸을

판위량 작(作), 〈나녀(裸女)〉

그릴 수밖에 없었다. 그렇게 고된 작업 끝에 〈나녀裸女〉가 완성되자 그
녀는 이를 학교 전시회에 출품하였다. 벌거벗은, 아름답지도, 어떤 성
적인 유혹도 없는 여인의 모습을 담은 장위량의 그림은 상하이 미술
대학을 술렁이게 만들었다. 파격 그 자체였기 때문이다. 장위량의 작
품을 본 판찬화 또한 당혹감을 감추지 못했다. 자신의 아내가 〈나녀
裸女〉의 모델이었기 때문이다. 모든 사람이 볼 수 있는 곳에 벌거벗은
모습을 한 장위량의 그림이 걸려 있다는 것만으로도 판찬화는 얼굴이
붉어지는 것만 같았다. 도대체 장위량은 무슨 생각으로 저런 그림을
그린 것인지, 공무원이자 정치가이며 남편인 자신의 체면은 조금도
배려하지 않은 것 같아 화가 났다. 판찬화는 언제나 장위량의 든든한
후원자였지만 그녀의 작품세계는 이해할 수가 없었던 것이다.

〈나녀(裸女)〉로 인해 판찬화는 장위량과 언쟁을 하였으나 이것이 두 사람의 사랑을 방해하지는 못했다. 위기는 오히려 전혀 다른 곳에서 찾아왔다. 장위량이 대학교를 졸업할 무렵, 고향에 있던 조강지처가 판찬화에게 위량을 만나고 싶다고 요구한 것이다. 혁명의 바람이 중국 전역을 휩쓸었지만 관습적인 부분에서는 여전히 봉건적인 위계질서가 철저했다. 조강지처의 눈으로 보았을 때, 장위량은 분명 판찬화의 '첩'에 불과했다. 그리고 첩에 대한 권리는 정실부인에게도 있었다. 판찬화의 아내가 장위량을 만나고 싶다는 요구는 어떻게 보면 당연한 것이었다.

판찬화는 고민에 빠졌으나 아내의 요구를 거절할 명분이 없었다. 반면 장위량은 어떠한 고민도 없이 본처와 함께 지내겠다고 말했다. 사실 장위량은 판찬화의 아이를 낳고 싶었다. 그의 아이를 낳아 기르며 판찬화의 진정한 아내가 되고 싶었기 때문이다. 하지만 어린 시절 기생이 되기 위해 자신도 모르게 먹은 약으로 인해 영원히 아이를 가질 수 없는 몸이 되었다는 것을 뒤늦게 알게 되었다. 당시 판찬화는 정실부인과의 사이에서도 아직 자식이 없었다. 장위량은 자신은 비록 불임이었으나 판씨 집안의 대를 끊을 수는 없다고 생각했다.

고향에서 올라온 본처는 판찬화와 장위량의 집에 머물었고 세 사람은 한동안 함께 살았다. 같이 사는 동안 누구도 마음이 편치 못했다. 장위량은 그림에 더욱 몰두했고, 본처는 판찬화의 아들을 낳았다. 아이를 안고 있는 본처를 보는 장위량의 심정은 슬픔으로 가득했고, 장위량을 바라보는 본처의 마음도 까맣게 타들어갔다. 그 무렵 장위량은 판찬화에게 유럽으로 유학을 가고 싶다는 뜻을 밝혔다. 서양화를 보다 본격적으로 공부하고 싶다고 이야기한 것이다. 판찬화는 무거운 마음으로 장위량의 유학을 찬성했다. 이역만리로 떠나는 장위량을 잡을 수도 있었으나 그는 안타까운 마음으로 헤어짐을 선택했다. 예술가로서의 재능을 막 꽃피우기 시작한 그녀가 '첩'이라는 신분 때문에 하고 싶은 공부를 못하게 되는 것이 아까웠기 때문이다.

장위량은 판찬화의 부담을 덜어주기 위해 국비 유학생 시험을 치렀고 프랑스 리옹 국립 미술전문대학에 합격한다. 1921년, 소량의 유학 장려금을 손에 쥔 위량은 퀸 캐나다 호에 올랐다. 어느새 불혹의 나이를 훌쩍 넘긴 중년의 판찬화가 그녀를 홀로 배웅했다. 그로부터 두 사람이 다시 만날 때까지 10년이라는 긴 세월이 걸릴 것이라고는 판찬화도 위량도 생각하지 못했다.

10년간의 이별, 깊어가는 작품세계

프랑스에 도착한 장위량은 리옹 국립대학에 입학해 프랑스어를 배운 뒤, 곧이어 리옹 미술전문학교에 입학하여 미술공부를 시작했다. 서양 미술의 본고장에서 착실하게 실력을 닦은 위량은 1923년, 프랑스 국립 미술학원에 입학했다. 한편 장위량이 유학을 떠난 후 상하이에 남아 공무원 생활을 계속하던 판찬화는 정치적인 격동에 휘말렸다. 1925년, 중화민국의 국부國父 쑨원이 세상을 떠난 후 국민당과 공산당의 갈등이 눈에 드러나게 확연해지면서 혁명당 출신이긴 하지만 천두슈 같은 고위 공산당 간부를 친구로 둔 판찬화의 입장이 점점 난처해진 것이다. 하지만 판찬화는 위량에게 자신의 어려운 상황을 조금도 알리지 않았다.

장위량은 급변하는 중국의 상황과 판찬화의 사정을 알지 못한 채 외로움과 싸우며 그림에 매달렸다. 1925년, 프랑스 국립 미술학원을 졸업한 장위량은 이탈리아로 건너갔다. 그림 공부를 계속하기 위해서 였다. 이탈리아에 도착한 장위량은 로마 국립 미술학원에 입학해 회화는 물론 조각까지 공부했다. 이 무렵 중국은 국민당과 공산당의 갈등으로 사분오열되기 직전이었고 판찬화의 앞날 또한 암담했다. 쑨원이 세상을 떠난 뒤 정권을 이어받은 장제스가 공산당 세력 축출에 열중하는 사이 일본이 노골적으로 중국 침략의 야욕을 드러낸 것이다. 정치는 극도로 혼란스러웠고 특히 국민당 정부가 수립된 상하이의 혼란은 극에 달해 있었다. 천두슈는 제1차 국공합작(1924.1~1927.7)이 결렬되자 공산당 총서기직에서 축출되었고 판찬화 또한 점차 요직에서 멀어졌다.

생활은 점점 곤궁해졌으나 판찬화는 귀국을 미룬 채 미술 공부를 계속하는 장위량에게 편지며 돈을 보내주려고 애썼다. 이러한 사정을 모르는 장위량은 중국으로부터 오는 장학금과 판찬화가 보내준 돈이며 편지가 점차 뜸해지자 더욱 허리띠를 동여맨 채 공부를 계속해 나갔다.

1927년, 위량은 이탈리아 국제 미술 전람회에 출품한 습작 유화 〈나녀裸女〉로 중국인 최초로 3등에 당선되었다. 중국에 있을 때 판찬화를 곤혹스럽게 만들었던 바로 그 그림이었다. 곤궁함에 허덕이던 장위량은 수상 사실만큼이나 상금 5천 리라가 반가웠다. 또 마침내 학생이 아닌 정식 서양화가가 되어 당당하게 귀국할 수 있다는 사실에 뿌듯함을 느꼈다. 장장 10년 동안이나 자신을 기다리고 있었을 판찬화를 생각하자 가슴이 뭉클했다.

기생에서 화가로

1928년, 위량은 10년간의 유학생활을 마치고 귀국했다. 지난 10년간 상하이와 판찬화의 생활에는 많은 변화가 있었다. 배에서 내린 장위량은 자신을 마중 나온 판찬화의 깊어진 주름과 희끗희끗한 머리칼을 보며 눈물이 고였다. 판찬화는 온갖 어려움 속에서도 장위량이 상하이를 떠나기 전 그녀와 함께 살던 집을 팔지 않고 있었다. 달라지지 않은 것은 오직 그 집 하나뿐이었다.

귀국한 그해, 장위량은 첫 개인전을 성공리에 개최하였다. 이듬해 그녀는 자신의 모교인 상하이 미술 전문학교 교수로 부임하였다. 지난 시절을 떠올려보면 참으로 감개무량한 일이었다. 장위량은 지난 10년간 유럽에서 배워온 모든 것을 나눠주려는 것처럼 학생들을 열렬히 가르쳤다. 당시만 해도 서양화의 본고장인 유럽으로 유학을 다녀온 작가가 드물었기 때문에 장위량을 찾는 곳은 많았다. 그녀는 상하이 미술 전문대학은 물론 신화예전과 중학대학 그리고 난징의 중앙 미술대학 교수로도 겸임하며 후학 지도에 힘썼다. 또한 작품 활동도 왕성하게 이어나갔다. 1929년 개최된 제1회 전국 미전에 참가한 장위량은 중국 서양화가 중 최고의 인물로 선정되었다.

판위량 작(作), 〈가족〉

장위량이 이처럼 많은 일을 할 수 있었던 원동력은 바로 가족이었다. 화가이자 교수인 장위량의 수입은 가족에게 큰 도움이 되었다. 장위량은 자신을 구원해 주었던 판찬화에게 이제라도 도움이 될 수 있어서 기뻤다. 그녀는 판찬화에게 정실부인 사이에서 태어난 아들 '무얼'을 상하이로 데려와 함께 지내고 싶다고 말했다. 무얼이 상하이에 오자 장위량은 화가와 교수는 물론 엄마와 주부 역할까지 해내면서도 힘든 줄을 몰랐다. 그녀는 모든 것에 감사했다. 피 한 방울 섞이지 않은 아들이었지만 자식을 가질 수 없는 자신을 '어머니'로 만들어준 무얼의 존재는 무엇보다 소중했다. 가족의 존재는 화가 장위량의 감수성을 더욱 풍부하게 만들었다. 이 무렵 장위량은 가족과 함께 살아가는 행복을 작품 속에 담아냈는데 판찬화와 무얼 그리고 자신이 함께 있는 〈가족〉이 바로 그 작품이다.

귀국 후 화가로서의 명성과 경제적 성공을 모두 거둔 장위량은 1932년 두 번째 개인전을 열었다. 하지만 그녀의 두 번째 전시회를 찾은 상하이 미술 대학의 교장 류하이쑤는 장위량을 그림을 보고 개성이 결여되어 있다고 지적했다. 장위량은 옛 은사의 비판을 겸허하게 받아들였다. 그리고 전통화가인 짱다첸을 찾아가 그림을 배웠다.

이미 일가를 이룬 화가로서 동년배의 다른 작가에게 배움을 청한다는 것은 자존심상 있을 수 없는 일이었다. 하지만 장위량에게는 작가로서 자존심을 세우는 것보다 자신의 작품세계를 계속해서 발전시켜 나가는 것이 더 중요했다.

짱다첸에게 그림을 배우겠다는 장위량의 말을 들은 판찬화는 처음에는 펄펄 뛰었지만 이내 그녀의 순수한 열정에 두 손을 들고 말았다. 판찬화의 허락은 위량에게 ㄱ 어떤 반대와도 당당히 싸울 수 있는 힘이 되었다. 그 후 장위량은 타인의 비난이나 시선을 개의치 않고 전통화의 대가인 짱다첸을 비롯하여 여러 화가들과 수많은 은사들을 찾아다니며 겸손하고 겸허한 자세로 그림을 배워나갔다.

영원한 이별 그리고 세상 밖으로 나온 판위량

1936년 장위량은 난징에서 총 네 번의 개인전을 개최했다. 하지만 명성이 높아질수록 비난도 거세졌다. 그 비난은 그림이나 작품이 아니라 기생이었던 과거에 대한 것이었다. 언론은 장위량을 두고 악의적인 조롱과 멸시가 담긴 기사를 연일 쏟아냈다. 세 번째 전시가 열리던 첫날 위량의 작품 중에 대형 유화인 〈인력장사〉를 본 교육부장관 쉬에탕짜이는 그날로 고가로 낙찰하여 폐막식 날 가져가기로 했다. 하지만 다음 날, 전시회장에는 그림이 온통 찢겨진 채 난장판이 되어 있었다. 사방에 '몸 파는 창녀가 나체화가가 되다'라고 쓴 전단지가 나뒹굴고 있었던 것이다.

이 무렵 장위량은 판찬화와 아들 무얼 그리고 본처까지 네 식구와 함께 살고 있었다. 장위량을 향한 날선 인신공격은 가족에게까지 이어졌다. 특히 공무원인 판찬화는 여러 단체와 기관으로부터 압력을 받아야 했고, 무얼과 본처는 온갖 악담에 시달려야 했다. 판찬화와 가족들은 이러한 비난이 곧 잦아질 것이라 생각하며 참고 또 참았지만 장위량을 향한 인신공격은 점점 더 거세져만 가자 견디기 힘들 지경이 되었다. 결국 장위량은 가족을 위해 그리고 계속 그림을 그리기 위해 중국을 다시 떠나기로 결심했다.

중국에서 연 마지막 개인전에서 장위량은 판찬화의 친구이자 자신이 미술 공부를 하도록 큰 도움을 주었던 천두슈의 초상을 전시했다. 천두슈는 장위량이 상하이에 처음 왔을 무렵 만난 판찬화의 친구이자 그녀가 상하이 미술 전문대학에 입학할 수 있도록 추천해준 은인이기도 했다. 이 개인전을 마지막으로 1937년, 장위량은 생애 두 번째이자 마지막으로 유럽으로 떠났다. 판찬화는 이번에도 홀로 그녀를 배웅했다. 54살의 판찬화와 42살의 장위량은 출발을 앞둔 배 앞에서 재회를 기약할 수 없는 슬픔에 눈물을 흘렸다.

판찬화와 장위량의 영원한 사랑

장위량이 유럽으로 떠난 뒤 판찬화와 남은 가족은 정치적인 혼란과 사람들의 호기심 어린 시선을 피해 고향으로 돌아갔다. 판찬화는 그곳에서 작은 학교를 설립하고 인재 양성에 힘썼고 무얼은 아버지의 뜻을 이어 교사가 되었다. 한편 유럽에 간 장위량은 어느 화랑에도 소속되지 않고 후원자도 두지 않은 채 독자적으로 작품을 판매하여 생계를 꾸려나갔다. 언제가 될지 모르지만 중국으로 돌아갈 날을 위해서였다.

하지만 유럽 또한 전쟁으로 인해 상황은 점점 나빠졌다. 그럼에도 장위량은 다른 일을 하지 않은 채 오직 작품 판매수입으로만 생활했다. 심지어 2차 세계대전 중에도 작품 판매 외에 다른 일은 전혀 하지 않았다. 그러다 보니 늘 가난할 수밖에 없었으나 장위량은 오히려 살림이 늘어나는 것을 경계했다. 언제고 중국으로 돌아갈 날을 손꼽아 기다렸기 때문이다.

장위량은 틈틈이 판찬화에게 편지를 보냈지만 중국의 내부적인 문제와 전쟁으로 인해 한동안 연락이 닿지 않았다. 오랜 시간이 지난 후 장위량의 편지를 받은 판찬화는 한없는 그리움을 담아 곧바로 답장을 보냈다. 마침내 판찬화의 답장을 받은 장위량은 가족과 함께 노년을 보내고 싶다는 소망을 담은 편지를 보냈다. 하지만 그녀의 소박한 소원은 이루어지지 못했다. 중국에서는 이미 문화대혁명[62]의 바람이 불기 시작했기 때문이다. 장위량의 은사였던 상하이 미술 전문대학의 교장 류하이쑤는 물론 아들 무얼조차 반동으로 몰려 머나먼 오지 지방으로 숙청되자 병석에 누운 판찬화는 아픈 몸으로 직접 편지를 써서 그녀의 귀국을 만류했다. 유학파 서양화가인 장위량이 귀국

---

62 1966년부터 1976년까지 10년간 중국의 최고지도자 마오쩌둥과 그의 아내 강청에 의해 주도된 극좌 사회주의 운동. 표면적으로는 계급투쟁을 강조하는 대중운동이었으며 그 힘을 빌려 중국공산당 내부의 반대파들을 제거하기 위한 권력투쟁이었다. 당시 마오쩌둥에 반대하는 많은 지식인과 예술가들이 희생양이 되어 숙청되었다.

할 경우 어떤 일이 벌어질지는 뻔한 일이었기 때문이다.

판찬화의 편지를 받은 장위량은 귀국의 꿈을 잠시 접어두고 화가로서 활동을 이어갔다. 가족과 함께하고 싶은 소망이 좌절된 그녀에게 기쁜 소식이 전해졌다. 1959년, 그녀의 작품 〈짱다첸 두상〉이 파리 현대미술박물관에 입성하는 영광을 안은 것이다. 소식을 들은 장위량은 습관처럼 가장 먼저 판찬화에게 연락했지만 1년이 넘도록 아무런 답이 오지 않았다. 어쩐지 불길한 예감이 든 장위량은 백방으로 수소문한 끝에 판찬화가 1년 전인 1959년 여름 세상을 떠났다는 사실을 알게 되었다.

문화혁명으로 인해 무얼이 숙청될 무렵부터 병세가 깊었던 판찬화는 혹시라도 장위량이 귀국할 것을 염려하여 며느리에게 자신의 죽음을 알리지 말라고 당부한 것이었다. 뒤늦게 판찬화의 죽음을 알게 된 장위량은 큰 충격을 받았다. 그녀는 그림을 그린 후 처음으로 작품 활동을 중단했다. 판찬화의 죽음은 장위량에게 삶을 통째로 흔들어 놓을 정도의 큰 슬픔이었다. 작품 뿐 아니라 일상생활조차 힘겨울 정도로 장위량의 상심은 깊었다. 판찬화는 장위량의 하나뿐인 가족이자 평생의 연인이며 머나먼 프랑스에서 중국과 그녀를 연결해주는 유일한 연결 고리였다. 판찬화가 세상을 떠난 뒤 장위량은 삶의 의욕을 잃고 건강이 크게 약해져 작품 활동을 계속하지 못했고, 몇 년 후 프랑스 파리에서 20여 년간의 오랜 객지 생활 끝에 홀로 조용히 생을 마감했다.

장위량과 판찬화의 첫 만남은 전혀 아름답지 않았다. 두 사람은 '접대'를 위한 자리에서 기생과 관료로 처음 만났다. 사랑에 빠져 결혼을 한 것도 아니었다. 판찬화는 첫 부임지에서 알게 된, 부정부패가 만연한 상인들의 농간을 정면으로 돌파하기 위해 장위량을 아내로 맞았다. 하지만 부부가 된 후, 두 사람은 누구보다 서로를 아끼고 사랑했다. 기생과 고위관료의 결합이었으나 불꽃처럼 뜨거운 열정이나 안정된 삶에 대한 계산은 없었다. 오히려 두 사람의 사랑은 고난이 찾아왔을 때 더욱 깊어졌다. 안타까운 것은 행복했던 시간보다 아픈 시간이, 함께했던 시간보다 떨어져 지낸 시간이 너무나 길었다는 것이다. 두 번째 유럽 유학을 떠났던 장위량은 끝내 중국으로 돌아오지 못한 채 프랑스에서 세상을 떠났고, 예술가로서 인정을 받아 파리 몽파르나스 공동묘지에 묻혔다. 하지만 두 사람의 사랑이 그렇게 끝난 것은 아니었다. 장위량의 영혼이 담긴 작품들은 판찬화의 유언에 따라 그의 고향 안후이성으로 돌아왔다. 장위량이 만약 이를 알았다면 판찬화의 손을 꼭 잡은 채 미소를 짓고 있지 않을까.

5부
워킹맘의 길을 걷다

· · ·

Great women

장계향,
성현의 가르침을
삶 속에서 완성한 여성군자

Great women

조선 시대 여인 가운데 가장 잘 알려진 인물은 신사임당과 허난설헌이다. 두 여인은 각각 그림과 시詩로 이름을 떨쳤다. 하지만 이들은 조선이라는 시대적 한계와 여성이라는 점 때문에 자신의 재능을 제대로 꽃피우지 못했고 둘 다 오래 살지 못했다. 신사임당은 율곡 이이라는 아들을 통해 '위인의 어머니이자 현모양처'의 이미지를 갖게 되었고 허난설헌은 절규와도 같은 한탄을 남기고 요절함으로써 자신의 비극을 알렸다. 허난설헌은 자신에게 세 가지 한恨이 있는데 첫째는 중국이 아닌 조선에 태어난 것이요, 둘째는 남자가 아닌 여자의 몸으로 태어난 것이요, 셋째는 남편 김성립의 아내가 된 것이라고 했다. 조선시대는 재능을 갖춘 여인이 행복하게 사는 것이 그토록 힘들었다. 하지만 정부인貞夫人[63] 안동 장씨로 알려진 장계향의 삶을 들여다보면 아주 독특한 점을 발견하게 된다. 그녀는 높은 학문과 뛰어난 시적 재능 그리고 빼어난 서예실력까지 갖춘 여성이었으나 자신의 재능을 꽃피우려 하지 않았고, 현모양처로 살아가면서 그 재능을 발휘하지 못하는 것을 한스러워하지도 않았다. 장계향은 자신에게 주어진 삶을 최선을 다해 살았고, 열심히 노력하며 행복하게 살았다. 그러므로 조선 시대 최고의 현모양처를 말하라고 한다면 만들어진 이미지의 신사임당이 아니라 진정으로 현모양처의 삶을 살았던 장계향의 이름을 떠올려야 하지 않을까.

퇴계학파의 정통 계승자 장흥효

장계향의 아버지 장흥효는 퇴계 이황의 학통을 전수받은 영남의 학자였다. 퇴계 이황은 살아생전 수많은 제자들을 키워냈고 당대에 대학자로서 존경받았다. 그의 제자들은 조정에 출사하였고 동인[64]을 형성하게 되는데 정권의 주도권을 다투는 과정에서 이산해를 중심으로 한 강경파 '북인'과 류성룡을 중심으로 한 온건파 '남인'으로 나뉘

63　조선시대 정2품 및 종2품 문무관의 정실부인에게 내리는 봉작.

64　선조 즉위 후 중앙 정계를 장악한 사림파 중 신진 관료 중심으로 형성된 당파로 주요 인물에는 류성룡, 이산해, 김성일 등이 있다. 퇴계 이황과 남명 조식의 문인들로 구성되어 학연적 성격이 짙었다.

게 되었다. 시간이 흐르면서 조정에 출사한 동인의 학문적 성격은 퇴색되었으나 퇴계 이황과 남명 조식의 근거지였던 영남지역에서는 여전히 그들의 학문을 계승한 학자들이 있었다.

남명 조식의 문인들은 광해군 시대에 정권을 장악했으나 인조반정으로 광해군이 폐위되면서 그 힘을 잃었다. 이때 조식의 문인들이 퇴계학파로 흡수되었고 퇴계학파가 영남학파를 대표하게 되었다. 영남학파의 학통을 가장 잘 계승, 발전시킨 인물은 학봉 김성일[65]이었다. 하지만 김성일은 임진왜란 2년 전, 조선 통신사로 일본에 파견되었다가 도요토미 히데요시를 직접 만난 후 조선으로 돌아와 '전쟁이 일어나지 않을 것'이라고 보고했다. 함께 통신사로 파견된 서인 출신 황윤길[66]은 김성일과 정반대의 의견을 내놓으며 '전쟁이 발발할 위험 가능성이 있다'고 주장했다. 하지만 당시 조정에서는 동인이 정권을 잡고 있었기 때문에 표면적으로는 김성일의 주장을 받아들이되 뒤로는 전쟁을 대비했다.

그로부터 2년 후, 임진왜란이 발발하자 김성일은 보고를 제대로 못하여 전쟁을 불러온 장본인으로 비난을 받았고 결국 파직되었다. 그 후 김성일은 류성룡의 변호로 공을 세울 기회가 주어지자 경상도로 내려가 곽재우를 도와 의병활동에 힘을 보탰다. 의병을 규합하고 군량미를 모으고 각 고을의 상황을 살피며 백성을 독려하는 등 몸을

65　1538년(중종33)~1593년(선조26). 조선 중기의 정치가·학자. 경북 안동출신으로 퇴계 이황의 제자이다. 1590년 통신부사로 일본에 파견되었다가 돌아와 전쟁이 없을 것이라고 보고하였다.

66　1536(중종31)~미상. 조선 중기의 문신. 김성일과 함께 통신사로 일본에 파견되어 도요토미 히데요시를 접견한 후 일본의 침략에 대비해야 한다고 보고하였으나 당시 동인 세력이 강성하여 묵살되었다.

아끼지 않았던 그는 전쟁 발발 이듬해인 1593년 세상을 떠났다. 김성일이 세상을 떠나고 임진왜란이 끝나자 퇴계의 학풍은 다시 류성룡을 따르는 서애학파와 김성일을 따르는 학봉학파로 나뉜다. 이때 장흥효는 김성일과 류성룡 두 사람에게서 모두 학문을 배운 인물로서 양쪽 문도들에게 인정을 받았고 그의 학문은 영남학파에서도 정통으로 인정되었다. 장흥효는 벼슬을 하는 대신 고향에서 학문을 연구하였고 많은 제자들을 배출하였다.

총명한 소녀 시인의 탄생

1598년(선조31년) 경북 안동 금계리에서 장흥효와 안동 권씨의 외동딸, 장계향이 태어났다. 장흥효는 딸이라고 차별하지 않고 장계향에서 손수 학문을 가르쳤다. 어린 딸은 총명했다. 특히 수리학에 빼어난 실력을 보였고, 시와 글씨에도 재능을 보였다. 특히 서예는 따로 가르치지 않았음에도 호방한 서체를 완성하였다. 아버지 장흥효의 친구이자 당대의 명필로 이름을 알린 정윤목은 장계향의 글씨를 보고 감탄하기도 했다.

장흥효는 팔방미인인 총명하고 어린 딸을 지극히 사랑하였고, 자신의 학문을 차근차근 가르쳐나갔다. 어려서부터 아버지로부터 학문을 배운 장계향은 유교 규범에 대한 이해가 깊었고 성인에 대한 그리움을 시로 표현하기도 했다.

敬身吟(경신음)

身是父母身(신시부모신) 이 몸은 바로 어버이 몸이니

敢不敬此身(감불경차신) 어찌 감히 이 몸을 공경하지 않으랴

此身如可辱(차신여가욕) 만일 이 몸을 욕되게 한다면

乃是辱親身(내시욕친신) 이는 곧 어버이 몸을 욕되게 하는 것이네

聖人吟(성인음)

不生聖人時(불생성인시) 성인이 살던 때 태어나지 못해

不見聖人面(불견성인면) 성인의 모습 뵙지 못했지만

聖人言可聞(성인언가문) 성인의 말씀 들을 수 있고

聖人心可見(성인심가견) 성인의 마음 볼 수 있다네

  장계향의 나이 10살 무렵에 썼다는 이 시들은 그녀의 재능이 얼마나 뛰어났는지를 보여준다. 하지만 장계향은 15살 무렵부터 더 이상 시나 서예로 자신의 재능을 드러내지 않았다. 그녀는 자신에게 주어진 여성으로서의 삶을 자연스럽게 받아들일 준비를 하고 있었던 것이다. 장계향은 더 이상 학문을 하지 못하는 것을 한탄하지 않았고, 그녀의 아버지 또한 딸이 재능을 꽃피우지 못하는 것을 안타까워하지 않았다. 시와 서예는 장계향이 가진 많은 재주 중 아주 작은 부분이었기 때문일까. 그렇지는 않을 것이다. 아마도 장계향은 언젠가 한 남자의 아내가 되고, 아이들의 어머니로서 살아가게 될 자신의 삶을 더 중요하게 생각했던 것으로 보인다. 실제로 장계향은 결혼 후 세상을 떠날 때까지 아내로서 사랑받고 존중받았으며 어머니로서도 존경받는 삶을 살았다.

아버지의 제자와 결혼하다

장계향은 그녀의 나이 19살이 되던 해, 아버지의 제자였던 석계 이시명과 혼인을 하고 부부가 되었다. 당시 석계 이시명은 첫 번째 부인과 사별 후 혼자 살던 중이었는데 죽은 부인과의 사이에서 낳은 아들과 딸이 한 명씩 있었다. 즉 장계향은 애가 둘 딸린 홀아비와 혼인을 한 것이다. 어떻게 보면 장계향이 밑지는 결혼처럼 보인다. 하지만 총명하기 그지없는 외동딸에게 손수 학문을 지도할 만큼 그녀를 아끼고 사랑했던 아버지가 정해준 혼처였다. 장계향은 아버지의 뜻에 따라 혼인을 하였다.

겉으로 보기에는 장계향에게 손해처럼 보이는 이 결혼은 그녀에게 평생의 행복을 가져다주었다. 스승의 딸을 아내로 맞은 이시명은 감사하는 마음으로 그녀를 평생 아끼고 존중하며 살았다. 두 사람은 6남 2녀를 둘 만큼 금슬도 좋았다. 장계향은 이시명과 사별한 아내와의 사이에서 태어난 1남 1녀를 포함하여 10명의 자식들을 하나같이 정성을 다해 키우고 교육했다.

결혼 후 장계향은 시댁에서 살게 되었다. 이시명의 본가는 영해로 장계향의 친정과 같은 경상도에 있어도 두 지역의 거리는 만만치 않았다. 외동딸이었던 장계향은 결혼 후에도 친정 부모님에 대한 그리움을 늘 간직하고 살았고, 일 년에 한 번은 반드시 친정 나들이를 했다. 이것은 훗날 가문의 전통이 되어 장계향의 며느리들 역시 시집 온 후에도 친정 나들이를 했다고 한다.

친정 식구들을 건사하다

장계향의 삶의 족적을 따라가다 보면 별다른 굴곡이 없어 보인다. 이는 그녀가 양반이었기 때문에 무난하고 무탈한 삶을 살았기 때문이라고 볼 수도 있지만 그것이 전부는 아니다. 장계향은 자신의 삶과 자신을 둘러싼 가족들의 삶을 단정하고 가지런하게 이끌어가는 것을 가장 중요하게 생각했다. 다른 재능 많은 조선의 여인들이 여인으로서의 삶 때문에 자신의 인생을 펼치지 못해 한탄했던 것과는 정반대이다. 이것이 장계향의 장점이요, 그녀에게 배워야 할 가장 훌륭한 미덕이라 할 수 있다.

장계향은 조선 여성으로서의 자신의 삶을 받아들였고, 긍정적으로 생활했다. 그녀는 스스로에게는 엄격했고, 하인들에게는 친절했다. 종들이 병이 나면 자식처럼 보살피며 몸소 음식을 만들어주었고, 종들을 가르칠 때에도 인내심을 가져 목소리를 높이는 일이 없었다. 장계향의 인품은 조용히 은은하게 퍼져나갔고, 주변의 종들은 '장씨 마님 집에서 종살이를 하고 싶다'고 입을 모아 말했다고 한다.

장계향은 셋째 며느리였으나 두 윗동서가 일찍 세상을 떠나는 바람에 맏며느리 역할을 맡아야 했다. 넉넉하지 않은 살림을 꾸리면서 전실 부인의 두 자식을 키우고 맏며느리 노릇을 하는 것은 결코 쉬운 일이 아니었다. 하지만 장계향은 어린 시절부터 배운 유교 성현의 말씀을 늘 가슴에 새기고 일상생활에서 실천했다. 누구보다 뛰어난 학식을 지녔지만 학문 연구에 몰두하는 대신 지혜롭게 가정을 이끌어가는 데 모든 정성과 노력을 다했다. 게다가 장계향은 외동딸이었다.

그녀는 늙은 부모님만 남아 계신 친정에 아들 노릇까지 톡톡히 했다.

결혼 2년째 되던 해, 첫 아들 '휘일'을 낳은 장계향은 이씨 집안의 안주인으로 자리를 잡아가고 있었다. 그렇게 결혼생활이 안정기에 접어 들어갈 무렵 친정어머니가 세상을 떠났다. 장계향은 홀로 남겨진 아버지 생각에 잠을 이룰 수가 없었다. 그녀는 남편에게 간곡히 호소하여 일단 친정으로 향했다. 그리고 어머니의 초상을 치르는 내내 아버지를 살뜰하게 보살폈다. 이시명은 제법 오랜 기간 홀로 지내야 했으나 아내를 타박하지 않았다. 그녀를 존중하며 믿었기 때문이다. 장계향이 다시 남편이 있는 시댁으로 돌아온 것은 아버지 장흥효가 재혼한 후였다.

환갑이 넘은 나이로 재혼한 장흥효는 둘째 부인에게서 아들 셋과 딸 하나를 두었다. 장계향도 마침내 친정에 대한 걱정을 내려놓을 수 있었다. 이어서 차남 '현일'과 삼남 '숭일'이 태어났다. 장계향은 전실 부인이 남긴 두 아이를 포함하여 다섯 아이의 어머니가 되었다.

아이들을 키우는 것만으로도 하루가 어떻게 지나가는지 모를 만큼 바쁜 나날이 계속되었다. 하지만 장계향의 나이 서른다섯이 되던 해, 그토록 존경했던 친정아버지 장흥효가 세상을 떠났다. 시집을 오고 나서 가까이 살지는 못해도, 자주 볼 수는 없어도 늘 마음으로 의지했던 친정아버지의 죽음은 큰 슬픔이었다. 하지만 더 걱정스러운 것은 자신보다 10살이나 어린, 젊디젊은 새어머니와 한창 어린 이복동생들이었다. 세 명의 이복동생 중 가장 큰 동생의 나이는 고작 8살이었으니 다른 두 동생들은 어린 아기나 다름없었다. 한 번도 자신을 내세운 적이 없었던 장계향은 이때 처음으로 남편에게 친정을 건사하고 싶다고 부탁했다.

"당신께 부탁이 있습니다. 우리 집 사정도 넉넉한 것은 아니지만 홀로 남겨진 새어머니와 어린 동생들을 도저히 모른 척할 수가 없습니다. 새어머니는 아직 젊고, 동생들은 보살핌이 필요합니다. 제가 친정을 건사할 수 있도록 허락해주세요. 친정 동생들도 이곳으로 데려와 우리 아이들과 함께 기르며 가르치고 싶습니다."

이시명은 이번에도 아내의 뜻에 따라주었다. 장계향은 친정 식구들을 시댁 근처로 데려왔고 살 집을 장만해주고 살 도리를 마련해주었다. 또한 이복동생들을 잘 키워서 시집장가도 보내주었다. 친정 동생들이 가정을 이룰 때까지 친정 부모님의 제사도 직접 모셨다. 이 모든 것은 남편 이시명의 동의가 있었기 때문에 가능한 일이었다. 장계향의 친정 일은 이시명에게는 하늘같은 스승의 일이었다. 겉으로 보기엔 밑지는 결혼처럼 보였어도 조선의 여인들 중 가장 실속 있는 혼인을 한, 그 결혼생활을 잘 지켜나간 인물이 바로 장계향이다.

남편의 길을 바로잡아 주다

장계향은 남편의 동의로 친정 식구들을 모두 건사했으나 시댁의 재산이 풍족한 것은 아니었다. 그렇다고 남편 이시명이 출세가도를 달린 것도 아니었다. 이시명은 장인이자 스승인 장흥효에게 학문을 배웠고 이황의 학통을 계승한 정통 퇴계학파였다. 이시명의 첫 아들, 즉 사별한 첫 부인과의 사이에서 태어난 '이상일'은 류성룡의 손녀와 혼인했다. 영남에서 장흥효와 이시명은 퇴계 이황의 학통을 계승한 정통학자로 이름이 난 인물이었다. 하지만 장흥효도 이시명도 벼슬이나 입신양명에는 뜻이 없었다.

이시명이 처음부터 과거에 뜻이 없었던 것은 아니었다. 1612년 (광해군4) 사마시에 합격한 이시명은 성균관에 입학했다. 그러나 그가 성균관 유생이 되었을 무렵, 광해군 정부는 대북세력이 장악하였고 영창대군의 유배와 죽음에 이어 인목대비의 폐비론이 대두되고 있었다. 영창대군은 광해군의 이복동생으로 선조가 늘그막에 얻은 유일한 적자였다. 광해군은 선조의 후궁으로 일찍 세상을 떠난 공빈 김씨의 아들이었다. 왕비 소생의 적자에게 왕위를 물려주고 싶었던 선조는 재위 20년이 지나도록 세자를 세우지 않았다. 하지만 1592년 임진왜란이 발발하자 피난을 가기 위해 급히 광해군을 세자로 임명했다. 전쟁은 휴전과 교전을 거듭하며 7년 동안 계속되었고 그 사이 왕비 의인왕후가 세상을 떠났다. 전쟁이 끝나자 피난 생활을 마치고 한양으로 돌아온 선조는 새로운 왕비를 맞았다. 어린 새 왕비는 선조가 그토록 바라던 적통 아들을 낳아주었다. 선조의 질시 속에서 위태롭게 세자의 자리를 지켜왔던 광해군에게 영창대군의 존재는 그 자체만으로 위협이었다. 실제로 선조 말년, 영의정 유영경을 비롯하여 영창대군으로 세자를 교체하려는 세력도 있었다. 우여곡절 끝에 왕위에 오른 광해군에게 영창대군은 눈엣가시 같았고 결국 왕권의 안정이라는 명분으로 그를 강화도에 유배했다. 얼마 후 영창대군은 유배지에서 죽음을 맞았다. 그때 영창대군의 나이는 고작 7살이었다. 대북 세력은 영창대군의 죽음으로 만족하지 않고 영창대군의 생모이자 광해군의 계모인 인목대비를 폐하자고 주장했다.

권력으로 인해 인륜과 천륜이 무너져버린 조정의 모습에 실망한 이시명은 성균관을 중퇴하고 고향으로 돌아왔고 아예 과거를 단념했다. 그 후 이시명은 장흥효에게 학문을 계속 배우며 일가를 이루었다. 1623년 인조반정으로 광해군이 폐위되고 인조가 즉위하자 이시명은 산림[67]을 중용한다는 정책에 따라 여러 차례 조정의 천거를 받았다. 하지만 그는 모두 사양하고 고향에서 학문 연구에 매진했다.

1636년(인조14년) 병자호란에서 조정이 패배하자 뒤늦게 이 소식을 알게 된 이시명은 아예 세상과 인연을 끊고 은거했다. 그의 높은 학문이 알려지면서 조정에서 관직이 제수되었지만 부임하지도 않았다. 그는 세상과 담을 쌓은 채 책만 들여다보며 하염없이 세월을 보냈다. 병자호란의 패전으로 모든 의욕이 사라져버린 것이다. 이런 세월이 길어지자 장계향은 남편을 비난하는 대신 조용히 말했다.

"당신은 이미 세상에서 숨어 생활하시니 아들 손자들에게 시와 예를 가르치셔야 마땅하지 않으신가요? 왜 세월을 그냥 보내시나요?"

평소에는 언제나 남편을 존중하고 그의 뜻을 따라주었던 아내였

---

67 조선시대 향촌에 은거해 있으면서 학덕을 겸비해 국가로부터 부름을 받은 인물. 민간에서의 학문적 권위와 세력을 바탕으로 정치에 참여했는데 특히 인조 대부터 파격적 대우를 받으며 국가 운영 및 국왕과 세자의 교육에 참가했다.

기에 장계향의 조용한 한 마디는 낙담해있던 이시명의 정신을 번쩍 들게하기에 충분했다. 그 후 이시명은 은거를 접고 적극적으로 후학을 양성하기 시작했다. 1640년(인조18년), 이시명은 경상북도 영양군 석보로 들어가 석계 위에 집을 짓고 자신의 호를 '석계石溪'라 하였고 1653년에는 경상북도 수비로 옮겨 그곳에서 20년 가까이 머물며 제자들을 가르쳤다.

자식들에게 실천을 강조하는 배움을 가르치다

장계향은 현명한 아내인 동시에 어진 어머니였다. 그녀는 남편의 전처가 남긴 두 남매를 포함하여 10남매를 모두 잘 키워냈다. 그녀의 아들 '휘일'과 '현일'은 외할아버지와 아버지의 뒤를 이어 영남학파를 대표하는 학자로 이름을 날렸다. 하지만 장계향은 어린 자식들에게 학문보다 인성이 더 중요하다고 가르쳤다. 그녀의 아들들은 어려서부터 총명하고 공부에 대한 열의가 대단하여 주변의 부러움을 샀다. 하지만 장계향은 이를 뿌듯해하지 않고, 아들들에게 늘 이렇게 강조했다.

"비록 너희들이 글 잘한다는 소리가 들린다 해도 나는 그게 귀하다고 생각하지 않는다. 다만 한 가지라도 착한 일을 했다는 말을 듣게 된다면 기뻐하며 그것을 잊지 않을 것이다."

"착한 일은 모든 사람들이 바라는 것이다. 왜냐하면 착함이란 사람의 마음에 합하는 것이기 때문이다."

장계향은 유교의 본질을 늘 강조했고, 이를 몸소 실천함으로써 자식들에게 모범을 보였다. 학문과 문장, 글씨가 모두 뛰어났지만 조용히 남편을 내조하며 엄하면서도 다정하게 자식들을 훈육하는 장계향의 모습은 말 그대로 현모양처였다. 삶에 흐트러짐이 없는, 성현의 말씀을 늘 실천하는 어머니의 내공을 감히 짐작할 수 없었던 아들들은 늘 그녀를 존경할 수밖에 없었고 어머니의 가르침을 가슴 깊이 받아들이고 평생 이를 지키려고 노력했다. 훗날 그녀의 아들 이현일은 이렇게 말하기도 했다.

"내가 평소 노둔한데도 남에게 야비한 말과 비열한 행동과 버릇없는 말을 하지 않은 것은 모두 어머니의 덕택이다."

최초의 한글 요리책, 〈음식디미방〉의 탄생

장계향은 남편이 학문 연구와 후학 양성에 매진하는 동안 살림을 꾸려갔다. 재물은 한 번도 넉넉해본 적이 없지만 그녀의 마음은 동네에서 가장 부유한 사람보다도 늘 넉넉했다. 흉년이라 양식이 부족하면 대문 밖에 큰 솥을 걸고 도토리죽을 쑤어 걸인들을 먹였고, 동네에서 끼니 때 연기가 피어오르지 않는 집을 잘 살펴 양식을 보내주었다.

또한 노인이나 과부, 고아 등 의지할 곳 없는 사람들을 남몰래 힘껏 도왔다. 이 모든 것이 장계향에게는 당연한 일이었고, 유교 성현의 말씀을 실천하는 삶이었다. 그녀에게 성현의 가르침과 일상은 결코 둘이 아니라 하나였다. 평범한 주부로 살아가면서도 성현의 말씀을 오롯이 실천하는 삶을 살았기에 학문에 대한 아쉬움이나 갈증이 전혀 남지 않았던 것이리라.

장계향은 딸들이 시집갈 때가 되고 며느리들이 하나둘 들어오자 장차 살림을 물려줄 이들을 위해 책을 썼다. 그것이 바로 〈규곤시의방閨壼是議方〉이다. 한문으로 쓰인 겉표지 안에는 한시漢詩 한 편이 쓰여 있으니 이 책을 지은 의도가 명백하게 드러나 있다.

"새색시가 삼일 만에 부엌에 내려가 손을 씻고 국을 끓이니,
아직 시어머니의 식성을 몰라서 시누이를 시켜 먼저 맛보게 하였다
(三日入廚下 洗手作羹湯 未諳姑食性 先遣少婦嘗)."

그다음 장에는 한글로 된 제목 〈음식디미방〉이 적혀 있고 주식류(면과 만두), 반찬에 해당하는 부식류(국, 찜, 채, 회, 족편, 젓갈, 김치, 볶음, 구이, 전 등), 떡류(인절미 등 11종 35가지), 후식이나 간식에 해당하는 과정류(다식 등 9종 18가지), 주류(오가피주 등 51종 24가지) 외에 고기와 과일, 채소, 해산물 등을 저장하는 법 등 총 146가지 조리법이 132조목에 걸쳐 적혀 있다. 즉 〈음식디미방〉은 순수 한글로 된 조선 최초의 요리책이라 할 수 있다. 맨 마지막 뒤표지 안에는 장계향이 이 책을 쓰게 된 동기와 당부가 적혀 있다.

"이 책을 이리 눈이 어두운 가운데 간신히 썼으니 이 뜻을 잘 알아 이대로 시행하고, 딸자식들은 각각 베껴 가되, 이 책을 가져갈 생각은 하지 말고 부디 상하지 않게 간수하여 쉽게 더럽히지 말라."

장계향이 〈음식디미방〉을 완성한 것은 1670년(현종11년) 무렵이었으니 그녀의 나이 일흔이 넘어서였다. 평생 자신의 학문과 시적 재능을 드러내지 않고 살아왔으나 장계향은 〈음식디미방〉만큼은 필사해서 가져가도 좋다고 했다. 주부로서 살아온 평생의 삶이 이 책에 담겨 있었기에 이 책만큼은 후손들이 오래도록 보존하고 기억하기를 바랐던 것이다. 또한 한문에 능통한 장계향이 이 책을 한글로 쓴 것은 음식에 대한 것을 배우고자 하는 사람이면 누구나 쉽게 배울 수 있도록 배려한 것이라 할 수 있다.

죽음 그리고 사후에 얻은 명성

1672년(현종13년) 이시명은 마침내 안동 도솔원에 자리를 잡았다. 이때 장계향의 나이는 일흔다섯이었다. 같은 해 그녀의 첫 아들 '휘일'이 세상을 떠났다. 휘일은 장계향과 이시명의 첫 아들이었으나 자식이 없던 작은 시동생의 양자가 되었다. 휘일은 학문도 뛰어났으나 장계향을 빼닮아 어진 성품을 지니고 있어 그녀가 유독 사랑했던 자식이다. 얼마 지나지 않아 휘일의 아내이자 장계향에게는 마음이 잘 맞는 며느리였던 무안 박씨도 세상을 떠났다. 게다가

1674년에는 남편 이시명마저 세상을 떠났다. 거의 한평생을 함께했던 남편과 사랑하는 자식들의 죽음은 장계향에게 큰 충격이었다. 그로부터 6년 후, 장계향은 석보에 있는 작은 집에서 83살의 나이로 세상을 떠났다.

장계향이 세상을 떠난 지 10년 후 그녀가 낳은 둘째 아들이자 그녀의 아들들 중 조정에 출사하여 가장 높은 벼슬을 했던 갈암 이현일이 이조판서[68]에 올랐다. 덕분에 살아생전 종9품 참봉[69]을 했던 석계 이시명은 가선대부[70]에 추증[71]되었고 이어서 자헌대부[72]로 오르면서 장계향도 '정부인貞夫人'에 추증되었다. 이때 이현일은 〈정부인 안동장씨실기〉라는 책을 써서 어머니를 기렸다. 이현일은 어머니에 대한 효성과 사랑이 지극했고, 출세보다는 사람으로서의 도리를 중시하는 어머니의 가치관에 많은 영향을 받았다. 남인이 정권을 잡았던 숙종 시대에 조정에 출사한 이현일은 정치적 연대에 부응하거나 당쟁에 휩쓸리지 않았고 그래서 많은 오해와 비난을 받기도 했다.

생전에 장계향은 이현일의 아들인 '밀암 이재'를 칭찬하는 시를 남기기도 했다. 밀암 이재의 어린 시절 이름은 '성급'이었는데 장계향

---

68 관리의 인사권을 담당하는 이조의 수장으로 육조의 수석장관.

69 조선시대 있었던 문관의 최말단 벼슬.

70 조선시대 문무관 종2품 하계의 품계명.

71 종친이나 문무관 가운데 생전의 공적이나 활동을 살펴 관직을 올려주는 것을 의미하며 추증되어 받은 관직 이름 앞에는 '증(贈)'자를 붙여 실제 관직을 역임한 경우와 구분했다. 조선에서는 2품 이상의 관료는 3대 조상까지 추증하였는데 부모는 본인(아들)의 품계와 동일하게 주었고, 조부나 증조부는 본인의 품계에서 한 단계 강등한 관직을 주었다. 또한 아내에게는 남편의 벼슬에 준하는 품계를 주었다.

72 조선시대 문신 정2품 하계의 품계명.

장계향 초상화

이 남긴 시 한 편에 제목이자 주인공으로 등장한다.

贈孫聖及(증손성급)
新歲作戒文(신세작계문) 새해에 자신을 경계하는 글을 지었다니
汝志非今人(여지비금인) 너의 뜻이 지금 사람과는 다르구나
童子已向學(동자이향학) 어린 네가 이미 학문에 뜻을 두니
可成儒者眞(가성유자진) 참다운 선비가 되겠구나

장계향은 아들과 손자가 학문에 뜻을 두고 공부하는 것을 기뻐했다. 특히 이 시에서 그녀가 손자를 칭찬한 이유는 그가 출세를 하겠다는 포부를 쓴 것이 아니라 스스로를 경계하는 '자경문'을 지었기 때문이었다. 어린 손자가 새해를 맞아 자신을 돌아보고 경책하는 글을 지은 것이 너무나 기특했던 것이다. 장계향에게서 비롯된 이러한 가풍은 석계 이시명의 가문이 비록 정치적으로 크게 권세를 누리지 못했

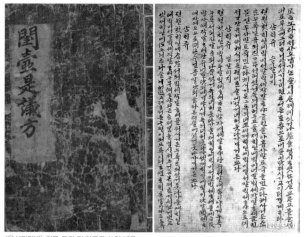
〈음식디미방〉 한문 표지 및 한글로 쓰인 내용

어도 퇴계학파의 정통이자 영남학파를 대표하는 집안으로 자리매김
하는 데 큰 역할을 했다.

약 200년 만에 세상에 모습을 드러낸 〈음식디미방〉

〈음식디미방〉이 세상에 알려진 것은 1960년의 일이다. 당시 경북
대학교 교수였던 김사엽 박사는 장계향이 낳은 첫 아들 이휘일 선생
의 후손을 방문했다가 그 서가에서 우연히 이 책을 발견했다. 김사엽
박사는 자신의 논문을 통해 이 책의 존재를 세상에 알렸고 1965년 한
식연구가이자 궁중음식 권위자인 황혜성[73] 선생이 〈음식디미방〉을 보

---

73 국가중요무형문화재 제38호. '조선왕조궁중음식' 기능보유자. 2006년 12월 타계.

기 위해 경상도로 향했다. 길을 잘 알지 못했던 황혜성 선생은 버스에 올라 한 학생에게 '재령 이씨 댁이 어디인지' 물었는데, 그 학생이 재령 이씨 13대 종손이었다. 당시 대학교 1학년이었던 종손은 이때마침 장계향의 285주기 불천위[74] 제사를 위해 고향에 내려가던 중이었다.

한 편의 드라마 같은 우연이 이어져 〈음식디미방〉은 여러 권의 책과 논문으로 세상에 알려졌고 김사엽 박사가 발견한 원본은 경북대학교 고문서 보관실로 옮겨졌다. 그 후 〈음식디미방〉은 종손과 종부의 노력으로 하나둘 복원되었다. 오래된 책이자 문서 속 내용이 아니라 〈음식디미방〉 속 음식들이 우리가 만나볼 수 있고, 먹을 수 있는 음식으로 등장하기 시작한 것이다. 〈음식디미방〉에 기록된 조리법이 워낙 체계적이었기 때문에 복원은 어렵지 않았지만 한 가지 문제가 있었다. 장계향이 기록한 분량은 1인분이 아니라 잔치나 행사 때의 조리법이었기 때문에 너무 양이 많았던 것이다. 이에 2009년 영양군천에서는 안동과학대학교의 허성미 교수에게 〈음식디미방〉 레시피의 표준화 작업을 의뢰하였고 종부의 열정적인 도움으로 표준화 작업을 완성했다.

〈음식디미방〉의 뜻은 '음식 맛을 아는 법'이다. 장계향은 음식의 맛뿐 아니라 인생의 맛을 아는 여인이었다. 그녀는 자신의 삶과 운명에 기꺼이 순응하면서 놀라운 업적을 남겼다. 현모양처를 강요한 조선시대를 살았던, 비범했기 때문에 불행했던 여인들은 셀 수 없이 많

---

74 집안의 뛰어나신 분의 신주를 땅에 묻지 않고 사당에 두면서 제사를 지내는 것이 허락된 신위.

다. 하지만 장계향은 누구보다 비범한 자질을 가진 조선의 여성으로서 누구보다 행복하고 부지런하고 지혜롭게 자신의 삶을 꾸렸다. 친정과 시댁의 살림을 꾸리고, 남편을 내조하고 자식들을 키우면서 영남학파의 학통을 계승한 학자들을 계속해서 배출시켰고, 스스로도 주부로서 한 치의 게으름도 없는 삶을 살았다.

가정을 경영하고 자식을 키우고 남편을 내조하며 살림에 최선을 다하고, 약한 자를 돕고 가난한 이들에게 베풀 줄 알았으며 자신의 공덕을 드러내지 않았던 그녀의 삶은 곧 성현의 말씀을 실천하는 수행의 완성이었다. 그래서 장계향은 오늘날 '현모양처'일 뿐 아니라 '여중군자'로서 칭송과 존경을 받는다. 비범한 인물이 평범한 삶을 제대로 살아내는 것이야말로 성현의 길이자 실로 어려운 일이기 때문이다.

빙허각 이씨,
실천으로 불행을 이겨낸
여성 실학자

Great women

빙허각 이씨는 조선 시대 후기 여성 경제
학자이자 실학자로서 오늘날의 가정백과사전이라 할 수 있는 〈규합
총서〉를 저술하였다. 빙허각 이씨의 삶은 굴곡이 깊었다. 명문가에서
태어났고 당대의 권세가로 시집을 갔으며 결혼 전에는 친정에서 마음
껏 공부를 했고 결혼 후에는 시댁에서 학문을 계속했다.

그녀의 총기와 학문적 깊이를 인정해준 시어른들 덕분에 시동생
에게 직접 공부를 가르치기도 했고 남편과는 친구처럼 연인처럼 때로
는 학문적 동지처럼 사이좋게 지냈다. 사대부가에서 태어난 모든 여
성들이 바라는 삶이었을 것이다. 하지만 정조의 승하 후 당당한 명문

세가였던 시댁이 한순간에 몰락했다. 규방의 귀부인으로 지내며 손에 물 한 방울 묻히지 않았을 법한 빙허각 이씨의 학문과 인생이 진정으로 빛나기 시작한 것은 이때부터였다.

그녀는 책을 통해 배운 살림의 지혜를 삶에 녹여냈고 가난해진 살림을 손수 꾸려 나가면서 〈규합총서〉를 완성했다. 〈규합총서〉는 빙허각 이씨의 인생에서 경제적으로 가장 곤궁했으나 주부로서 가장 빛났던 시기에 탄생한 작품이다.

양반가의 총명한 꼬마 아가씨

빙허각 이씨의 아버지 이창수는 영조 말에 예조판서와 수어사를 지낸 인물이다. 그는 영의정을 지낸 서명선의 딸과 혼인했으나 그녀가 일찍 죽자 유담의 딸을 두 번째 부인으로 맞았다. 빙허각 이씨는 이창수와 유씨 부인의 막내딸이었다. 빙허각 이씨는 어려서부터 총명하여 아버지가 그녀를 무릎에 앉혀 놓고 소학이나 시경 등을 읽어주면 곧바로 그 뜻을 이해했다고 한다. 이에 감탄한 이창수는 빙허각 이씨에게 손수 글을 가르쳤다. 한문을 깨우친 빙허각 이씨는 그 후 집안에 있는 책을 닥치는 대로 읽으며 학문을 키워나갔다.

빙허각 이씨의 오빠 이병정은 영조43년(1767년) 문과에 급제한 후 홍문관과 사간원 등 요직을 두루 지낸 인물이다. 그는 정조가 즉위한 후 홍문관 부제학, 성균관 대사성, 사헌부 대사헌 등을 거치며 총애를 받았다. 이병정은 어린 여동생이 책에 푹 빠진 것을 보고 기특하게 여기며 집으로 와서는 항상 그녀와 대화를 나누곤 했다. 한번은 이 병정이 오직 독서에 열중하는 빙허각 이씨를 놀리기 위해 이렇게 말했다.

"너는 여자이니 성현이 될 것도 아닌데 공부는 적당히 하고 길쌈에 힘쓰는 것이 좋겠다."

그러자 빙허각 이씨는 눈을 크게 뜨고 물었다.

"여자는 성현이 될 수 없나요?"

이병정은 빙그레 웃으며 놀리듯 말했다.

"글쎄다. 성현 중에 여자가 있다는 말은 들어본 일이 없다."

그러자 빙허각 이씨는 실망하거나 시무룩해지기커녕 활짝 웃으며 이렇게 되받아쳤다.

"성현은 몰라도 여사(女士, 여자선비)는 많겠지요."

그 후 이병정은 빙허각 이씨가 독서를 하고 공부에 열중하는 것을 절대 놀리지 않았다.

빙허각 이씨의 외가 또한 실학과 고증학 분야에서 일가를 이룬 집안이었다. 특히 그녀의 외숙모 사주당 이씨는 세계 최초로 태교에 대한 내용을 집대성한 〈태교신기〉의 저자이다. 이사주당은 15살 되던 해 21살 연상의 유한규와 혼인을 하였다. 당시 복천[75] 현감이었던 유한규는 첫 아내가 먼저 세상을 떠난 후 재혼을 하고 있지 않던 홀아비

---

75 집지금의 용인시 모현면.

였다. 그는 비록 나이는 어리지만 총명하고 현숙한 아내를 몹시 사랑
하였고 그녀가 결혼 후에도 학문을 계속하는 것을 무척 자랑스럽게
생각했다. 이처럼 빙허각 이씨는 여인도 자유롭게 학문을 배우는 가
풍 속에서 성장했다.

집안끼리 맺어진 혼약

한편 서명응은 이창수의 막내딸 빙허각 이씨가 영특하다는 소문
을 들었다. 그는 빙허각 이씨의 영리함을 시험해보고자 어느 날 이창
수의 집에 방문하였다. 빙허각 이씨가 인사를 올리자 서명응은 그녀
에게 질문을 던졌다.

"네가 〈소학〉을 잘 읽는다고 들었는데 '가행'과 '선행'을 아느냐?"
그러자 빙허각 이씨가 정중하면서도 당차게 대답했다.
"실행하기 전에 말을 먼저 할 수는 없습니다."

이때 빙허각 이씨의 나이는 7살이었다. 그녀의 재기에 탄복한 서명
응은 일찌감치 빙허각 이씨를 손주 며느릿감으로 점찍었다. 당시 서명
응의 집안은 당대 최고의 명문가였다. 서명응과 서명선 형제는 영조와
정조 시대에 많은 활약을 펼친 인재로 특히 서명응은 성리학뿐 아니라
역학, 천문, 지리, 음악 등에 조예가 깊어 박학하기로 유명했다.
영조30년(1754년) 문과에 급제한 서명응은 사간원과 사헌부, 홍

문관 등 삼사를 두루 거치며 승진을 거듭했다. 또한 그는 영조의 명을 받고 장악원[76] 악사들과 함께 세종, 세조 때의 궁중음악의 악곡들을 수집, 정리하여 〈대악전보〉와 〈대악후보〉를 편찬하였다. 한편 서명응은 정조가 동궁이었을 때 그의 스승이기도 했는데 정조가 학문의 여러 분야에 정통할 수 있었던 데는 서명응의 영향이 컸다고 한다.

인재 경영에 탁월했던 정조는 즉위 직후 규장각을 건립하는데 이때 서명응은 규장각의 첫 번째 제학[77]으로 임명되었다. 그는 정조로부터 '보만재保晚齋'라는 호를 하사받기도 했다. 이처럼 서명응이 정조에게 중용되어 능력을 펼치고 있을 때, 빙허각 이씨와 서명응의 맏손자 서유본의 혼인이 진행되었다. 당시 양반가에서 매파를 통하지 않고 직접 혼인을 진행하는 것은 드문 일이었다. 하지만 허례허식보다는 실용적인 것을 중시했던 서명응의 추진력 덕분에 두 집안은 자연스럽게 혼약을 맺었다. 15살의 빙허각 이씨는 그렇게 자신보다 3살이 어린 12살 서유본과 부부가 되었다.

당대 최고 장서가 집안의 맏며느리

서명응의 장손자인 서유본은 조선 시대 경화거족[78]의 대표적인 가

---

76 조선시대 궁중 음악과 무용에 관한 일을 담당한 관청.

77 조선 시대 예문관, 홍문관의 종2품 벼슬. 정조가 건립한 규장각의 제학은 특별히 종1품관에 속했다.

78 누대에 걸쳐 서울에 살면서 중앙 정계의 핵심 관직을 독차지하며 권력과 부를 동시에 누렸던 양반 사대부를 일컫는 말.

문 중 하나인 달성 서씨 가문의 후계자였다. 경화거족의 독특한 문화 중 하나는 책이나 서화, 골동품 수집과 같은 세련된 취미활동이었다. 서명응은 사신의 자격으로 북경을 오갈 때마다 넉넉한 가산을 아낌 없이 투자하여 책을 구입했다. 장서의 수집은 지식과 교양의 상징이 자 명예와 권력의 상징이었다. 덕분에 서명응의 집안은 당대 최고의 정치명문가이기도 했지만 조신 최고의 장서가 집안이 되었다. 이러한 명성은 대를 이어서 계속되었는데 서명응의 아들 서호수와 서형수 역 시 아버지의 뒤를 이어 장서를 확대하는 데 노력을 아끼지 않았기 때 문이다.

빙허각 이씨의 시아버지 서호수는 특히 천문학과 수학 등 신학문 과 실학에 조예가 깊어 이 방면의 책을 대량 소장하고 있었다. 서호수 는 서유본을 비롯하여 슬하에 아들 넷을 두었는데 아들들이 공부에 관심이 없는 것을 늘 염려하였다. 그러던 어느 날 서호수는 충격요법 으로 아들들이 학구열을 가지도록 자극하기로 결심하였다. 그리고 아 들들을 불러 모은 뒤 이렇게 말했다.

"너희들은 재주가 없어 아마도 이 귀중한 책들은 뒷날 깨진 간장 독을 바르는 데나 쓰게 될 것이다."

이러한 상황에서 영특하고 총명한 빙허각 이씨가 맏며느리로 시 집을 왔으니 서호수는 이루 말할 수 없을 정도로 기뻤다. 그는 며느리 인 빙허각 이씨가 아들들과 함께 공부하도록 배려하였고, 그녀에게 시동생들을 가르치라고 부탁하기까지 했다. 시아버지의 배려 속에서 빙허각 이씨는 남편 서유본, 시동생 서유구 등과 함께 공부를 하였다. 당시 빙허각 이씨가 15살, 서유본이 12살, 서유구가 10살이었다. 10대에 만나 함께 학문을 배우고 익힌 이들 세 사람은 남편과 아내, 시동생과 형수라는 관계를 넘어 평생 학문적 지기가 되었다.

시댁에서 학문을 활짝 꽃피우다

빙허각 이씨의 등장은 서호수의 아들들에게도 확실히 큰 자극이 되었다. 그리고 달성 서씨 가문이 수대에 걸쳐 수집한 수많은 책들은 그녀의 학구열을 자극했다. 빙허각 이씨가 모범을 보이자 남편 서유본을 비롯하여 시동생들 역시 긴장을 늦출 수가 없었다. 빙허각 이씨가 시집을 온 후 서호수의 집안에서는 글 읽는 소리가 끊이지 않았고

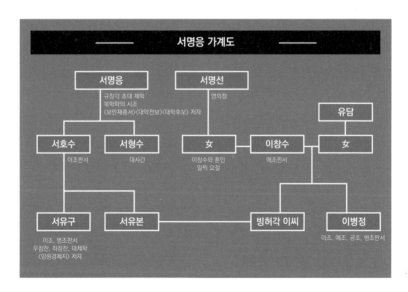

서명응 가계도

서명응 — 규장각 초대 제학 / 북학파의 시조 / 《보만재총서》〈대악전보〉〈대악후보〉 저자

서명선 — 영의정

유담

서호수 — 이조판서

서형수 — 대사간

女 — 이창수와 혼인 일찍 요절

이창수 — 예조판서

女

서유구 — 이조, 병조판서 / 우참찬, 좌참찬, 대제학 / 《임원경제지》 저자

서유본

빙허각 이씨

이병정 — 이조, 예조, 공조, 병조판서

서명응의 얼굴에서 웃음이 떠나지 않았다. 이처럼 며느리와 아들을 차별하지 않는 시댁의 가풍은 빙허각 이씨가 훗날 학자로 성장하는 데 큰 역할을 하였다.

당시 서유본의 집은 서울의 중심가인 남산 아래 저동에 있는 저택이었다. 재정적으로 넉넉했던 달성 서씨 가문의 자식들은 어려서부터 자신이 관심이 가는 분야에 대한 서적들을 수집하여 일찌감치 자신만의 서재를 마련하곤 했다. 이곳에는 서유본의 숙부인 서형수가 경류(經類, 경전 관련 서적), 사류(史類, 역사서 관련 서적), 자류(子類, 인물 관련 서적), 집류(集類, 백과사전 관련 서적) 등 총 108종의 책을 모아 놓은 필유당을 비롯하여 조부 서명응의 죽서재, 서유본의 불속재, 서유구의 태극실 등의 여러 개의 서재들이 있었고 서재마다 각각 주인의 취향을 닮은 수많은 서적들이 있었다.

빙허각 이씨는 수많은 서책들이 가득한 환경 속에서 마음껏 공부를 하였다. 남편 서유본은 아버지 서호수의 영향으로 수학과 천문학 등에 열중하였다. 과거 시험을 위한 공부가 아닌 자신의 취향에 맞는 공부를 할 수 있었기에 빙허각 이씨와 서유본은 좋은 동지이자 선의의 경쟁자가 될 수 있었다.

남편의 과거 급제와 가문의 몰락

정조14년(1790년) 빙허각 이씨의 시동생 서유구가 과거에 급제하였다. 이로써 달성 서씨 가문은 3대에 걸쳐 과거 급제자를 배출한 명문가로 세간의 부러움을 샀다. 장남 서유본의 입신양명은 동생보다 조금 늦었으나 그는 조급해하지 않았다. 일찌감치 기하학과 수학 분야에 일가를 이룬 서유본은 과거에 급제하여 관리가 되기보다는 실학자로서 집안의 엄청난 장서들을 공부하는 것이 성격에 맞았다. 게다가 곁에는 학문적 동지이자 부인인 빙허각 이씨가 함께하니 더 바랄 것이 없었다. 부부는 슬하에 4남 7녀를 둘 정도로 금슬이 좋았다.

1787년 서명응이 사망하고, 1799년에는 아버지 서호수가 세상을 떠나자 서유본은 가장으로서 도리를 다하기 위해 1805년, 43살의 늦은 나이로 벼슬길 올랐다. 하지만 서유본의 관직 생활은 1년도 채 되기 전에 끝나고 말았다. 서유본의 숙부인 서형수가 안동 김씨 가문이 공작한 '김달순[79]의 옥사 사건'에 연루되면서 가문이 급격히 몰락의 길을 걷기 시작했기 때문이다.

이에 서유본은 벼슬을 사직하고 남산 아래 저동의 저택에서 서울의 외곽인 동호 행정(지금의 용산 부근)으로 이사를 하고 그곳에 자리를 잡았다. 사대문 밖에 있던 동호 행정으로 이사를 하면서 서유본은 자신이 손수 모아온 책들과 가문에서 수집해온 장서들을 빠짐없이 챙겨왔다. 그 후 서유본은 관직에 미련을 버린 채 아내 빙허각 이씨와 함께 학문을 연구하고 직접 차밭을 일구며 조용한 생활에 몰두했다.

벼슬이 낮았던 서유본과 달리 정조의 총애를 받았던 서형수와 서유구는 옥사에 연루된 후 가혹한 처벌을 받아야 했다. 서형수는 10년

---

79 1805년(순조5년) 정순왕후(영조의 계비)의 승하 이후 안동 김씨 세도정치가 확립되자 우의정에 올랐다. 그 후 벽파(사도세자를 죄인이라고 주장한 노론의 분파)로서 시파(사도세자의 죽음을 동정하는 당론을 지닌 노론의 분파)를 공격하다가 도리어 탄핵을 받고 유배, 사사되었다.

넘게 유배지를 전전하였는데 그가 추자도에 유배되었을 때 아들 서유경은 생계를 위해 아버지가 그토록 애면글면 모아온 필유당의 장서를 팔아야 했다. 당대 제일의 장서가 집안에서 책을 팔아야 할 정도로 생활이 궁핍해졌던 것이다. 서유구 또한 1824년 정계에 복귀할 때까지 장장 18년 동안 정적들의 눈을 피해 거처를 옮겨 다니며 근근이 생활해야 했다.

불행 속에 피어난 실학자의 꿈

서유본과 빙허각 이씨는 가문에 닥친 정치적 비극을 슬퍼하거나 낙담하기보다는 담담하게 받아들였다. 오히려 이들은 실학자 집안의 자제들답게 '벼슬아치'라는 명분과 '양반'이라는 신분 때문에 직접 손을 대지 못했던 농업과 상업, 수공업 등에 적극적으로 종사하며 가계를 꾸려 나갔다. 달성 서씨 가문의 가학家學은 본디 농업이었다. 가문의 몰락은 가학을 실천으로 옮길 좋은 기회였다. 빙허각 이씨는 남편과 함께 책에서 얻은 지혜를 실생활에 직접 적용해 보았고 이를 하나씩 글로 남기기 시작했다.

빙허각 이씨는 친정에서는 물론 혼인한 이후에도 경제적 어려움을 겪어본 적이 없었지만 그녀는 결코 온실 속의 화초가 아니었다. 오히려 그녀는 위기를 기회 삼아 그간 공부한 학문과 지혜를 총동원하여 가정 경제를 책임졌다. 그녀는 동호 행정으로 이사한 후 살림을 손수 꾸리면서 배우고 느낀 점들을 생생하게 기록했는데 촌철살인의 해학 또한 잃지 않았다. 부귀영화를 누리다가 한순간에 가난해진 상황에서 '돈'의 절실함을 뼈저리게 느낀 빙허각 이씨는 '돈'에 대하여 이렇게 말했다.

'돈 전錢자를 보면 두 개의 창이 금을 다툰다. 돈이 있으면 위태로운 것을 편안케 할 수 있고 죽을 사람도 살리는 반면, 돈이 없으면 귀한 사람도 천하게 되고 산 사람도 죽게 하니 이런 고로 돈이 없으면 분쟁에서 이기지 못하고 돈 아니면 원한이 풀리지 못한다. 고로 가로되 돈이 있으면 가히 귀신을 부리리라 하니 하물며 사람이랴. 돈이란 날개 없으나 날고, 발이 없으나 달리는 물건이다.'

살림을 학문의 영역으로 끌어올린 선구자

빙허각 이씨의 가장 놀라운 점은 살림을 학문의 영역으로 끌어올렸다는 것이다. 살림의 요소요소에 전문적인 지식을 추가하고 믿을 만한 참고서적의 내용을 인용하여 기록으로 남긴 빙허각 이씨는 육아와 살림에 대한 경험을 녹여낸 포스팅으로 주부에서 일약 파워블로거가 된 오늘날의 여성들보다 수백 년을 앞서간 선구자라고 할 수 있다. 동호 행정으로 이사한 후 직접 살림을 하면서 빙허각 이씨는 '책' 속의 지식들이 실생활에서도 몹시 유용하다는 것을 깨달았다. 작게는 밥과 반찬을 만들고, 더 나아가 장을 담그고 술을 빚는 방법을 비롯하여 논밭을 다스리고 가축을 사육하는 등의 살림은 모든 경제의 기본이었다.

빙허각 이씨는 살림을 하면서 재화를 생산하는 방법으로 농사, 길쌈 등을 제시하였고 여기에 주부의 경험을 더해 옷을 만들고 수선하는 방법까지 세세하게 기록하였다. 자주 발생하는 질병에 대한 구급 처방이나 육아에 대한 내용을 쓸 때는 〈본초강목〉, 〈비봉유설〉, 〈산림경제〉, 〈성호사설〉 등에 기록된 내용들을 인용하여 전문성을 더했고, 주부의 시선에서 느낀 바를 추가하여 친근감을 담아냈다.

본디 아내의 총명함을 지극히 아꼈던 서유본은 빙허각 이씨의 저술활동을 전폭적으로 지원하였다. 자신이 보유한 장서는 물론 동생의 장서들을 빌려서라도 빙허각 이씨가 글을 쓸 수 있도록 도왔다. 가문은 몰락했고 생활은 궁핍해졌으나 부부의 금슬은 오히려 더 각별해졌다. 서유본의 도움 덕분에 빙허각 이씨의 글은 단순한 '주부일기'가 아닌 가정종합백과사전 수준으로 도약했다.

빙허각 이씨가 마침내 글을 완성하자 서유본은 직접 제목을 〈규합총서〉라고 지어주었다. 조선 시대 유일의, 여성 실학자가 저술한, 주옥같은 살림살이의 비결들이 단정하게 기록된 가정백과사전의 탄생이었다. 당시는 비록 실학이 자리를 잡았다고는 하지만 여전히 여성이 학문을 배우고 글을 짓는 것이 금기시되던 시대였다. 게다가 양반 남성이 살림살이에 대한 소소한 정보를 기록하는 아내의 작업을 돕는다는 것은 상상도 할 수 없는 일이었다. 하지만 서유본은 이런 사회적인 관습에 전혀 연연하지 않았다.

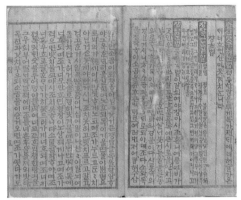

〈규합총서〉 필사본 표지 및 내용

가난한 죽음 이후 세상에 이름을 알리다

빙허각 이씨와 서유본은 슬하에 4남 7녀를 둘 정도로 다정했던 부부였지만 그중 여덟 명의 아이가 일찍 세상을 떠났다. 부부의 삶이 비루해지지 않은 것은 가난을 학문으로 극복했기 때문이었다. 〈규합총서〉는 부부에게 단순한 책이 아니었다. 그 안에는 희망과 절망, 눈물과 웃음, 기쁨과 슬픔이 모두 녹아 있었다. 동호 행정으로 이사를 온 지도 어느덧 16년, 빙허각 이씨와 서유본의 머리카락은 어느새 하얗게 셌다. 시간은 쉼 없이 흘러갔으나 가문의 영광을 되찾는 것은 아득해 보였다. 그래서였을까. 서유본의 건강은 점차 나빠지기 시작했다.

1822년, 서유본은 사랑하는 아내 빙허각 이씨가 지켜보는 가운데 조용히 눈을 감았다. 평생 서로 의지하며 사랑해온 남편의 죽음은 빙허각 이씨에게 큰 충격이었다. 서유본이 세상을 떠난 후 빙허각 이씨

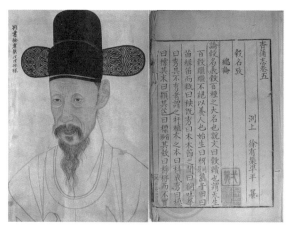

빙허각 이씨 시동생 서유구와 〈임원경제지〉

는 머리도 빗지 않았고, 얼굴도 씻지 않은 채 자리에 누워 지냈다. 그
렇게 사람을 만나지도 않고 지낸 지 19개월 만에 빙허각 이씨는 남편
의 뒤를 따라갔다. 공교롭게도 빙허각 이씨가 세상을 떠나던 해, 시
동생 서유구는 순조의 부름을 받고 18년 만에 정계에 복귀했다. 그는
안타깝게 세상을 떠난 형수 빙허각 이씨의 묘비명을 손수 지어 그녀
를 위로했다.

서유구는 빙허각 이씨가 세상을 떠난 지 3년 후인 1827년, 농촌
생활과 일상 경제활동에 대한 본격적인 종합 이론서인 〈임원경제지〉
를 완성한다. 〈임원경제지〉는 서유구가 은둔 생활을 하면서도 손에서
한시도 놓지 않았던 경제이론서로 정치적 시련 속에서 완성한 집념의
작품이었다. 달성 서씨 가문의 가학家學인 농업을 비롯하여 축산업, 수
산업, 원예, 요리, 지리, 의약, 건축, 음악 등 일상생활과 농촌 경제활동

에 대해 총 16개 분야에 달하는 정보와 지식이 망라된 〈임원경제지〉는 총 113권 52책 250만자에 달하는 어마어마한 분량을 자랑하는 조선 후기 최고의 실용 대백과사전이다.

달성 서씨 집안의 맏며느리로서 가문의 흥망을 몸소 겪은 빙허각 이씨는 굴곡이 심한 인생을 살았다. 인생의 초년에는 남부럽지 않은 부귀영화를 누리며 살았으나 중년 이후 시댁이 정치적으로 몰락하면서 세상을 떠날 때까지 가난을 면치 못했다. 하지만 빙허각 이씨는 이러한 불행에 굴하지 않고 이를 학문으로 승화시켜 〈규합총서〉를 남겼다. 덕분에 그녀는 조선 시대의 여성 실학자로서 이름을 남길 수 있었다.

퀴리 부인,
인류에게 방사능을 선물한 과학자

Great women

1903년, 피에르 퀴리는 앙리 베크렐[80]과 함께 방사능 물질을 발견한 공로를 인정받아 노벨상 후보로 지명되자 스웨덴의 동료에게 정중하게 답장을 보냈다.

"만약 유력한 후보자로 저를 생각하신다면, 방사능 물질에 대한 우리의 연구에 비춰 봤을 때 제 아내 마리 퀴리도 마땅히 후보에 올라

---

80 형광, 광화학 등을 연구한 알렉산더 베크렐의 아들이자 프랑스의 물리학자. 최초로 방사선을 발견한 공로를 인정받아 1903년 퀴리 부부와 함께 노벨 물리학상을 받았다.

야 한다고 생각합니다."

결국 그 해 노벨 물리학상 수상자는 세 명이 되었다. 방사능 물질을 최초로 발견한 앙리 베크렐과 방사능 물질에 대한 연구를 함께한 퀴리 부부가 그 주인공이었다. 스위스 왕립 아카데미 의장은 노벨상 수상자를 발표하는 자리에서 이렇게 말했다.

"성경에 '사람이 혼자 사는 것이 좋지 아니하니 내가 그를 위하여 돕는 배필을 지으리라 하시니라'라는 말씀이 있는데 퀴리 부부는 바로 그 본보기입니다."

피에르 퀴리가 좋은 배필을 얻은 것일까, 마리 퀴리가 좋은 배필을 얻은 것일까? 따져볼 것도 없이 두 사람은 인류 역사상 가장 유명한 과학자 부부이자 천생연분이었다. 마리 퀴리는 확실히 특별한 재능과 열정을 지닌 여인이었다. 하지만 피에르 퀴리가 없었다면, 피에르 퀴리를 만나지 않았더라면 그녀의 인생이 오늘날 알려진 것처럼 빛나기란 어려웠을 것이다.

지도상에 존재하지 않는 나라, 폴란드

강대국들에 둘러싸인 폴란드는 무려 네 번에 걸쳐 프로이센(지금의 독일)과 러시아, 오스트리아에 주권을 빼앗겼던 아픈 역사가 있다.

이를 '분할'이라고 하는데 제1차 분할은 1772년에 일어났다. 공격적으로 영토를 확장하던 러시아의 예카테리나 2세[81]가 폴란드를 노리자 프로이센의 프리드리히 2세[82]는 폴란드를 분할하여 통치할 것을 제안했다. 대단한 전략가였던 그는 러시아의 팽창을 견제하는 동시에 프로이센의 이익도 취하고자 했던 것이다. 그리하여 1772년 8월 5일 러시아, 프로이센, 오스트리아에 의해 제1차 분할통치가 실시되었고 이때 폴란드는 국토와 인구의 약 3분의 1을 상실한다.

이를 매우 치욕스럽게 생각한 국왕 스타니스와프 2세와 폴란드(당시에는 폴란드-리투아니아 연방) 의회에서는 개혁과 교육의 중요성을 통감했다. 제1차 분열 후 1년 만인 1773년 10월 14일, 폴란드는 유럽 최초의 교육 관련 정부 부처인 국민교육위원회를 설립한다. 폴란드인들에게 교육은 단순한 공부 그 이상의 의미를 지니고 있었다. 교육은 자주 독립을 위한 수단이자 지배자들에 대한 저항이었다. 이후 강대국에 의해 계속적으로 분할 통치 및 차별과 박해를 받으면서 폴란드인들의 교육열은 점점 더 높아진다. 1791년 스타니스와프 2세와 폴란드-리투아니아 연방 의회는 연방의 주권 회복, 정치 개혁, 경제 개혁을 골자로 한 헌법을 제정한다. 하지만 변화를 원치 않던 보수

---

81 독일 출신으로 표트르 3세의 황후이다. 1762년 궁정 혁명을 통해 남편 표트르 3세를 퇴위시키고 제위에 등극하여 1796년까지 34년간 러시아를 통치했다.

82 일명 프리드리히 대왕. 1740~1786년 46년 동안 프로이센의 국왕으로 재위했다. 뛰어난 군사적 재능과 합리적인 국가경영 능력을 발휘해 프로이센을 당시 유럽 최강의 군사대국으로 성장시켰고 예술적 재능과 관심까지 겸비한 계몽전제군주의 전형으로 여겨진다. 그는 오스트리아와 주변 강국에 맞선 외교 전략과 전쟁을 통해 프로이센의 영토를 확장하였고 이로 인해 프로이센은 독일 제국 내에서 패권을 차지하며 유럽의 강대국으로 승승장구하기 시작했다. 프리드리히 2세는 프로이센을 유럽 최강의 군사대국으로 만든 특출한 군사 전략가이자 신성 로마 제국의 해체와 독일 통일을 이루는 데 주도적 역할을 했다.

파 귀족들이 반발하였고 러시아에 지원을 요청한다. 폴란드를 식민지로 삼으면서 얻는 이익이 컸던 러시아와 프로이센은 즉시 출병하였고, 1793년 1월 23일 제2차 분할[83]이 이루어졌다. 폴란드에서는 이에 반발하여 저항운동이 일어났는데 이를 진압하기 위해 러시아, 프로이센, 오스트리아 3국이 다시 나섰고 결국 1795년 10월 24일, 제3차 분할이 일어났다. 이로 인해 폴란드-리투아니아 연방은 유럽 지도상에서 완전히 사라졌고, 국왕 스타니스와프 2세는 강제로 퇴위당한 후 예카테리나 2세 황제가 사망할 때까지 감시를 받으며 러시아에서 살아야 했다.

그 후 폴란드는 1918년 마침내 프로이센, 러시아, 오스트리아 3국의 분할통치에서 벗어났다. 하지만 독립의 기쁨은 너무나 짧았다. 얼마 지나지 않아 발발한 제2차 세계대전으로 서부 지역은 독일에, 동부 지역은 소련에 분할 점령된 것이다. 폴란드는 1945년이 되어서야 비로소 해방을 맞았다.

가난한 교육자 집안의 똑똑한 아이들

제3차 분할 중이던 1863년 1월, 폴란드에서는 러시아의 지배에 저항하는 무장봉기가 일어났다. 하지만 결과는 실패였다. 독일과 러

---

83 오스트리아는 1789년에 일어난 프랑스 혁명의 여파로 제2차 분할에는 불참했다. 1793년 처형된 프랑스의 왕비 마리 앙투아네트는 오스트리아 황제 요제프 2세의 막내 여동생이었다.

시아는 강력했고 폴란드 독립에 대한 국제적 여론은 조성되지 않았다. 반면 보복은 가혹했다. 수천 명이 수감되거나 추방당했고, 강제수용소에 보내졌으며 감시는 더욱 철저해졌다. 폴란드어와 폴란드 역사를 가르치거나 배우는 것은 금지되었고, 폴란드어로 된 표지판도 모두 철거되었다.

그로부터 4년 후인 1867년, 바르샤바에서 블라디슬로프와 브로니슬라바의 막내딸 마냐, 훗날의 마리 퀴리가 태어났다. 당시 폴란드에 대한 러시아의 감시는 서릿발처럼 엄격했다. 마냐는 러시아어로 수업을 받고, 러시아어를 사용해야만 했다. 마리 퀴리의 위인전에는 교실에서 몰래 폴란드어를 배우던 학생들 앞에 감독관이 불시에 들이닥친 이야기가 종종 등장한다. 물론 위인전 속에서 이 위기는 감독관 앞에서 역대 러시아 황제들의 이름을 줄줄 외우는 총명한 마냐 덕분에 극적으로 해결된다. 이는 마냐의 빼어난 영리함과 함께 러시아의 지배를 받아야 했던 폴란드의 슬픈 역사를 보여준다.

마냐는 러시아어를 모국어처럼 배우며 자랐으나 비밀리에 부모님으로부터 폴란드어와 폴란드 역사를 배웠다. 마냐의 부모님은 교직에 몸을 담고 있었는데 아버지 블라디슬로프는 공립학교에서 물리와 수학을 가르쳤고, 어머니 브로니슬라바는 작은 사립 여학교를 운영했다. 두 사람에게 마냐는 막내이자 다섯째[84] 아이였다. 마냐가 7살 때까지 가족들은 그럭저럭 안정된 삶을 살았다. 하지만 1873년 아버지

---

84 퀴리 부인의 부모인 블라디슬로프와 브로니슬라바는 슬하에 장녀 조피아(1862년생), 장남 요제프(1863년생), 차녀 브로냐(1865년생), 3녀 헬레나(1866년생), 4녀 마냐(마리)를 두었다.

블라디슬로프가 폴란드어로 된 답안지를 묵인해준 사건으로 인해 실직하면서 경제적인 어려움에 직면하게 된다. 게다가 마냐가 9살 때, 큰언니 조피아가 장티푸스로 인해 14살의 어린 나이로 요절하였고, 2년 후에는 폐결핵을 앓던 어머니가 세상을 떠났다. 어린 마냐의 충격은 컸다.

어머니를 잃은 지 얼마 지나지 않아 마냐는 러시아 정부에서 운영하는 제3 김나지움에 입학했다. 당시 폴란드 소녀들은 중등교육 과정인 김나지움에 입학하는 경우가 매우 드물었다. 하지만 마냐와 그녀의 형제자매들은 모두 이 학교를 다녔다. 부모님의 교육열이 매우 높았기 때문이다. 게다가 마냐와 그녀의 형제자매들은 유난히 공부에 재능을 보였다. 김나지움을 수석으로 졸업한 오빠 요제프와 언니 브로냐에 이어 마냐 역시 김나지움을 수석으로 졸업한다.

공부를 향한 열망과 언니 브로냐와의 약속

폴란드의 청소년들은 김나지움 이상의 고등교육을 받기가 어려웠다. 하지만 일찍이 공부에 뜻을 세운 마냐는 언니 브로냐와 함께 이를 타개할 방법을 모색했다. 머리를 맞댄 자매는 한 가지 계획을 세웠다. 그것은 한 사람이 파리로 공부를 하러 가고, 다른 한 사람은 폴란드에 남아 뒷바라지를 하는 것이었다. 먼저 공부한 사람이 학교를 마치고 취업에 성공하면 남은 사람의 학비와 생활을 지원해주기로 했다. 언니 브로냐가 먼저 파리로 떠났다.

마냐는 돈을 벌기 위해 숙식이 제공되는 가정교사 자리를 구했다. 시골 중산층 가정의 자녀들을 가르치는 일이었다. 1886년, 19살의 마냐는 사탕무 농장주의 아이들을 가르치는 가정교사로 가기 위해 집을 떠났다. 파리에 도착한 브로냐는 의과대학에 입학했다. 훗날 마냐가 파리에 왔을 때 그녀의 학비를 지원해줄 만한 직업을 갖기 위해서였다. 마냐는 2년 동안 시골에 틀어박혀 가정교사 노릇을 하면서 동네 아이들을 대상으로 야학을 운영했다. 2년 후, 고용계약이 끝나자 마냐는 바르샤바의 집으로 돌아왔다. 하지만 돈을 벌어야만 했기에 가정교사 일은 계속했다.

그렇게 4년 동안 마냐는 언니 브로냐의 뒷바라지를 하며 자신의 시간과 능력을 바쳤다. 1890년, 브로냐는 같은 학교 학생과 결혼할 예정이라는 소식과 함께 마냐에게 파리로 올 것을 권하는 편지를 보냈다. 당시 마냐는 수년 동안 가정교사로 일했을 뿐 공부는 진전이 없었기 때문에 자존감과 자신감이 땅에 떨어져 있었다. 눈앞에 기회가 왔지만 마냐는 잠시 망설였다. 과연 자신이 파리에 가서 공부할 수 있을지 겁이 났던 것이다. 하지만 1년 후, 마음을 다잡은 마냐는 4등석 열차를 타고 마침내 파리로 떠났다. 마냐의 커다란 짐바구니에는 침구류와 옷가지가 들어 있었다. 파리에서의 생활비를 한 푼이라도 아끼기 위해서였다.

수학과 물리학 석사학위를 받다

파리에 도착한 마냐는 소르본 대학에 입학했다. 이때 그녀는 '마냐'라는 폴란드 이름 대신 '마리 스클로도프스카'라는 이름으로 자연과학부에 등록했다. 당시 파리는 유럽 각국의 가난하고 똑똑하며 야심과 열망이 가득한 유학생들로 넘쳐났다. 마냐 아니, 마리도 그중 한 명이었다. 마리는 언니 브로냐의 집에 잠시 얹혀살다가 이내 공부에 전념하기 위해 학교와 가까운 곳에 방을 구했다.

당대 소르본 대학 자연과학부에는 최고의 학자들이 교수로 있었다. 지식에 목말라 있던 마리는 황홀한 학문의 세계에 빠져들었다. 반짝반짝 빛나는 눈을 지닌 동급생들 또한 좋은 자극을 주었다. 마리는 밤낮 없이 공부에 열중했고 2년 후인 1893년, 물리학 리상스[85]시험에서 수석을 차지했다. 마리는 파리에 남아 공부를 계속하고 싶은 마음과 바르샤바로 돌아가 조국에 헌신하고 싶은 마음 사이에서 갈등했다. 파리에 살면서도 그녀는 홀로 계신 아버지와 조국 폴란드에 대한 그리움을 항상 간직하고 있었던 것이다. 이때 친구의 주선으로 물리학 리상스시험에서 수석을 차지한 마리는 600불의 장학금을 받게 되었다. 이 장학금 덕분에 그녀는 소르본 대학에서 수학을 더 공부할 수 있게 되었다.

1894년, 마리는 소르본 대학 수학 분야의 리상스시험을 치렀고 차석을 차지했다. 폴란드인 물리학자인 조발스키는 마리를 축하해주

---

85 licence(리상스). 석사학위, 석사자격을 의미하는 프랑스어.

기 위해 저녁식사 자리를 마련하였고, 이때 그녀에게 한 남자를 소개시켜주었다. 물리학에 이어 수학 석사학위를 받은 1894년 봄, 마리는 자신의 운명이 될 피에르 퀴리와 처음으로 만났다. 당시 마리는 27살, 피에르는 35살이었다.

피에르 퀴리와의 만남과 결혼

피에르 퀴리는 1859년 5월 15일, 유진 퀴리와 소피-클레르 퀴리의 둘째 아들로 태어났다. 유진 퀴리는 의사였고, 소피-클레르 퀴리는 유복한 기업가에서 자랐지만 1848년 2월 혁명[86]으로 인해 집안이 파산하면서 어려움을 겪었다. 퀴리 부부는 슬하에 자크와 피에르 두 아들을 두었고, 일생 동안 청빈한 삶을 살았다. 훗날 부부가 된 마리와 피에르 역시 아주 오랫동안 가난하게 살았고 야무진 성격의 마리는 맞벌이를 하며 알뜰하게 살림을 이끌었다.

피에르는 매우 특별한 인물이었다. 많은 천재들이 그랬듯이 피에르 역시 제도권 교육에 잘 적응하지 못했다. 그는 어려서부터 어떤 주제에 대해서 생각하기 시작하면 결과를 얻을 때까지 방해받는 것을 싫어하고 못 견뎌했다. 피에르의 성향과 자질을 이해한 부모는 그를 학교에 보내는 대신 집에서 가르쳤다. 정규교육을 받지 않고 원하는

---

86 1848년 2월 22일에서 24일에 걸쳐 파리 시민과 노동자가 7월 왕정에 반대하여 일어난 혁명. 이 혁명으로 1830년 7월 혁명으로 즉위한 입헌군주 루이 필리프가 퇴위하여 영국으로 망명. 왕정은 해산되었으며 공화정이 성립되었다. 2월 혁명은 유럽 사회의 낡은 풍속, 관습, 조직, 방법을 완벽히 바꾸어 새롭게 하는 변화를 몰고 왔다.

피에르 퀴리(좌)와 마리 퀴리(우)

분야를 마음껏 공부한 결과, 수학과 물리학에서 뛰어난 재능을 보인 피에르의 자질은 극대화되었다. 소르본 대학에서 물리학 강의를 돕는 조교 일을 하면서 물리학 수업을 들었던 피에르는 16살에 소르본 대학에서 물리학 학사학위를 받고 이과대학 입학자격증을 얻었으며 18살에는 리상스시험에 합격하여 석사학위를 받았다.

비록 학비를 벌기 위해 조교 일을 병행하였으나 피에르는 자신만의 실험도 멈추지 않았다. 당시 그의 형 자크 퀴리 또한 소르본에서 화학 실험 조교 일을 하고 있었는데 형제는 공동으로 수정에 대한 연구를 진행하였고 압전기[87]를 발견하는 성과를 거두었다. 이 연구 결과를 토대로 두 사람은 그때까지 나온 어떤 기구보다 전력을 정확하

---

87 어떤 종류의 결정판(結晶板)에 일정한 방향에서 압력을 가하면 판의 양면에 외력(外力)에 비례하는 양전하와 음전하가 나타나는 현상이다. 피에조 전기(piezoelectricity)라고도 한다.

게 측정할 수 있는 '압전기 석영 전위계'라는 기구를 개발했다. 이들의 발명품은 훗날 수중음파 탐지기 및 휴대전화와 무선호출기에 쓰이는 장치 등의 근간이 되었다. 이때 자크의 나이는 24살, 피에르의 나이는 겨우 21살에 불과했다. 한 마디로 그는 천재였다.

이 연구에 대한 논문으로 피에르와 자크 형제는 1895년 플랑테[88] 상을 수상했다. 그 후에도 피에르는 연구와 실험을 계속하고 뛰어난 논문들을 계속 발표하면서 과학계의 주목을 받았다. 젊은 과학자로서 이는 놀라운 성과였으나 피에르는 학위를 따거나 학벌을 쌓는 데는 관심이 전혀 없었다. 소르본 대학 역시 실력은 빼어나지만 정상적인 학위를 갖추지 못한 퀴리 형제를 교수로 임명할 생각이 없었다. 자크와 피에르 형제는 연구만으로는 생활을 할 수 없었기 때문에 경제활동도 해야 했다. 1883년, 자크는 몽펠리에 대학 광물학 수석 강사로 임명되었고, 피에르는 막 설립된 '물리학 및 공업화학 시립대학[EPCI]'의 연구소에 소장으로 부임하였다. 이곳에서는 하고 싶은 연구를 마음껏 할 수 있었다. 바로 이 시기에 피에르는 조발스키의 소개로 마리 스클로도프스카와 처음으로 만나게 되었다.

첫 만남에서 서로에게 호감을 느낀 피에르와 마리는 학문에 대한 공통된 열정으로 차츰 친해졌고, 서로의 실험실을 오가며 사랑을 키웠다. 피에르는 마리에게 자신의 최신 논문 〈물리 현상의 대칭성에 대하여: 전기장과 자기장의 대칭성〉을 선물하며 마음을 전했다. 하지

---

88 · 1834~1889년 프랑스의 물리학자이자 축전지의 발명자. 1806년 최초의 실용 축전지를 발명하였고 다시 이 것을 개량하였다.

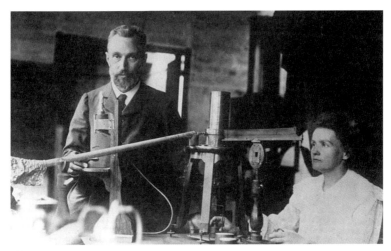

실험실의 퀴리 부부

만 두 사람 사이에는 '국경'과 마리의 '애국심'이라는 장벽이 있었다. 여름 방학이 되자 마리는 미래에 대한 뚜렷한 계획 없이 언제나처럼 바르샤바로 돌아갔다. 그녀는 막연히 자신의 지식을 조국을 위해 환원하고자 하는 애국적인 열망이 있었다. 마리의 고민은 피에르와 결혼할 경우 폴란드 국적을 버려야 한다는 것이었다. 마리의 마음을 잘 아는 피에르는 바르샤바에 있는 그녀에게 편지를 보냈다.

"우리가 서로 가까이 있으면서 우리의 꿈에 푹 빠져서 살아간다면 멋진 일이 될 거요. 당신의 애국적인 꿈과 우리의 인도주의적 꿈과 우리의 과학적인 꿈 말이오. (중략) 우리는 사회 질서를 바꾸기에는 무기력한 존재며, 설령 그럴 힘이 있다 하더라도 방법을 모른다는 거요. (중략) 하지만 반대로 과학적인 견해에서 보자면 우리는 무언가를 할 수 있다는 희망이 있소. 이곳의 땅은 더 단단하고, 우리가 해낸 발견은 아무리 사소한 것이더라도 세상에 알려지게 될 거요."

피에르의 편지와 공부에 대한 욕심은 결국 마리의 마음을 움직였다. 1895년 7월 25일, 피에르와 마리는 피에르의 부모가 살고 있는 쏘Sceaux 시의 시청에서 간소한 결혼식을 올렸다. 이로써 폴란드인 마냐 스클로도프스카는 프랑스인 마리 퀴리가 되었다.

젊고 가난한 과학자 부부

결혼 후 마리는 파리에서 신혼살림을 시작했다. 처음에는 피에르의 월급만으로 생활을 꾸렸으나 생활은 빠듯했다. 마리는 취업에 유리한 스펙을 쌓기 위해 고급교사자격증 시험을 준비했다. 이 자격증이 있으면 고등학교 교사로 취업할 수 있었다. 피에르와 마리 두 사람 모두 연구만으로 생활할 만큼 돈을 벌지 못했기 때문이다. 1896년, 마리는 고급교사자격증시험에 수석으로 합격했고 1897년 12월, 첫 딸 이렌느를 낳았다.

아내에 이어 엄마로서의 인생이 시작되었지만 마리는 살림과 육아에 매몰된 삶을 살 생각은 전혀 없었다. 그녀는 과학자로서 이름을 떨치고 업적을 남기고 싶었다. 육아의 짐을 덜어준 사람은 시아버지 유진 퀴리였다. 손녀딸 이렌느가 태어난 지 얼마 되지 않아 아내를 잃은 그는 퀴리 부부와 살림을 합쳤고, 이렌느를 돌보는 데 큰 도움을 주었다. 가정부나 유모를 둘 형편이 아니었던 마리에게 시아버지는

퀴리 부부와 첫 딸 이렌느

최고의 지원군이었다.

딸이 태어난 후, 마리는 본격적으로 연구를 시작했다. 그녀는 연구 주제로 다른 과학자들이 아직 발을 들여놓지 않은, 가능성이 충분한 새로운 영역을 개척하고 싶었다. 이때 그녀의 눈에 앙리 베크렐의 논문이 들어왔다. 그녀는 직감적으로 방사선에 이끌렸다. 이에 대한 연구를 진행하려면 실험실이 필요했다. 이 문제는 피에르가 나서서 해결해 주었다. 그는 자신이 근무하는 EPCI에 부탁하여, 비록 열악하긴 하지만 마리가 마음대로 사용할 수 있는 창고를 얻어 주었다.

마리는 EPCI의 강사도 직원도 아니었지만 날마다 피에르와 함께 매일 실험실로 출퇴근했다. 회사를 위해서 연구를 해야 하는 피에르와 달리 그녀는 오직 자신의 논문을 위한 실험에 매달렸다. 이때 마리의 실험에 큰 도움을 준 것이 바로 피에르와 자크 형제가 발명한 기구 '압전기 석영 전위계'였다. 이 기구는 그때까지 나온 어떤 도구보다 전류를 정확하게 측정했고, 마리는 피에르와 함께 이 기구를 통해 표본 실험을 진행했다.

실험을 시작한 지 몇 주 후, 마리와 피에르는 여러 물질이 혼합된 '역청 우라늄광'이 주변 공기를 전도시키는 강력한 힘이 있으며, 이 힘이 순수 우라늄보다 더 강하다는 사실을 발견했다. 1898년 4월, 마리와 피에르의 연구 결과는 마리의 스승 가브리엘 리프만[89]에 의해 프랑스 과학 아카데미에 발표되었다. 3개월 후, 마리는 아직 새로운 원소인지 정확히 확인되지는 않았으나 우라늄보다 활성이 큰 새로운 '물질'을 발견했다는 사실을 발표했다. 그녀는 이를 사촌에게 알려 바르샤바의 월간지에도 자신의 연구 결과를 실었다. 마리와 피에르는 이 물질이 새로운 원소로 인정될 것을 예상하여 '폴로늄'이라는 이름도 미리 붙여두었다. 마리의 조국 폴란드를 딴 이름이었다.

당시 모든 화학자들의 꿈은 '새로운 원소의 발견'이었다. 첫 연구 결과를 발표한 지 3개월 만에 마리와 피에르는 그 꿈의 실현을 눈앞에 두고 있었다. 같은 해 12월, 마리와 피에르는 역청 우라늄광에서 활성이 높은 또 하나의 물질을 찾아냈다. 마리와 피에르는 이 새로운 물질이 강력한 방사선radiation을 방출한다는 것에 착안하여 '라듐radium'이라는 이름을 붙였고 이에 대한 논물을 프랑스 과학 아카데미에 발표했다. 이때 마리와 피에르는 폴로늄은 우라늄보다 방사능이 400배 강하며, 라듐은 무려 900배가 강하다고 보고했다. 이는 놀라운 발견이었다. 하지만 더 놀라운 것은 실제로 라듐의 방사능은 우라늄보다 1백만 배 강하다는 것이었다. 이 또한 마리와 피에르에 의해 다시 발견되었다. 이 발견으로 마리와 피에르는 1903년, 노벨상을 수상하였다.

---

89 1845~1921년. 프랑스의 물리학자. 모세관전기계를 발명하였고 컬러사진법을 고안하였다. 이밖에 무정위전류계, 가속도지진계 창안 등의 업적이 있다.

불안전한, 불안한 힘을 지닌 원자력

퀴리 부부는 '원자력'[90]을 처음으로 발견한 과학자였다. 원자력과 방사능의 발견은 경이롭고도 무시무시한 업적이었다. 새로운 원자의 발견이라는 마리의 초창기 연구는 화학과 물리학의 중간 지점에 있었다. 하지만 그 후 마리는 원자에서 방사능을 내는 원소를 분리하는 작업에 몰두했다. 이 과정에서 드러나는 다양하고 신기한 현상을 조사하고 기록하는 일은 피에르가 맡았고, 마리는 이 원소를 분리하는 것에 집중했다. 그녀가 역청 우라늄광에서 라듐만을 분리해내고 싶었던 이유는 이 물질이 새로운 원소라는 것을 입증하기 위해서였다.

역청 우라늄광은 우라늄 광산의 부산물 취급을 받고 있었고 우라늄을 추출하고 난 역청 우라늄광은 처치 곤란한 찌꺼기로 여겨졌다. 당시 우라늄은 오늘날의 체코 공화국 지역인 오스트리아-헝가리 제국에 위치한 성 요아킴스탈 광산에서 주로 나왔는데 마리와 피에르는 오스트리아 정부와 협상하여 연구에 필요한 이 찌꺼기들을 확보하였다. 수 톤에 달하는 역청 우라늄광이 EPCI에 도착하자 마리는 몸소 이 찌꺼기들을 옮기고 끓이며 라듐을 분리해냈다. 큰 솥에서 뭔가를 끓이며 분리하는 모습으로 기억되는 마리 퀴리의 이미지는 바로 여기서 만들어졌다.

---

90 원자에너지 또는 핵에너지라고도 한다. 넓은 의미로는 방사성원소가 자연적으로 붕괴할 때 나오는 방사선의 에너지도 해당하지만 보통은 인위적으로 원자핵변환을 일으킴으로써 이용 가능한 에너지로 빼낸 것을 의미한다. 주로 우라늄이나 플루토늄의 핵분열 연쇄반응을 통해서 발생하는 에너지 또는 이 에너지를 이용해서 만든 열을 '원자력'이라고 부른다. 이 핵분열에 기초를 둔 에너지의 이용은 원자폭탄으로 실현되었으며 후에는 원자력발전 등 에너지로 이용되고 있다.

실험 중인 마리 퀴리

연구를 하면서 마리와 피에르는 놀라운 현상을 발견했다. 라듐은 어둠 속에서도 스스로 빛을 냈고, 특유의 으스스한 청록색을 띠고 있었는데 그 색은 라듐이 순수해질수록 선명해졌다. 또 다른 특징은 라듐의 방사능이 매우 강력한 전염성을 띠고 있다는 것이었다. 피에르 퀴리는 라듐의 영향을 직접 실험해보았고, 화상을 입었다. 그는 이 상처의 치료 과정을 상세하게 기록했다.

"방사능이 아주 높은 물질이 든 튜브나 캡슐을 계속 만진 손가락 끝이 딱딱해지고 때로 격통이 느껴진다. 손가락 끝의 염증은 2주일 정도 계속되다가 딱지가 앉았지만, 두 달이 지났는데도 따끔따끔한 통증은 완전히 사라지지 않았다."

당시 마리와 피에르는 알지 못했지만 장시간 방사능에 노출된 두 사람의 건강은 매우 심각한 상황이었다. 마리는 라듐을 발견한 후 5년 사이 체중이 7킬로나 줄었고 1903년 8월에는 유산을 했다. 하지만 마리와 피에르는 건강악화와 라듐을 연결시켜 생각하지 못했다. 오히려 두 사람은 라듐이 지닌 의학적 가능성에 주목했다. 초기 과학자들은 라듐을 암 치료에 활용하는 실험을 했고 성공했다. 라듐의 방사선은 병든 세포를 쉽게 죽였고 특정 종양을 치료했다. 이러한 실험

결과가 발표되자 라듐은 '기적의 원소'로 불렸고, 라듐(방사선)이 포함된 크림 등은 폭발적인 인기를 끌었다. 온 세상이 라듐에 열광했고, 라듐은 그야말로 불티나게 팔려 나갔다.

노벨 물리학상 수상, 영광의 절정에서 맞은 피에르의 죽음

라듐에 대한 연구에 세간의 이목이 주목되면서 마리와 피에르의 명성은 점점 높아졌고 학문적인 성과도 이어졌다. 1903년은 그동안의 노력을 수확한 해였다. 마리는 박사학위를 받은 최초의 프랑스 여인이 되었고 영국 왕립학회에서 폴로늄과 라듐을 발견한 공로를 인정받아 데이비 메달을 받았다. 그리고 12월, 마리와 피에르는 방사능 현상에 대한 공동 연구를 인정받아 대망의 노벨 물리학상을 수상했다. 1903년 노벨 물리학상 수상자는 앙리 베크렐과 퀴리 부부, 모두 세 사람이었다. 당시 노벨상은 설립된 지 3년밖에 되지 않았지만 이미 국제적인 권위를 충분히 확보하고 있었다. 유일한 여성 수상자였던 마리의 이름은 피에르의 이름과 나란히, 아니 그 이상의 명성을 얻었다.

노벨상을 수상하고 난 후, 마리와 피에르는 더욱 언론의 주목을 받았다. 비록 건강악화로 수상식에는 참가하지 못했지만 마리와 피에르는 조금도 아쉽지 않았다. 박봉의 월급을 받으며 좁고 추운 실험실에서 힘들게 연구해오던 두 사람은 오히려 7만 프랑에 달하는 상금 덕분에 행복했다. 하지만 그것도 잠시였다. 언론의 지나친 관심으로 인해 사생활이 공개되었고, 쏟아지는 강연요청으로 인해 연구가 중단될 지경이었다. 가난과 과로 속에서도 연구에 몰두해 왔던 마리와 피에르는 갑작스러운 변화에 피로함을 더 많이 느꼈다.

그래도 성과가 없는 것은 아니었다. 1904년의 마지막 12월, 마리는 둘째 딸을 낳는 것으로 결실이 가득한 한 해를 마무리했다. 1905년에는 늦게나마 피에르가 소르본 대학의 물리학 정교수로 임명되었고, 프랑스 과학 아카데미에 회원으로 당선되었다. 이미 한 번씩 미끄러져 자존심에 상처를 입었던 피에르에게는 기쁜 소식이었다. 또한 소르본 대학에서는 피에르에게 과학실험을 할 수 있는 연구실과 함께 조교를 3명까지 둘 수 있는 지원금을 별도로 마련해 주었다. 이때 마리가 연구실의 조교 겸 연구책임자로 임명되었는데 이것은 그녀가 연구원으로 급료를 받은 첫 번째 일이었다.

1905년 6월, 여름방학을 맞아 마리와 피에르는 스톡홀름에 갔다. 노벨상 수상 연설을 하기 위해서였다. 이때 피에르는 라듐의 잠재적 효과에 대해 경고했다.

"라듐은 범죄자의 손에 들어간다면 아주 위험한 물질이 될 수 있다고 생각합니다. 또한 인간이 이런 자연의 비밀을 알아냄으로써 어떤 혜택을 누릴 수 있는가에 대해서도 의문을 갖게 됩니다. 그런 지식에서 이득을 보게 될 것인지 아닌지, 그런 지식이 해를 끼치는 것은 아닌지 어떤지. 저는 노벨과 더불어, 인류가 미래의 발견에서 사악함보다는 선함을 더 많이 취할 것이라고 믿는 사람입니다."

이듬해 봄, 마리와 피에르는 두 딸과 함께 슈브리즈 계곡에서 부활절 휴가를 보냈다. 4월 19일, 피에르는 이과대학 교수협회 모임에 참석했다. 집으로 돌아오는 길에는 비가 내렸고 길이 매우 혼잡했다. 갑작스럽게 마차가 튀어나오는 바람에 균형을 잃은 피에르는 넘어졌고, 달려오던 짐마차가 그의 머리를 깔아뭉갰다. 과학자 피에르 퀴리는 47살의 나이로 비 오는 거리에서 교통사고로 즉사하였다.

남편을 가슴에 묻고 과학자로 우뚝 서다

피에르 퀴리의 죽음이 알려지자 수많은 언론과 과학계에서는 슬픔을 감추지 못했고 프랑스 정부에서도 마리 퀴리에게 애도의 뜻을 전했다. 마리는 깊은 슬픔에 빠졌다. 하지만 마냥 슬퍼할 수만은 없었다. 이제 겨우 서른아홉의 나이에 홀몸이 된 그녀에게는 책임져야 할 두 딸이 있었고 지금껏 모셔왔던 시아버지도 계셨다. 마리는 눈앞에 닥친 경제적 문제를 해결하기 위해 이사부터 했다.

피에르가 세상을 떠난 지 2주 후, 소르본 대학에서는 마리를 조교수로 임명했다. 프랑스 최초의 여교수가 된 것이었다. 그 전까지 여자가 교육자로서 얻을 수 있는 최고의 지위는 고등학교 교사였다. 만약 피에르가 살아 있었다면 마리가 소르본 대학의 교수로 임명될 가능성은 희박했다. 하지만 피에르의 업적을 그녀보다 더 잘 이해하고 있는 사람은 없었고, 마리는 그의 강의를 이어서 할 수 있는 유일한 인물이었다. 무엇보다 피에르의 연구 조교였을 때보다 급료가 4배 이상 높았다. 마리는 조교수 직을 수락하였고, 2년 후에는 마침내 정교수로 승진했다.

피에르의 죽음 이후 마리는 종종 무기력한 모습을 보였다. 남편을 잃은 슬픔도 컸으나 10년 이상 방사능에 노출된 세월도 무시할 수 없는 원인이었다. 물론 마리는 여전히 이 두 가지를 연결시켜 생각하지 못했다. 그녀는 자신이 발견한 라듐에서 오직 좋은 면만을 보고자 했기 때문이다. 1906년 과학자들 사이에서 방사능을 측정하는 기준이 있어야 한다는 합의가 성립되었다. 새로운 목표가 생긴 마리는 열정적으로 실험에 임했고 학회에도 적극적으로 참석했다. 1910년 브뤼셀에서 열린 '전기와 방사선학에 대한 국제학회'에서 라듐은 마침내 방사선의 기준을 측정하는 기본 원소로 채택되었다.

1911년, 마리는 자신의 실험실에서 21.99밀리그램의 순수 라듐 염화물을 담은 유리관을 준비했다. 마리가 만든 표본은 국제기준으로 정해졌고, 국제도량형사무소에서 관리되었다. 이 성과로 인해 그녀는 폴로늄과 라듐의 발견 및 순수 라듐염의 분리 그리고 라듐이 새 원소로서 위치를 점하게 한 연구로 노벨 화학상을 수상했다. 8년 전, 첫 번째로 노벨상을 수상했을 때는 물리학상으로 피에르와 함께 받았으나 이번에는 화학 분야에서 받은 것이었다. 두 딸과 함께 시상식에 참석한 마리는 자신에게 수여된 두 번째 노벨상을 '피에르 퀴리의 추억에 표하는 경의'라고 말했다.

치명적인 스캔들을 딛고 전쟁의 성녀로 거듭나다

　마리는 소르본 교수로 재직하면서 동료 교수들을 모아 서로의 자녀를 가르치는 프로그램을 시도했다. 아이들은 모두 10명이었고 선생님으로 참가한 교수들은 마리 외에 물리학자 폴 라주뱅, 박물학자 앙리 무통, 조각가 마그루 등이 있었다. 이때 마리는 피에르가 살아 있을 때부터 친분이 깊었던 폴 라주뱅과 사랑에 빠졌다. 피에르의 제자였던 폴은 그와 닮은 점이 많았다. 아마도 마리는 그를 통해 피에르의 흔적을 느꼈는지도 모른다. 불행한 결혼생활을 하고 있던 폴은 자신을 연민하며 걱정하는 마리에게 사랑을 느꼈다. 두 사람은 소르본 부근에 아파트를 마련하고 밀회를 가졌다. 이 관계가 언론을 통해 세상에 공개된 것은 1911년이었다.

　1911년은 마리에게 최고이자 최악의 한 해였다. 두 번째 노벨상 후보로 지정된 것을 알게 될 무렵, 그녀는 프랑스를 뒤흔든 스캔들의 주인공이 되어 있었다. 많은 동료 과학자들은 마리를 지지했으나 거의 모든 언론에서 마리를 가정파탄의 주범이자 '부도덕한 폴란드 여자'라며 공격했다. 언론 매체들은 마리와 폴이 주고받은 편지들을 폭로하며 그녀를 비난했다. 결국 이 스캔들은 폴이 아내와 별거하고 네 아이들의 양육권은 포기하되 교육에는 책임을 지기로 합의하고 나서야 잠잠해졌다.

　폴과의 스캔들로 인해 마리는 노벨상 후보에서 제명될 위기에 놓였으나 그녀는 노벨상은 업적에 대한 것이지 사생활에서의 진실 공방과 아무 관련이 없음을 주장하며 단호하게 대처했다. 결국 마리는 노벨상을 받았으나 그 후 1년 가까이 병마에 시달렸다. 폴과의 관계는 끝내 애정이 아닌 우정으로 남았다. 마리의 일생에서 피에르 말고 다른 남자가 등장한 것은 이때가 마지막이었다. 1923년 마리는 한 출판사로부터 피에르의 전기를 써달라는 부탁을 받고, 직접 그의 전기를 썼다. 그녀는 피에르에 대한 절절한 사랑과 그리움, 존경이 담긴 글을 썼다. 마리에게 피에르는 동료로서, 남편으로서 완벽하고 이상적인 인물이었다.

1914년, 제1차 세계대전이 발발하자 마리는 적극적으로 나섰다. 그녀는 가진 돈을 국가에 환원하여 군인과 빈민, 폴란드인을 돕기 위한 성금으로 사용하도록 했고 적십자 방사선 봉사단장으로서 전선을 누볐다. 당시 전쟁터에서 가장 중요한 방사선은 바로 엑스레이로 부상병들의 몸에 박힌 총탄과 파편을 찾아내는 데 요긴했다. 하지만 이를 제대로 사용할 줄 아는 의사가 드물다는 것이 문제였다. 상황을 파악한 마리는 국방장관으로부터 서류를 발부받아 적십자 방사선 봉사단장이 되었고, 부유층을 설득하여 호화로운 대형자동차를 받아냈다. 여기에 방사선 설비를 탑재한 자동차를 가지고 야전병원을 누볐다. 마리는 젊은 남녀들을 모아놓고 전시에 필요한 전기와 엑스선 기술을 가르쳤고 전쟁 중 무려 300개의 병원을 방문했다. 또한 그녀는 전쟁이 끝난 후 이때의 경험을 토대로 〈방사선과 전쟁〉이라는 책을 출판하기도 했다.

이러한 헌신적인 모습으로 인해 마리는 불륜녀라는 이미지를 씻었고 과학자로서 더욱 우뚝 서게 되었다. 하지만 마리에게도 약점이 있었으니 그것은 자신이 발견한 라듐의 위험성을 끝까지 인정하지 않으려 했던 것이다. 1925년 방사능 물질의 생산에 내재된 위험을 강조하는 보고서가 나왔고, 라듐 산업에 종사한 젊은 여자 직공 15명이 빈혈, 피부괴사, 악성 종양 등으로 고통스럽게 죽은 후 1928년 국제 엑스선 라듐 방호 위원회가 만들어졌다. 이때도 마리는 최대한 라듐을 '옹호'했다. 하지만 평생을 라듐과 함께한 그녀의 건강 역시 점점 악화되었다.

"급속히 진행된 재생불량성 악성 빈혈. 골수가 전혀 반응하지 않았음. 오랫동안 방사능이 축적된 결과로 추측됨."

1934년 마리는 67세의 나이로 세상을 떠난 마리의 사망 원인에 대한 공식적인 소견이다. 마리의 관은 생전의 소망대로 피에르의 관 옆에 놓였다. 두 사람의 유골은 1995년 '위대한 인물'을 기리기 위한 파리의 국립묘지 팡테옹으로 이장되었다.

마리 퀴리는 여성 과학자로서의 너무나 위대한 업적을 남긴 덕분에 그녀의 인간적인 모습들은 잘 알려지지 않은 편이다. 물론 피에르 퀴리라는 이상적인 남편이 있었기에 그녀의 업적이 더욱 빛난 것은 사실이다. 하지만 과학자로서뿐만이 아니라 아내로서도, 어머니로서도 마리는 충분히 노력하는 삶을 살았고 많은 것을 이루었다. 아내와 어머니로서의 삶과 과학자로서의 삶을 병행했던 마리 퀴리의 인생은 지금도 많은 사람들에게 감동을 준다.

참고도서

김정미 지음, 『역사를 이끈 아름다운 여인들』, 눈과마음, 2005.

김현수 지음, 『이야기 영국사』, 청아출판사, 2004.

김후 지음, 『불멸의 여인들 : 역사를 바꾼 가장 뛰어난 여인들의 전기』, 청아출판사, 2009.

디터 분더리히 지음, 여진 옮김, 『내 가장 소중한 작품은 나의 인생이다 : 세계를 움직인 의지의 여인들의 뜨거운 삶』, 투멘, 2007.

로버트 그린 지음, 강미경 옮김, 『유혹의 기술』, 이마고, 2008.

루스 웨스트하이머, 스티븐 캐플란 공저, 김대웅 옮김, 『스캔들의 역사』, 이마고, 2004.

미하엘 퇴테베르크 지음, 김무규 옮김, 『펠리니』, 한길사, 1997.

바바라 골드스미스 지음, 김희원 옮김, 『열정적인 천재, 마리 퀴리 : 마리 퀴리의 내면세계와 업적』, 승산, 2009.

바이하이진 편저, 김문주 옮김, 『여왕의 시대 : 역사를 움직인 12명의 여왕』, 미래의 창, 2008.

박무영 등 지음, 『조선의 여성들, 부자유한 시대에 너무나 비범했던』, 돌베개, 2004.

빙허각 이씨 지음, 윤숙자 엮음, 『규합총서』, 질시루, 2003.

사라 드라이, 자비네 자이페르트 공저, 최세민 옮김, 『마리 퀴리』, 시아출판사, 2005.

스난 지음, 김윤진 옮김, 『화혼 판위량』, 북폴리오, 2004.

안나 커원 지음, 노진선 옮김, 『빅토리아 여왕』, 문학사상사, 2005.

앙리 지델 지음, 이원희 옮김, 『코코 샤넬』, 작가정신, 2002.

얀 안드레아 지음, 양영란 옮김, 『나의 연인 뒤라스』, 조선일보사, 2000.

에브 퀴리 지음, 조경희 옮김, 『마담 퀴리』, 이룸, 2006.

엘리노어 허먼 지음, 박아람 옮김, 『왕의 정부』, 생각의나무, 2004.

왕공상, 진중안 공저, 심우 옮김, 『미인계 : 중국의 4대 미녀』, 오디북스, 2008.

왕번강 지음, 구서인 옮김, 『여인들의 중국사』, 김영사, 2008.

이문호 지음, 『한국역사를 뒤흔들었던 여성들』, 도원미디어, 2003.

이용숙 지음, 『마르그리트 뒤라스』, 정우사, 1997.

이주은 지음, 『스캔들 세계사 : '베르사유의 장미'에서 '피의 백작부인'까지, 우아하고 잔혹한 유럽 역사 이야기
– 풍경이 있는 역사 01』, 파피에, 2013.

이주은 지음, 『스캔들 세계사 : '피의 여왕'에서 금발 미녀의 유래까지, 비정하고 매혹적인 유럽 역사 이야기 –
풍경이 있는 역사 02』, 파피에, 2014.

이주은 지음, 『스캔들 세계사 : '로코코의 여왕'에서 '신의 분노' 흑사병까지, 화려하고 치명적인 유럽 역사 이야
기 – 풍경이 있는 역사 03』, 파피에, 2014.

임용순 지음, 『역사를 바꾼 여성 통치자들』, 나무와 숲, 2001.

장시우평 지음, 김태성, 김산화 옮김, 『미인계 : 역사를 바꾼 여인들』, 한스미디어, 2005.

장유유 지음, 허유영 옮김, 『황제 배후의 여인』, 에버리치홀딩스, 2007.

제인 빌링허스트 지음, 석기용 옮김, 『요부, 그 이미지의 역사 : 남성이 만들어내고 여성이 활용해온』, 이마고, 2005.

조민기 지음, 『외조 : 성공한 여자를 만든 남자의 비결』, 책비, 2011.

증선지 원자, 진순신 지음, 천승세 옮김, 『십팔사략 1: 춘추, 전국시대』, 중원문화, 2009.

지앙성난 지음, 강성애 옮김, 『중국을 뒤흔든 여인들 : 권력의 중심에 섰던 10인의 태후』, 시그마북스, 2009.

카타리나 칠코프스키 지음, 유영미 옮김, 『코코 샤넬』, 솔, 2005.

황정, 이다 공편저, 양성희 옮김, 『세기의 이슈메이커, 여자』, 눈과마음, 2007.